汽车维修专项技能培训教材

Qiche Kongtiao

汽车空调

（第二版）

宋年秀　杜彦蕊　梁成江　主　编
陈立辉　张　科　张俊祥　副主编
王耀斌　苏　建　主　审

人民交通出版社

内 容 提 要

本书共分十二章,第一章至第八章介绍汽车空调的基础知识,其中包括工作原理、结构组成、分类布置以及基本维修常识。第九章至第十二章详细介绍目前国内常见的奥迪、帕萨特、别克和丰田四种汽车空调系统的结构特点、故障诊断和维修技术。

本书适合于汽车维修技术人员、驾驶人员以及汽车空调爱好者使用,也适合大中专院校汽车相关专业的师生参考阅读。

图书在版编目(CIP)数据

汽车空调 / 宋年秀等主编. —2 版. — 北京:人民交通出版社,2010.8

ISBN 978-7-114-08389-1

I. ①汽… II. ①宋… III. ①汽车—空气调节设备 IV. ①U463.85

中国版本图书馆 CIP 数据核字(2010)第 075435 号

汽车维修专项技能培训教材

书　　名:汽车空调(第二版)
著 作 者:宋年秀　杜彦蕊　梁成江
责任编辑:翁志新　王金霞
出版发行:人民交通出版社
地　　址:(100011)北京市朝阳区安定门外外馆斜街 3 号
网　　址:http://www.ccpress.com.cn
销售电话:(010)59757969、59757973
总 经 销:人民交通出版社发行部
经　　销:各地新华书店
印　　刷:北京鑫正大印刷有限公司
开　　本:787×980　1/16
印　　张:13.5
字　　数:292 千
版　　次:2004 年 3 月　第 1 版
　　　　　2010 年 8 月　第 2 版
印　　次:2010 年 8 月　第 1 次印刷　累计第 6 次印刷
书　　号:ISBN 978-7-114-08389-1
印　　数:0001—5000 册
定　　价:27.00 元
(如有印刷、装订质量问题的图书由本社负责调换)

前　言

随着汽车工业的迅猛发展和人民生活水平的日益提高，汽车已经开始走进千家万户。人们在一贯追求汽车的安全性、可靠性的同时，如今也更加注重对舒适性的要求。因而，汽车空调系统作为现代乘用车的标准装备也就成为必然。

伴随汽车空调系统的普及与发展，其使用与维修问题也日益凸显。广大汽车维修人员以及车主迫切希望了解汽车空调的结构和原理，掌握其使用及维修知识，本书正是基于此目的而编写的。

本书在第一版基础之上，对汽车空调的基础知识进行了修订，删减了一些过时的内容，增加了一些最新的空调知识；而且以当今国内常见的四种车型为例，具体讲解了汽车空调系统的维修技术，具有一定的实用性。

本书由宋年秀、杜彦蕊、梁成江任主编，陈立辉、张科、张俊祥任副主编，王耀斌、苏建担任主审。参加本书编写工作的人员还有：刘超、邢世凯、张艳华、滕飞、孙根柱、张莹莹、朱永强、陈正平、张兆合、姜立标、刘玉梅。

本书在编写过程中，借鉴和参考了大量国内外相关图书，在此对这些图书的作者致以诚挚的谢意！

由于编者水平有限，书中错误和缺点在所难免，敬请广大读者批评指正。

编者

2010 年 3 月

目　录

第一章　汽车空调基本知识

本章概括地介绍了汽车空调的功能和特点，简要阐述了其发展历程，并对汽车空调的发展方向作了展望。

第一节　汽车空调概述

一、汽车空调的功能

汽车空调也就是汽车车厢内空气调节的意思，即采用人工制冷和采暖的方法，调节车内的温度、湿度、气流速度、洁净度等参数指标，从而为人们创造清新舒适的车内环境。其功能可主要概括为以下四个方面：

1. 调节车内温度

多数汽车空调只具有这种单一功能。汽车空调在冬季利用其采暖装置提高车室内的温度。轿车和中小型汽车一般以发动机冷却循环水作为暖风的热源，而大型客车则采用独立式加热器作为暖风的热源。在夏季，车内降温由制冷装置完成。

2. 调节车内的湿度

普通汽车空调一般不具备这种功能，只有高级豪华汽车采用的冷暖一体化空调器才能对车内的湿度进行适量调节。它通过制冷装置冷却降温，去除空气中的水分，再由采暖装置升温以降低车厢内空气的相对湿度。但在普通汽车上，目前还没有安装加湿装置，只能通过开车窗或通风设施靠车外新鲜空气来调节。

3. 调节车室内的空气流速

空气的流速和方向对人体舒适性影响很大。夏季，气流速度稍大，有利于人体散热降温；但过大的风速直接吹到人体上，也会使人感到不舒服。舒适的气流速度一般为0.25m/s左右。冬季，风速大了会影响人体保温，因而冬季采暖希望气流速度尽量小一些，一般为0.15～0.20m/s。根据人体生理特点，头部对冷比较敏感，脚部对热比较敏感，因此，在布置空调出风口时，应让冷风吹到乘员头部，暖风吹到乘员脚部。

4. 过滤净化车内空气

由于汽车车内空间小，乘员密度大，车内极易出现缺氧和二氧化碳浓度过高的情况；汽车发动机废气中的一氧化碳和道路上的粉尘、野外有毒的花粉都容易进入车内，造成车内空气污浊，影响乘员的身体健康，因此必须要求汽车空调具有补充车外新鲜空气、过滤和净化车内空气的功能。一般汽车空调装置上都设有进风门、排风门、空气过滤装置和空气净化装置。

二、汽车空调的特点

汽车空调不同于普通房间空调,由于其所处的环境恶劣多变,应具有以下特点:

(1)汽车空调安装在运动中的车辆上,承受剧烈和频繁的振动和冲击。汽车空调的各个零部件应有足够的强度和抗振能力,接头牢固并防漏。汽车空调制冷系统极易发生制冷剂的泄漏,破坏整个空调系统的工作条件,甚至破坏制冷系统的部件,如压缩机。所以,各部件的连接要牢固,要经常检查空调系统内制冷剂的存量。统计表明,汽车空调因制冷剂泄漏而引起的故障约占全部故障的80%,而且泄漏频率很高。

(2)空调系统所需的动力来自发动机。轿车、轻型汽车、中小型客车及工程机械车辆,空调所需的动力和驱动汽车的动力都来自同一发动机,这种空调系统叫非独立式空调系统;对于大型客车和大中型豪华客车,由于所需制冷量和暖气量大,一般采用专用发动机驱动制冷压缩机和设立独立的取暖设备,故称之为独立式空调系统。非独立式空调系统会影响汽车的动力性能,但比独立式空调在设备成本和运行成本上都经济。汽车安装了非独立式空调后,耗油量平均增加10%~20%(与汽车的速度有关),发动机的输出功率减少10%~12%。

(3)汽车空调的制冷制热能力大。其原因主要有以下几点:

①车内乘员密度大、产生热量多、热负荷大;而冬天人体所需的热量也大。

②汽车为了减轻自重,隔热层薄,且门窗多、面积大,所以汽车隔热性能差,热量流失严重。

③汽车都在户外工作,直接经受严寒酷暑、风霜雪雨,环境恶劣且千变万化。要使汽车空调能迅速地降温升温,在最短的时间里达到舒适的环境,要求制冷制热量就特别大。非独立式空调系统,由于汽车发动机的工况变化频繁,制冷系统的制冷剂流量变化也大。例如,汽车高速运动时,发动机的转速高达6000r/min,而在怠速时,仅有600~700r/min,两者相差10倍,导致压缩机输送的制冷剂流量变化大。制冷剂流量变化大,导致汽车空调设计困难,制冷效果不佳,而且会引起压力过高或者压缩机的液击现象,易发生事故。因此,汽车空调制冷系统比室内空调制冷系统复杂得多。

④汽车空调结构紧凑、质量轻。由于汽车本身的特点,要求汽车空调结构紧凑,能在有限的空间进行安装,而且安装后,不至于使汽车增重太多,影响其他性能。现代汽车空调的总质量,已经比20世纪60年代的空调下降了50%,是原始汽车空调质量的25%,而制冷能力却比20世纪60年代的空调增加了50%。

第二节　汽车空调的制冷原理

目前,汽车空调系统所普遍采用的是蒸气压缩式制冷,图1-1为其制冷原理图。

汽车空调压缩机由发动机驱动旋转,由压缩机排出的高温、高压制冷剂蒸气,通过高压软管进入汽车空调的冷凝器。由于高温、高压的制冷剂蒸气温度高于车外的空气温度,因此，借助冷凝器风扇使冷凝器中制冷剂蒸气的热量被车外空气带走，使高温、高压的制冷剂蒸气冷凝成为较高温度的高压液体，通过高压软管流入储液干燥器，经干燥过滤后，流过膨胀阀。在膨胀阀的节流作用下，制冷剂变成低温、低压的液体进入汽车空调的蒸发器，在稳定压力下汽化并吸收蒸发器管外空气中的热量，使流经蒸发器的车内循环空气的温度降低，成为冷气，再通过鼓风机将其送入车内，降低车内的空气温度。汽化后的制冷剂蒸气，再由压缩机吸入进行压缩，又变成高温、高压的制冷剂气体，通过高压软管压入汽车空调的冷凝器，完成了汽车空调的一个制冷循环。此循环周而复始地进行，就可以使车内的温度维持在人体感觉舒适的范围内。

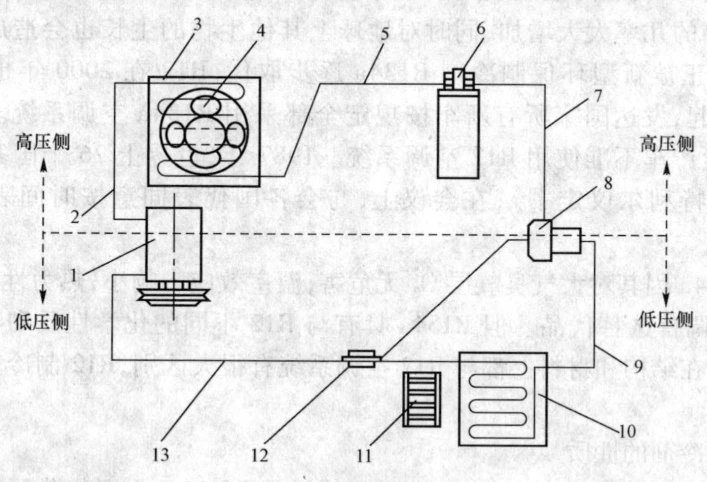

图 1-1 蒸气压缩式制冷原理

1-压缩机；2-排气管；3-冷凝器；4-风扇；5、7-高压软管；6-储液干燥器；8-膨胀阀；9-低压软管；10-蒸发器；11-鼓风机；12-感温包；13-吸气管

第三节 汽车空调用制冷剂与润滑油

一、制冷剂

制冷剂又称制冷工质，是制冷循环的工作介质。汽车空调是由制冷剂循环流动来实现制冷的。液态制冷剂在空调蒸发器中吸收冷却对象的热量而汽化，使冷却对象得到降温；然后，气态制冷剂又将热量在冷凝器中传递给周围介质而液化。如此不断循环，借助于制冷剂的状态变化，达到制冷目的。如果没有制冷剂，制冷装置就无法实现制冷。

制冷剂在标准大气压下的汽化温度（即蒸发温度）较低，冷凝温度不宜过高；单位容积制冷量要大，汽化潜热大，密度小；应无毒，不易燃烧，不易爆炸，无腐蚀，实用安全；价格便宜且容易取得；还要求对大气臭氧层无破坏作用，以减小地球的温室效应。

在压缩式制冷剂中广泛使用的制冷剂是氨、氟利昂和烃类。按照化学成分,制冷剂可分为五类:无机化合物制冷剂、氟利昂、饱和碳氢化合物制冷剂、不饱和碳氢化合物制冷剂和共沸混合物制冷剂。根据冷凝压力,制冷剂可分为三类:高温(低压)制冷剂、中温(中压)制冷剂和低温(高压)制冷剂。以前汽车上所使用的制冷剂主要有两种:一种为R12,一种为R134a。

R12的化学名为二氟二氯甲烷(CCl_2F_2),也可记为CFC-12。原有的汽车空调系统基本上都采用R12作为制冷剂。但由于R12分子中含有氯原子,当其排放到大气中并升入大气同温层后,在太阳光的强烈照射下会分离出氯离子,氯离子与臭氧层发生化学反应,从而破坏大气层,大气层可以吸收太阳紫外线,若大量紫外线直接照射到地球表面,将会使人类患皮肤癌的几率大大增加,同时对地球上其他生物的生长也会造成严重危害。从1990年起,R12正被新型环保制冷剂R134a逐步取代,R12在2000年也已完全停止使用。从1996年起,发达国家所有新车按规定全部采用R134a空调系统。从2001年起,我国的全部新生产车不准使用R12空调系统。1987年,世界上26个国家在加拿大蒙特利尔签署了《蒙特利尔议定书》,在会议上,与会各国代表同意按时间表逐渐停止生产R12制冷剂。

制冷剂R134a因其对大气臭氧层O_3无危害,温室效应影响小,热力性质稳定并与R12接近,是汽车空调首选替代品。但R134a具有与R12不同的化学性质和物理性质,因此,R134a空调系统在结构和材料上都与R12空调系统有很大区别,R12制冷剂与R134a制冷剂也不可混用。

1. R134a制冷剂的性质

R134a的学名为四氟乙烷(CH_2FCF_3),又称为HFC-134a。因其分子结构中不含氯原子,不会破坏大气臭氧层,且其热物理性能和传热性能均优于R12,故现在一般都用R134a取代R12作为空调制冷剂。R134a具有无毒、无味、不燃烧、与空气混合不爆炸等优点。

1)热物理性

R134a的热物理性能包括分子量、沸点、临界参数、饱和蒸气压和汽化潜热等,这些性能均与R12相近,如表1-1所示。

R134a与R12的热物理性对比表 表1-1

项　目	R134a	R12
分子式	CH_2FCF_3	CCl_2F_2
分子量	102.031	120.92
标准大气压下的蒸发温度(℃)	-26.18	-29.80
0℃饱和蒸气压(kPa)	293.14	308.57
0℃汽化潜热(kJ/kg)	197.89	154.87

续上表

项　目	R134a	R12
0℃饱和蒸气比容(m^3/kg)	0.06816	0.05667
10℃饱和蒸气压(kPa)	414.88	423.01
10℃汽化潜热(kJ/kg)	190.13	149.07
10℃饱和蒸气比容(m^3/kg)	0.04872	0.04204
50℃饱和蒸气压(kPa)	1317.19	1214.65
60℃饱和蒸气压(kPa)	1680.47	1518.17
与现有冷冻机油的溶合性	差	好
液态导热系数	大	小

2)传热性能

R134a 制冷剂的传热性能优于 R12。当冷凝温度为 40 ~ 60℃、质量流量为 45 ~ 20kg/s 时,R134a 的蒸发和冷凝传热系数比 R12 要高出 25% 以上。因此,在换热器表面积不变的情况下,可减少传热温差,降低传热损失;当制冷量或放热时间相等时,可减少换热器表面积。

3)相溶性

(1)与润滑油的相溶性。R134a 中不含有氯原子,不能像 R12 一样在压缩机运动部件之间生成润滑性好的氯化物薄层。而且 R134a 与矿物油几乎完全不相溶,因此,不能使用矿物油,必须使用合成润滑油来取代,如 PAG 类和 ESTER 类润滑油等。

(2)与干燥剂的相容性。R134a 的分子直径比 R12 小,若使用 R12 系统中的硅胶型干燥剂,则 R134a 的分子容易被吸收而发生催化分解,且由于 R134a 与水的亲和力较大,吸水性强,脱水困难,故应采用新型的沸石干燥剂。

(3)与塑料及橡胶的相容性。R134a 对除苯乙烯以外的塑料基本没有影响,但与现在常用的一些橡胶材料不相容。当 R134a 与氟橡胶或丁腈橡胶(NBR)共存时,会使橡胶产生变质膨胀而引起制冷剂的泄漏。故 R134a 制冷系统中的 O 形圈和连接软管采用与 R134a 相容性较好的氢化丁腈橡胶(HNBR)来制作。

4)渗透性

空调系统中,各个总成之间常用软管相连。由于 R134a 的分子较小,且对橡胶的溶胀性比 R12 大,故 R134a 分子的穿透性较强,在软管中的渗透量较大。

根据《蒙特利尔议定书》,我国在 2006 年全面禁止 R12 制冷剂的使用,采用环保性能好的 R134a 制冷剂。由于制冷剂 R134a 与 R12 的性质不同,所以在使用过程中不能混用,在系统改装时,必须做多个方面的改进,如表 1-2 所示。

使用 R134a 时需进行的改进　　表 1-2

项　目	改进情况	项　目	改进情况
制冷剂	R12→R134a	冷凝器	改进散热性能
压缩机油	矿物质油→合成油	干燥剂	硅胶→沸石
管道	O 形圈材料由 NBR→HNBR,改变管道接头形状	熔化螺栓	停止使用
压缩机	封口材料由 NBR→HNBR	安全阀	由 3.14MPa→3.43MPa
维修阀	改变连接接头和接口,换用快速接头	压力开关	由 2.65MPa→3.14MPa
软管	内衬加尼龙层,软管材料改进	膨胀阀	改变流动特性

2. 环保新型制冷剂

因为 R134a 会引起温室效应,《蒙特利尔议定书》规定中国在 2030 年要全面禁止使用 R134a,取而代之的是环保型的碳氢化合物制冷剂。

碳氢化合物制冷剂是天然制冷剂,有甲烷、乙烷、丙烷等,其中丙烷制冷剂是一种较成熟的制冷剂。丙烷在常温下是无色无味的气体,不破坏大气臭氧层,无温室效应产生,但具有可燃性。在标准大气压下,其沸点为 -42℃,凝固温度为 -187.1℃。

二、冷冻润滑油(冷冻机油)

冷冻润滑油通常又称为冷冻机油,简称为冷冻油。它是一种在高、低温工况下均能正常工作的特殊润滑油。在制冷系统中,冷冻机油与制冷剂混合,并随制冷剂一起循环于制冷系统各部分。除对压缩机各运动件起润滑和密封作用外,还能协助润滑制冷系统中各控制阀件的运动构件。

1. 冷冻机油的选用与注意事项

1)冷冻机油的性能要求

冷冻机油在空调制冷系统中完全溶解于制冷剂中,并随制冷剂一起循环,油温有时会超过 120℃,而在蒸发箱中温度只有 -30 ~ 10℃。因此,冷冻机油的工作环境是在高、低温交替的条件下进行的。为保证其能正常工作,在选用冷冻机油时提出了一些性能要求。

(1)冷冻机油与制冷剂要能互溶。在制冷系统所有可能的压力、温度范围内,冷冻机油均要与制冷剂互溶,至少要半溶。若两者不互溶,则冷冻机油会从冷凝器的液态制冷剂中分离出来形成油塞阻碍制冷剂的流动,增加噪声;冷冻机油一旦进入蒸发器内,将沉降在管子底部,进一步降低制冷剂流动性,降低热交换能力,同时压缩机内因机油量减少而加剧磨损,甚至损坏。因此,能与制冷剂互溶是冷冻机油的基本要求。

(2)冷冻机油的凝固点要低,要有良好的低温流动性。冷冻机油低温流动性差,则低温时会沉积在蒸发器内影响制冷能力;或凝结在压缩机底部失去润滑作用,从而损坏压缩机。

(3)冷冻机油要有适当的黏度和良好的黏温特性。冷冻机油的黏度过大或过小均会对压缩机不利:黏度过大,压缩机会因克服阻力而损耗大量能量,需要更大的起动力矩,压缩机部件也因此会承受较大的压力;黏度过小,则压缩机轴承不能建立所需要的油膜,会加剧部件磨损,影响压缩机的密封性能。油的黏度过大和过小都会引起气缸温度升高,造成排气温度升高,影响制冷系统的正常工作。同时冷冻机油的黏度与制冷剂种类有关,与冷冻机油互溶的制冷剂会使机油的黏度下降,因此使用时宜采用黏度牌号较高的机油。不同形式的压缩机,由于其结构、间隙、转速范围不同,需要不同黏度的润滑油。如在汽车上采用R134a为制冷剂的斜盘式压缩机,宜使用40℃时运动黏度为$10^{-4}m^2/s$的合成油。一般而言,间隙小、负荷小、转速高的压缩机应采用黏度较低的冷冻机油;反之,用黏度高一些的。冷冻机油在工作时温度变化很大,所以要求冷冻机油在温度变化时黏度变化要小。

(4)冷冻机油的闪点温度要高,其具有较高的热稳定性。即高温下不氧化、不分解、不结胶、不积炭。冷冻机油的闪点必须比排气温度高15~30℃。

(5)冷冻机油的吸水性要低。冷冻机油中应无水分,若有水分,则会在膨胀阀节流口处结冰,造成冰堵,影响制冷剂流动,降低制冷效能。

(6)冷冻机油的化学性质要稳定,不得与制冷剂和其他材料起化学反应。

2)冷冻机油的选择

我国的冷冻机油种类有4个牌号,即13号、18号、25号和30号,牌号越大,黏度越高,其性能如表1-3所示。SUNISO牌冷冻机油有SUNISO3GS~SUNISO5GS三个牌号,其性能如表1-4所示。选用冷冻机油时,要充分考虑空调压缩机内部润滑时的工作状态,如排气温度、工作压力等。在实际选择时,应以低温性能为主来选择,同时考虑冷冻机油的热稳定性。

汽车空调系统一般选择国产18号、25号冷冻机油,或选择SUNISO5GS进口冷冻机油。

3)冷冻机油使用注意事项

使用冷冻机油要注意和遵守以下事项:

(1)不同牌号的冷冻机油不能混合使用,否则会引起变质。

国产冷冻机油性能　　表1-3

牌号 / 技术参数	13号	18号	25号	30号
运动黏度50℃($10^{-6}m^2/s$)	11.5~14.5	>18	>25.4	<30
凝固点(℃)	< -40	< -40	< -40	< -40
开口闪点(℃)	>160	>160	>170	>180
酸值<(mg)KOH/g	<0.14	<0.03	<0.02	<0.01
灰分(%)	<0.012			
机械杂质(%)	无	无	无	无
水分(%)	无	无	无	无

SUNISO 冷冻机油性能 表 1-4

技术参数 \ 牌号	SUNISO3GS	SUNISO4GS	SUNIO5GS
黏度(SUS/100℃)	40 ~ 42	44 ~ 47	51 ~ 54
黏度(SUS/37.8℃)	150 ~ 160	280 ~ 300	510 ~ 520
相对密度(15℃/4℃)	0.9155	0.9213	0.9278
引火点(℃)	172	181	196
发火点(℃)	188	200	
流动点(℃)	-45	-37.8	-30
絮状凝固点(℃)	-56.7	-51.1	-45.6
含硫量(%)	0.05	0.06	0.07
含水量(%)	0.002 以下	0.002 以下	0.002 以下
绝缘耐压(kV)	45	45	45

(2)冷冻机油吸水性强,使用冷冻机油壶后应该马上将其拧紧。

(3)不能使用变质的冷冻机油。

(4)加入冷冻机油要加到规定的用量。过少则会使压缩机磨损加剧,过多则会降低空调制冷效果。

2.冷冻机油的质量检查

1)滤纸法

当润滑油变质时,其颜色会变深。检验方法是将油样滴在白色吸水纸上,若油中央部分无黑色污迹,则说明它没有变质;若有黑色污迹,则说明油已变质。当油中含有水分时,油的透明度就会降低。

2)对比法

将冷冻机油与润滑油色度极限样本进行对比。用 $50cm^3$ 玻璃杯取油样 $10cm^3$,观其颜色并与色度样本对照比较:0 ~ 2 号色说明油可继续使用;3 ~ 5 号色表示油已变质,不能再使用。建议 2 号色以上的油不要再使用,判断结果见表 1-5。

对比法检查冷冻机油质量 表 1-5

色度极限样板	透明	白	淡黄	黄	橙	红
号码	0	1	2	3	4	5
判断	可以使用			不能使用		

3. 与 R134a 匹配的冷冻润滑油

1) 聚烃基乙二醇(PAG)润滑油

R134a 制冷剂应用初期主要采用 PAG 油。PAG 是一种合成多元醇,由于有不同的分子结构而分成许多种类,分别呈现出不同的性质。PAG 油在使用过程中出现了下列问题:

(1) PAG 与 R134a 不完全互溶。机油浓度越高,互溶性偏低。有可能在空调蒸发箱中沉积,影响热交换或压缩机的润滑。

(2) PAG 油的吸水性强,从大气中吸收水分的饱和量可超过 1%。

(3) PAG 与矿物油、R12 及清洗用的 R11 不相溶。若原系统中存在有 1% ~2% 的矿物油等残留物,则会使 PAG 油润滑性能下降,甚至变质。

(4) PAG 在高温时有二相分离现象,分解成水、酸、CO 和 CO_2,可能造成压缩机镀铜现象。

(5) PAG 与较多的弹性材料不相容。

(6) PAG 的绝缘性能不好,在全封闭的压缩机中要慎重。

(7) 有些 PAG 在钢、铝表面不能提供所需要的润滑,抗磨损性差。

(8) PAG 油价格较昂贵,是矿物油的 4 ~5 倍。

由于以上问题的存在,现在用于 R134a 制冷系统中的 PAG 润滑油均是经过改良处理的。

2) 聚酯类润滑油(ESTER)

ESTER 是一种合成多元醇酯,又称酯类油。主要成分是季戊四醇、三甲基丙酮和各种直链和支链型酯酸。ESTER 具有如下特性:

(1) ESTER 与 R134a 及 R12 等制冷剂互溶,具有良好的抗磨损性、润滑性、稳定性和防腐性。

(2) ESTER 与 R134a 互溶性好,二相分离现象不明显。

(3) ESTER 的吸水性比矿物油强,从大气中吸收水分的饱和量可超过 0.1%。ESTER 中的水和油结合牢固,不会在膨胀阀中结冰,但会影响制冷能力,因此仍应限制 ESTER 中的含水量。

(4) ESTER 受制冷系统中的矿物油等残留物的影响较小,当残留物含量小于 5% 时,基本不受影响。

(5) ESTER 在高温下以铁作为催化剂会分解成水、CO_2 和足以腐蚀金属的酸。故在 ESTER 中应加一种金属钝化剂保护 ESTER 不分解。

(6) 在 ESTER 中加入极限压力添加剂,其耐磨损、润滑性能良好。

(7) ESTER 与高丁腈橡胶、氯丁腈橡胶等弹性材料的相容性较好。

储存 ESTER 的容器应密闭或用氮封,以防与空气接触而使酸度增加。

ESTER 与 PAG 油的性能比较如表 1-6 所示。

PAG 油、ESTER 油与矿物油的性能比较 表 1-6

项目 \ 润滑油		PAG 油	ESTER 油	矿物油
互溶性	与 R134a	较好	很好	不溶
	与 R12	不溶	很好	很好
	与矿物油	不兼容	小量兼容	很好
热稳定性		差	较好	好
吸湿性		较好	较差	差
润滑性		差	较好	较好
与弹性材料的相容性		差	差	较好
抗镀铜能力		差	较好	好
电绝缘性		差	较好	好

第二章　汽车空调制冷系统基本结构部件

压缩机、冷凝器、蒸发器、膨胀阀、储液干燥器等是汽车空调制冷系统的基本结构部件。本章将针对这些结构部件的类型、组成及工作原理分别予以介绍，以使读者对其有一个基本的了解。

第一节　压　缩　机

压缩机作为汽车空调制冷系统的核心部件，具有两个重要功能，一使系统内产生低压；二是把气态制冷剂从低压压缩至高压，并使其温度提高。这两种功能同时完成。压缩机维持制冷剂在制冷系统中的循环，吸入来自蒸发器的低温、低压气态制冷剂，对其压缩，使其压力和温度升高，并将压缩后的制冷剂送进冷凝器。

压缩机是制冷系统中低压和高压、低温和高温的转换装置，它的正常工作是实现热交换的必要条件。

常见的汽车空调压缩机的主要类型有：曲轴连杆式压缩机、斜盘式压缩机、摆盘式压缩机、旋叶式压缩机、滚动活塞式压缩机、涡旋式压缩机等。

一、曲轴连杆式压缩机

曲轴连杆式压缩机发展历史较长、应用较为广泛。其内部的活塞在气缸内往复运动，使气缸的容积发生变化，从而在制冷系统中起到了吸入、压缩和输送制冷剂的作用。

1. 结构组成

曲轴连杆式压缩机的活塞数量可以是一个或多个，活塞的排列可以是直列也可以呈 V 形排列，其结构如图 2-1 所示。压缩机的机体由气缸体和曲轴箱组成，活塞装在气缸体的气缸中，曲轴箱中装有曲轴，曲轴与活塞通过连杆连接起来，见图 2-2。在气缸顶部设有进气阀和排气阀，通过进气腔和排气腔分别与进气口和排气口相连。当发动机带动曲轴旋转时，通过连杆的传动，活塞便在气缸内做上下往复运动，在进、排气阀的配合下，压缩机完成对制冷剂气体的吸入、压缩和输送。

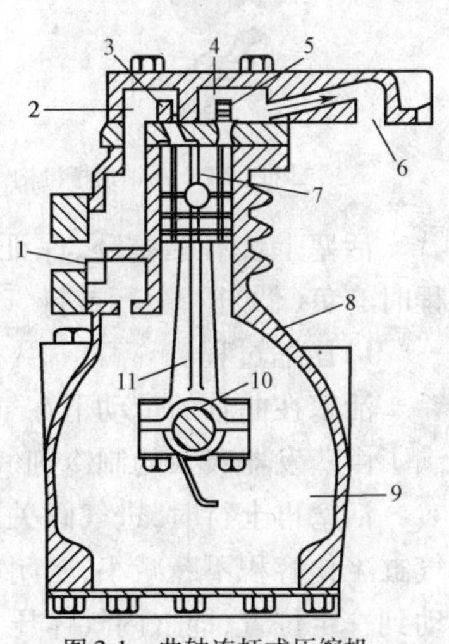

图 2-1　曲轴连杆式压缩机

1-进气口；2-进气腔；3-进气阀；4-排气腔；5-排气阀；6-排气口；7-活塞；8-气缸体；9-曲轴箱；10-曲轴；11-连杆

压缩机内每一个活塞都有一套阀门，一个进气阀，一个排气阀。活塞将制冷剂经由进气阀吸入压缩机，由排气阀排出压缩机。当活塞处于进气位置,即进气行程时,排气阀因受高压而关闭,此时进气阀打开,低压制冷剂气体进入气缸。当活塞在压缩或排气行程时,制冷剂气体在高压下经排气阀排出,而此时进气阀则关闭。

有些压缩机设有维修阀,这是为了方便从外部检测空调系统。检测压力表由维修阀接口与系统连接。如回收制冷剂、抽真空及系统充注制冷剂,都可以通过维修阀进行。

2. 工作过程

曲轴连杆式压缩机对制冷剂蒸气的压缩是通过活塞在气缸内的往复运动来完成的。活塞由曲轴带动,在第一个曲轴旋转的半周内从上向下移动,将低压制冷剂吸入气缸,进气阀打开,排气阀关闭,见图 2-3a)。在第二个转动半周内,活塞由下向上运动到顶部,压缩制冷剂,压力升高使排气阀打开,进气阀关闭,压出制冷剂,见图 2-3b)。活塞第一次运动,即从顶部向下到底部称为吸入或进气行程;活塞第二次运动,即由底部向上到顶部称为压缩或排气行程。

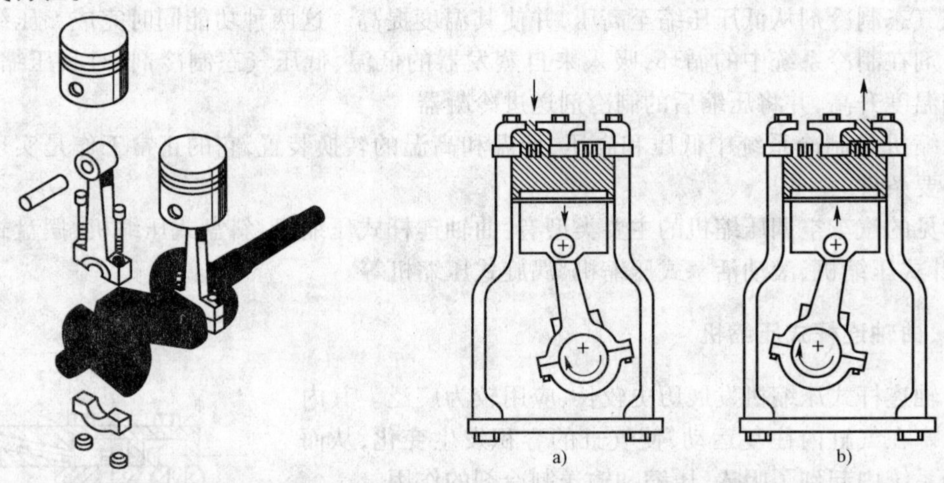

图 2-2 曲轴连杆机构

图 2-3 压缩机工作原理

活塞上装有活塞环,保证活塞与气缸壁之间的密封,进而可以保证活塞下行或进气行程时有负(低)压,上行或排气行程时有正(高)压。

1)压缩过程

活塞在曲轴的带动下在气缸内运动,当活塞运行到缸内最低点(下止点)时,气缸内充满了由蒸发器吸入的制冷剂气体。

活塞再上行时,进气阀关闭,而排气阀因缸内压力较低不能被顶开。因此,活塞上行,气缸工作容积不断减小,密闭在缸内的制冷剂气体的压力和温度不断升高。当活塞向上移动到一定位置,即缸内气体压力略高于排气阀上方的压力时,排气阀便被打开,开始排气。制冷剂气体在气缸内从进气时的低压升高到排气时的高压的过程称为压缩过程。

2)排气过程

活塞继续向上运行,气缸内的制冷剂气体压力不再升高,而是不断地经过排气阀向排气管输出，直到活塞运动到最高位置（上止点）时排气结束。制冷剂气体从气缸向排气管输出的过程称为排气过程。图 2-4 所示为压缩、排气示意图。

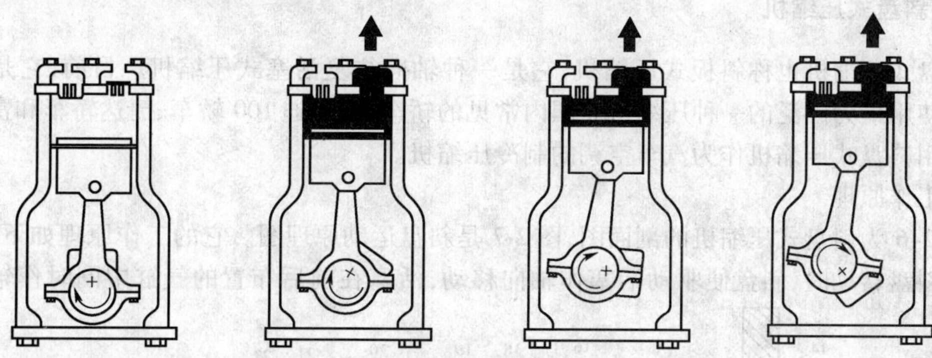

图 2-4　压缩和排气过程

3）膨胀过程

当活塞运行到上止点位置时，由于进气阀结构及制造安装工艺等原因，活塞顶部与气阀座之间存在一定的间隙，该间隙所形成的容积称为余隙容积。排气过程结束时，该间隙内存有一定数量的高压气体，当活塞从上止点下行时，排气阀已关闭，进气阀并不能马上打开，进气管内的气体不能很快进入气缸，这是因为残留的高压气体还需在气缸容积增大后膨胀，使其压力下降到气缸内的压力稍低于进气管内的压力时，进气阀才能打开。活塞从上止点向下移动到进气阀打开的过程，称为膨胀过程。

4）进气过程

活塞继续下行，进气阀打开，低压制冷剂气体便不断地由蒸发器经进气管和进气阀进入气缸，直到活塞下行至下止点为止，这一过程称为进气过程。图 2-5 所示为膨胀和进气过程示意图。

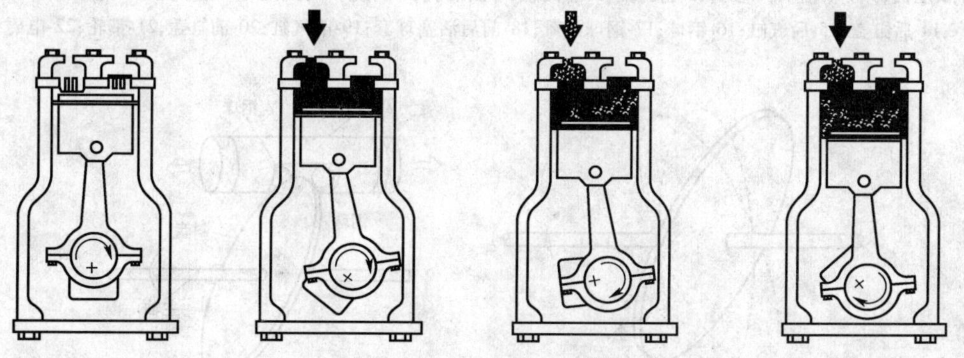

图 2-5　膨胀和进气过程

完成进气过程后，活塞又上行，重新开始压缩过程。压缩机经过压缩、排气、膨胀、进气四个过程，将蒸发器内的低压制冷剂气体吸入气缸，使其压力升高后排入冷凝器，因此，起到了吸入、压缩和输送制冷剂的作用。

活塞的运动循环是：曲轴每转一周，活塞上下运动一次。汽车发动机怠速空转时，活塞每分钟约循环往复600次;正常行驶时,活塞每分钟将循环运动1500次或更多。

二、斜盘式压缩机

斜盘式压缩机也称斜板式压缩机,它是一种轴向往复活塞式压缩机。目前,它是汽车空调中使用最为广泛的一种压缩机。国内常见的轿车,如奥迪100轿车、捷达轿车和富康轿车皆采用斜盘式压缩机作为汽车空调的制冷压缩机。

1. 工作原理

图2-6为斜盘式压缩机的剖面图,图2-7是斜盘运动原理图。它的工作原理如下:当主轴带动斜盘转动时,斜盘便驱动活塞作轴向移动,活塞在前后布置的气缸中同时作轴向运

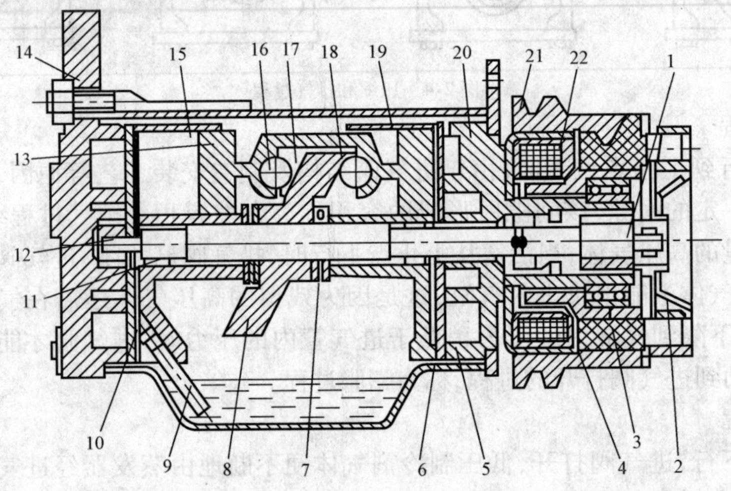

图2-6 斜盘式压缩机剖面图

1-主轴;2-压板;3-带轮轴承;4-轴封;5-密封圈;6-前阀板;7-回油孔;8-斜盘;9-吸油管;10-后阀板;11-轴承;12-机油泵;13-活塞;14-后缸盖;15-后气缸;16-钢球;17-钢球滑靴;18-前后活塞球套;19-前气缸;20-前缸盖;21-带轮;22-电磁线圈

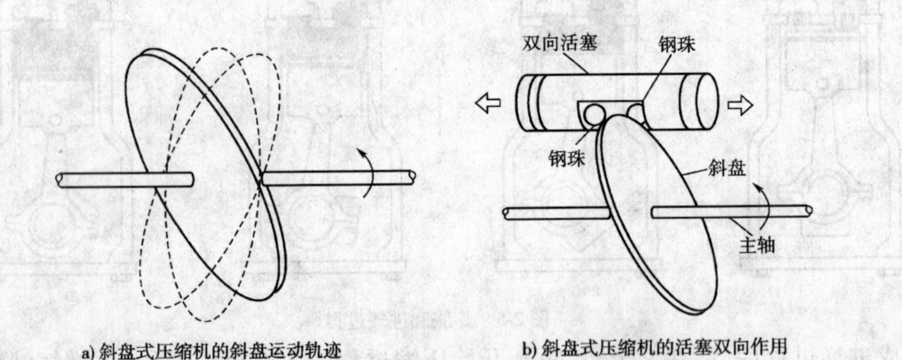

图2-7 斜盘运动原理图

动,这相当于两个活塞在作双向运动,即前缸活塞向左移动时,排气阀关闭,余隙容积的气体首先膨胀。当缸内压力略小于吸气腔压力时,吸气阀打开,低压蒸气进入气缸开始了吸

气过程，一直到活塞向左移动到终点为止。当后缸活塞向左移动时，开始压缩过程，蒸气不断压缩，压力和温度不断上升。当压缩蒸气的压力略大于排气腔压力时，排气阀打开，转到排气过程，一直到活塞移动到左边为止。这样斜盘每转动一周，前后两个活塞各自完成吸气、压缩、排气、膨胀过程，完成一个循环，相当于两个气缸工作。这意味着缸体截面均布 3 个气缸和 3 个双向活塞时，主轴旋转一周，相当于 6 个气缸工作，所以称这种有 3 个气缸、3 个双向活塞的压缩机为斜盘式六缸压缩机。

2. 结构

斜盘式压缩机的主要零件有缸体、前后缸盖、前后阀板、活塞。它的斜盘固定在主轴上，钢球用滑靴和活塞的连接架固定。

钢球的作用是使斜盘的旋转运动经钢球转换为活塞的直线运动，钢球由滑动变为滚动，这样可减少摩擦阻力和磨损，延长滑靴的使用寿命。如今斜盘和滑靴都以耐磨质轻的高硅铝合金材料替换了当初使用的铸铁材料，活塞也用硅铝合金材料，这样既提高了压缩机运动机件的品质，又提高了压缩机的转速。

由于斜盘式压缩机有双向作用，所以在它的两边都装有前、后阀总成，各总成上都装有吸气簧片和排气簧片，且前、后缸盖上有各自相通的吸气腔和排气腔，吸、排气缸用阀垫隔开。斜盘式压缩机的润滑方式有两种，一种是采用机油泵强制润滑，这种适用于豪华型轿车和小型豪华巴士等具有较大制冷量的压缩机；另一种没有油池，也没有机油泵，而是依靠润滑油和制冷剂一起循环，利用在吸气腔内因压力和温度下降而分离出来的润滑油来润滑压缩机各组件。

3. 变容量斜盘式压缩机

斜盘式压缩机实现容量变化的形式很多，但原理均相差不多，归根到底都是采用电磁三通阀来调节气缸内余隙容积大小，使排气量发生变化，从而达到调节制冷量的目的。

如图 2-8 所示，六缸斜盘式压缩机的每个气缸均配置一个余隙容积变化阀，用一个电磁阀控制，也有的用多个电磁阀控制 6 个气缸的排气量。

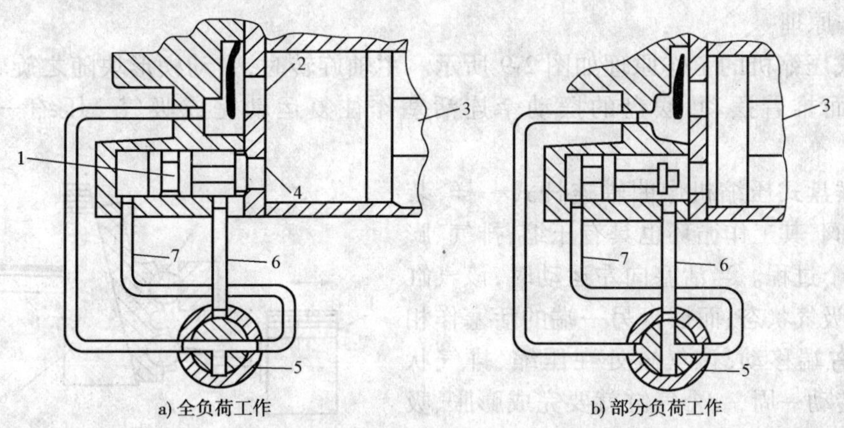

图 2-8　变容量斜盘式压缩机工作原理

1-余隙容积变化阀；2-排气腔；3-活塞；4-阀口；5-三通电磁阀；6-回气管；7-工作管

正常负荷工作时,电磁阀与排气腔工作管接通,高压气体将余隙容积变化阀向右推,直至将阀口堵住,此时压缩机为100%的负荷,即以正常排气量工作,如图2-8a)所示。

当需要降低压缩机的排气量时,电磁阀将回气管和工作管相通。当吸气时,余隙首先将原来左端的高压气体通过工作管、回气管送到吸气气缸。在活塞压缩时,气体推动余隙左移,留下一个空间如图2-8b)所示。当压缩完毕时,余隙阀内的气体保留下来。当活塞右移时,余隙间内的高压气体首先膨胀,这样就减少了气缸的吸气量和排气量,相应功耗也就减少。至于每缸排气量的减少量,一般按余隙容积减小75%来设计,相应功耗可减小50%。

由上可知,斜盘式压缩机的容量是有级变化的,同时,采用单电磁阀控制多个气缸的方式也不合理,因为这引起的排气波动太大,相应地会引起制冷量的急剧变化,所以,最好采用多个电磁阀来控制多个气缸。可根据车内或车外温度来决定变容的缸数,但这样一来控制结构就变得复杂起来。

4. 斜盘式压缩机的特点

由于斜盘式压缩机无连杆结构,所以工作可靠,结构紧凑,体积小,质量轻,排气脉冲比曲轴连杆式压缩机要小。由于它是轴向卧式结构,所以能方便地直接安装在发动机机体上,而不需要另配机架,这些都是斜盘式压缩机的优点。但是它装配要求高,因为滑靴和钢球、活塞架之间的装配是很精密的,必须采用选配,而安装时,前后缸盖、前后阀板、主轴、活塞等都是用6个螺栓紧固组装的,这样不容易保证装配精度;另一方面,由于调整零配件较多,工作量大,技术要求高,对工厂的加工装配提出了很高要求,所以一般工厂很难做到,这是斜盘式压缩机的不足之处。针对上述问题,近年来对斜盘式压缩机进行了很多改进,如将前后缸体改为整体式缸体,使制造工艺和装配工艺得到了一定程度的简化。

三、摆盘式压缩机

摆盘式压缩机也称摇板式压缩机,如今它在汽车空调中应用越来越多。

1. 工作原理

摆盘式压缩机的工作原理如图2-9所示。主轴旋转时,带动楔形块随之旋转,摆盘受楔块旋转而推着摆动,摆盘的摆动牵连活塞作往复运动完成吸气—压缩—排气工作过程。

由于摆盘式压缩机像曲轴连杆式一样,装有吸、排气阀,其工作循环也具有压缩、排气、膨胀、吸气四个过程。当活塞向左运动时,该气缸处在膨胀、吸气状态;而摆盘另一端的活塞作相反方向的右端移动,该气缸处在压缩、排气状态。主轴转动一周,一个气缸就要完成膨胀、吸气、压缩、排气一个循环。若一个摆盘上装有5个活塞,对应的5个气缸在主轴转动一周就有5

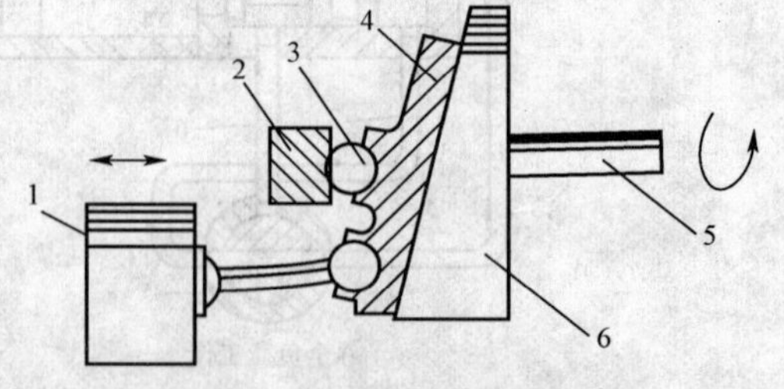

图2-9 摆盘式压缩机工作原理图
1-活塞;2-压块;3-钢球;4-摆盘;5-主轴;6-楔形传动板

次吸、排气过程。

2. 结构

图2-10所示为摆盘式压缩机剖面图。主轴和圆周上的气缸轴线平行，缸体圆周上均匀分布着轴向气缸。气缸内的活塞和摆盘被连杆用球形万向节连接，通过滚柱轴承，使楔形块与前缸盖和摆盘之间的滑动摩擦变为滚动摩擦，钢球起摆盘的支点作用。

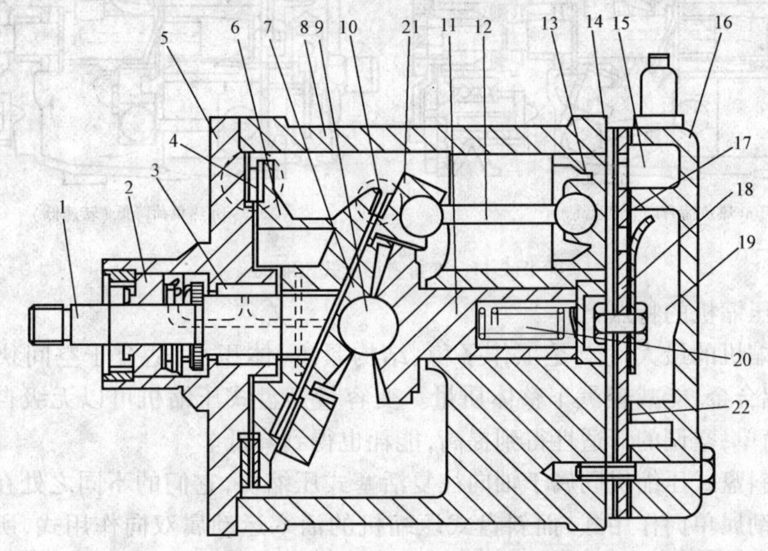

图2-10　摆盘式压缩机剖面图

1-主轴；2-轴封总成；3-滑动轴承；4-端面滚柱轴承；5-前缸盖；6-楔形块；7-圆锥齿轮；8-缸体；9-钢球；10-摆盘滚柱轴承；11-圆锥齿轮；12-连杆；13-活塞；14-阀板垫；15-吸气腔；16-后盖；17-阀板；18-排气阀片；19-排气腔；20-压紧弹簧；21-摆盘；22-后盖缸垫

3. 变排量摆盘式压缩机

变排量摆盘压缩机，是通过改变摆盘的角度来调整活塞的行程，从而使排气量随空调工况的需要而在一定范围内无级变化。

当转子凸轮的角度改变时，铰接在压缩机主轴上的转子凸轮改变活塞行程，而凸轮的位置决定于曲轴箱内的压力，参见图2-11。系统有低压侧通路至曲轴箱，还有高压侧通路至曲轴箱。如果低压作用于活塞的曲轴箱端，压差（因一端压力高，另一端压力低形成）使转子凸轮转到最长的行程位置，压缩机输出最高。如果高压作用于曲轴箱端，则活塞两端的作用力平衡，转子凸轮就转至活塞行程最短的位置。由于改变了曲轴箱内的压力，从而改变了活塞行程和压缩机输出。

为了改变曲轴箱内的压力，在压缩机后缸盖上装有控制阀，控制阀受蒸发器压力影响，通过波纹管驱动。蒸发器压力降到199kPa时，控制阀关闭低压通道，并打开至曲轴箱的高压通道。由于增加了压力，就降低了压缩机输出。当蒸发器压力上升到241kPa，控制阀的动作和上述的相反，即关闭高压通道，并开启低压通道，从而使压缩机输出增加。这种压缩机，其输出排气量能保证空调系统的实际需要，且与发动机转速无关，被广泛应用于R134a

制冷剂系统。修理压缩机时也仅限于对轴封、阀板和密封件的维修。

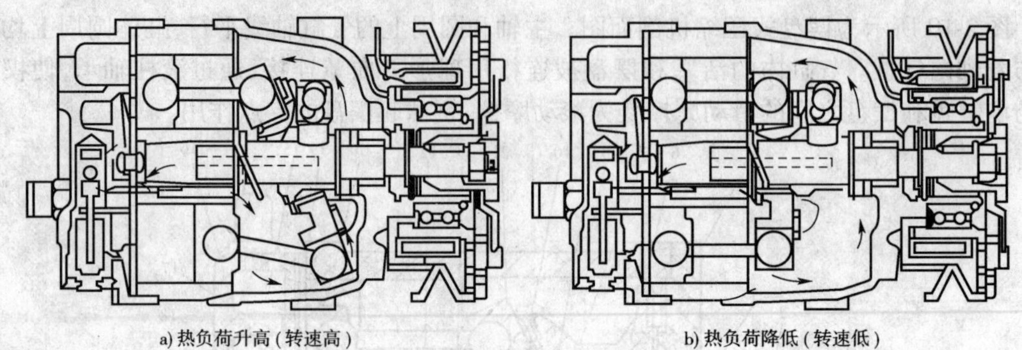

a) 热负荷升高(转速高)　　b) 热负荷降低(转速低)

图 2-11 变排量摆盘式压缩机

4. 摆盘式压缩机的特点

摆盘式压缩机的最大优点是工作平稳、结构紧凑、体积小,适合于空间狭小的车辆使用,其材料为铝合金,能减轻汽车整体质量。变容量摆盘式压缩机可以无级自动调节能量的输出,结构简单,空调的舒适性得到提高,能耗也得到降低。

摆盘式和斜盘式压缩机同属于轴向往复活塞式压缩机,它们的不同之处在于摆盘式压缩机的活塞运动属单向作用式,而斜盘式压缩机的活塞运动属双向作用式,所以又把它们分别称为单向摆盘式压缩机和双向斜盘式压缩机。

四、旋叶式压缩机

旋叶式压缩机又称刮片式压缩机,它是由旋叶式真空泵演变而来。它是最早应用在汽车空调上的一种旋转式压缩机。

1. 工作原理

旋叶式压缩机按其气缸的形状可以分为圆形和椭圆形两种,叶片有 2 片、3 片、4 片、5 片等几种。其中圆形气缸配置的叶片有 2 片、3 片、4 片共三种,其结构如图 2-12 所示。椭圆形气缸配置的叶片有 4 片和 5 片两种,如图 2-13 所示。

在圆形气缸的旋叶式压缩机中,转子主轴相对气缸的中心有一偏心距,转子紧贴在气缸内表面的进、排气孔之间,而在椭圆形气缸的旋叶式压缩机中,转子的主轴和椭圆的几何中心重合,转子紧贴在椭圆两短轴上的内表面上。这样转子的叶片将气缸分成几个空间,当主轴带动转子旋转一周时,这些空间的容积发生扩大—缩小—几乎为零的循环变化,相应地制冷剂蒸气在这些空间内发生吸气—压缩—排气的循环。对于圆形气缸而言,双叶片将空间分成 2 个空间,主轴每旋转 1 周,即有 2 次排气过程;5 叶片式则有 5 次排气过程,叶片越多,压缩机的排气脉冲越小。椭圆形气缸压缩机与此类似。

由此可见,旋叶式压缩机由于不设吸气阀,容积效率特别高,转子可以高速运转,制冷能力强。

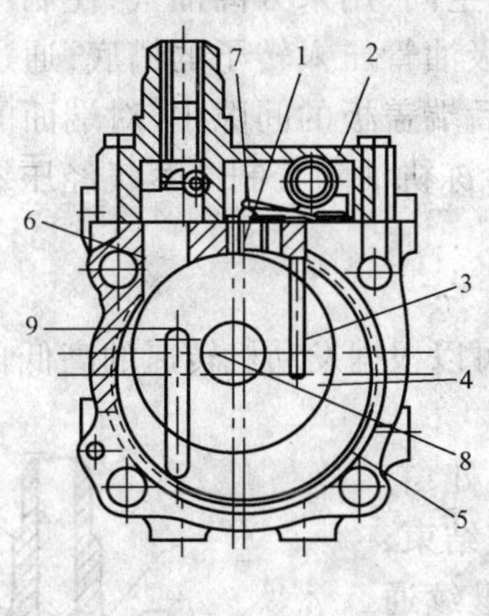

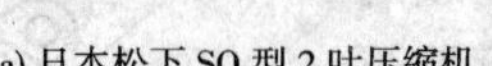

a) 日本松下 SO 型 2 叶压缩机

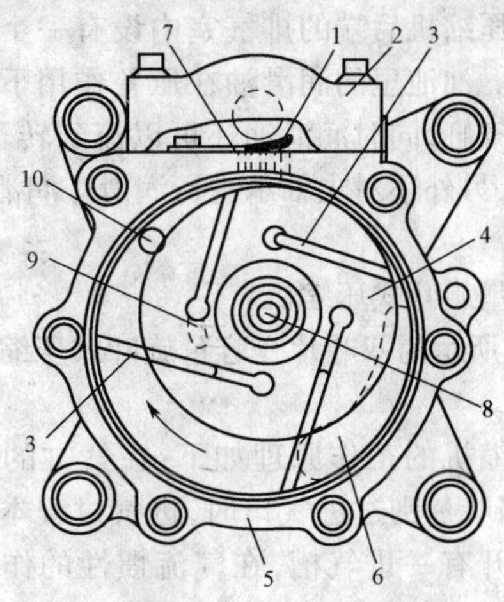

b) 美国纽克 VR 型 4 叶压缩机

图 2-12　圆形气缸的旋叶式压缩机

1-排气孔;2-缸盖;3-叶片;4-转子;5-缸体;6-吸气孔;7-排气阀片;8-主轴;9-进油孔;10-单向阀

2. 结构

图 2-14 是旋叶式压缩机的轴向剖面图。从图 2-14 中可知,它的主要零部件包括缸体、转子、主轴、叶片、排气阀、后端板、带有离合器的前缸盖和主轴的油封总成。后端板和前缸盖上有两个滚动轴承支撑主轴转动,后端盖内有一个油气分离器。转子上开有若干个纵向斜置开口槽,叶片可在转子的斜置开口槽中上下自由滑动。叶片斜置开口槽中可减小叶片沿转子上的槽运动时的阻力,以改善叶片在开口槽中自由滑动的状况。高压润滑油从槽的底面进入槽中,使叶片以浮动的形式接触缸体曲面而实现密封,这样既减小了密封弹簧的弹力,又提高了叶片的耐磨性。与此同时,离心力对无约束的叶片的作用也能加强接触面密封的可靠性。

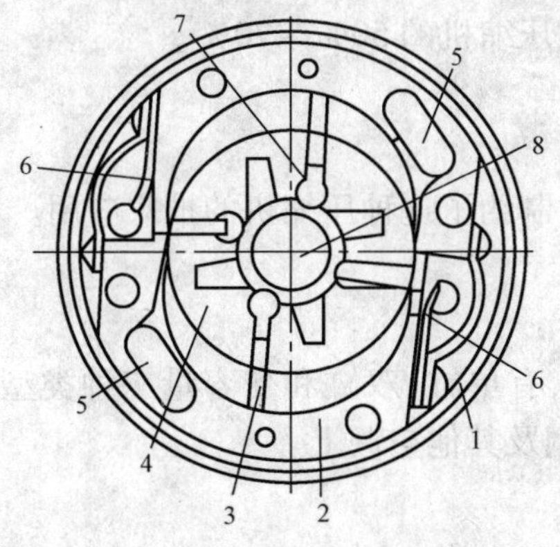

图 2-13　椭圆形气缸的旋叶式压缩机

1-机壳;2-缸体;3-叶片;4-转子;5-吸气腔;6-排气阀片;7-进油口;8-主轴

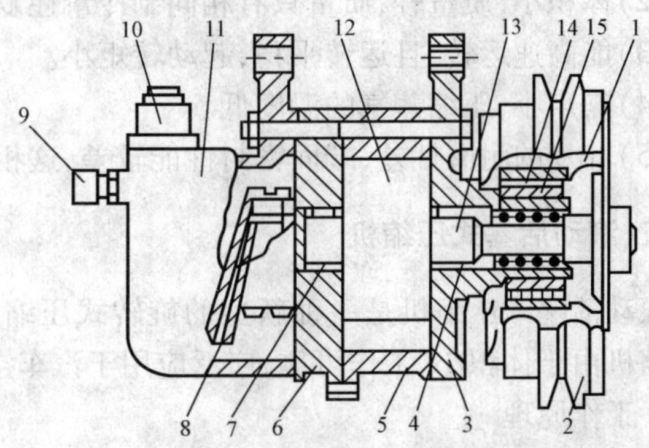

图 2-14　旋叶式压缩机轴向剖面图

1-前板;2-带轮;3-前端盖;4、7-轴承;5-缸体;6-后端板;8-吸油管;9-排气口;10-进气口;11-后端盖;12-转子;13-主轴;14-带轮轴承;15-轴衬旋叶式压缩机后端的排气室内设有一个较大的空间,用来分离油气,使制冷剂蒸气经分离后排出。油池里的润滑油在压差作用下,通过吸油管压入转子的槽底,通过叶片和槽的间隙进入气缸,同时润滑油还可以流到转子与前后端盖板的间隙中,对端面的轴承和油封进行润滑,另外还对主轴承进行润滑。润滑后的冷冻机油随着制冷蒸气经压缩再返回油气分离器。

3. 变容量旋叶式压缩机

图 2-15 所示为双叶片变容量旋叶式压缩机,它可以根据发动机转速的高低自动调节制冷量。

这种压缩机的工作原理如下:在气缸的进气口处,有一进气槽,当叶片刮过进气口时,进气过程本来应该结束,但由于气缸开有一进气槽,在气流惯性的作用下,继续通过进气槽进行充气,这样可以提高充气效率,又不影响下一气缸的进气过程。进气槽和叶片构成一个缺口,通过进气槽进入气缸的气体流量正比于缺口截面积和流入时间的乘积。低转速时,叶片刮过进气槽的时间长,充气量增大,制冷量大;高转速时,叶片刮过进气槽的时间短,气缸充气量相对减少,制冷量减小,能耗降低。在相同制冷量条件下,气缸容积可以减小 30%,而质量降低 20%。从整体来看,变容量旋叶式压缩机不但能进行制冷量自动调节,还可以减少功耗,正是这个原因使其得到了广泛应用。

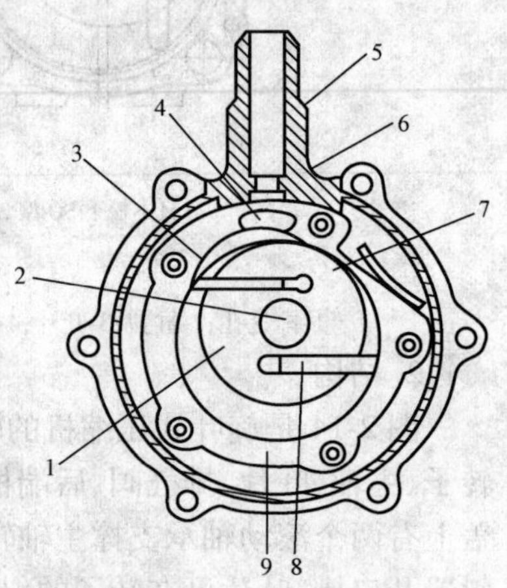

图 2-15 双叶片变容量旋叶式压缩机

1-转子;2-主轴;3-变容量进气槽;4-进气孔;5-进气管;6-O 形圈;7-排气阀;8-叶片;9-缸体

4. 旋叶式压缩机的特点

(1)结构简单,零部件少,没有进气阀,容积效率高。

(2)体积小,质量轻,质量只有相同制冷量往复式压缩机的 50% ~70%。

(3)能高速运转,且运转平稳,起动转矩小。

(4)噪声小,压缩蒸气的温度低。

(5)叶片的耐磨性差,端面密封性能较差,这相对制约了这种压缩机的推广应用。

五、滚动活塞式压缩机

滚动活塞式压缩机是一种新型的旋转式压缩机,有单缸、双缸和变容量三种类型。这种压缩机由于体积小、工作可靠,广泛应用于汽车空调及其他空调上。

1. 工作原理

滚动活塞式压缩机工作原理如图 2-16 所示。

当滚动活塞处于图 2-16a)位置时,活塞外表面与气缸内表面形成一月牙形空间(图中容积 K),从蒸发器流入的低压制冷剂蒸气经吸气口流入该空间。此时,由于该气室内为低压气体,排气阀处于关闭状态。

曲轴继续旋转,活塞在气缸内表面滑动。当活塞处于 b)位置时,滑片、气缸及活塞将气缸内容积分成两个空间。滑片左侧与吸气口相通的空间为低压室(图中容积 *R*),随活塞转动容积不断增大,吸入气体。滑片另一侧容积则由于活塞转动而使容积缩小(图中阴影部分),压力升高。

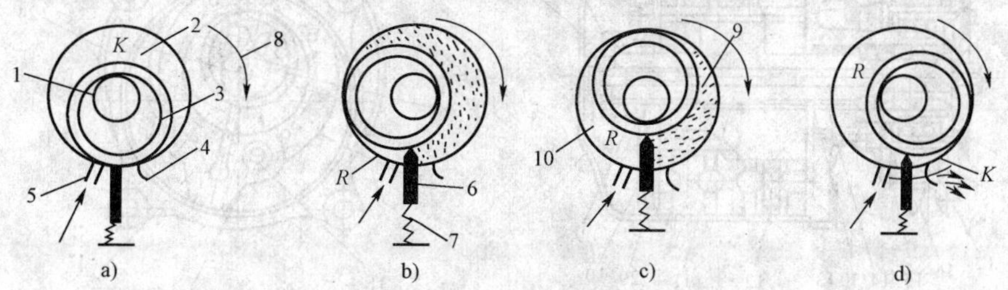

图 2-16　滚动活塞式压缩机工作原理

1-曲轴;2-气缸;3-滚动活塞;4-排气阀;5-吸气口;6-滑片;7-弹簧;8-旋转方向;9-压缩腔;10-吸气腔

当滚动活塞位于 c)位置时,滑片左侧容积 *R* 增大,吸入气体;而右侧容积 *K* 继续缩小,压力升高。

当活塞位于 d)位置时,吸气容积 *R* 扩大,吸入更多的气体。同时,压缩腔容积缩小而使气体压力高于排气阀外气体压力,排气阀打开,高压气体自排气阀排入冷凝器中。

滚动活塞是在曲轴作旋转运动时,在活塞与曲轴接触表面产生的摩擦力的驱动下带动活塞转动的。由于摩擦面上形成一层支撑油膜,所以曲轴和转子内表面的摩擦力不大,活塞的转动速度比曲轴小得多。这样活塞在气缸面上的运动呈一种滚动方式,它的滑片和滚动活塞的接触部分也是滚动的,所以滚动活塞式压缩机的摩擦功耗很小,磨损量亦很小,这样延长了使用寿命。这一点和旋叶式压缩机的旋叶与气缸的滑动接触不同,所以滚动活塞式压缩机得到了广泛的应用。

2. 结构

图 2-17 所示为一种滚动活塞式压缩机的剖视图,主要零件为曲轴、转子、缸体、前后端盖和滑片。曲轴 11 由两端面上的径向滚动轴承 9 和 14 支撑,平衡块 8 在曲轴尾端。滑片弹簧 12 压迫滑片 24 紧贴滚动活塞 28 在缸体内滚动。此种压缩机不设吸气阀,排气阀采用圆柱形,因为圆柱形阀工艺性好,在气缸上安装和布置亦较方便。润滑油采用压差输油的方式,即冷凝的润滑油在气缸内润滑滚动活塞与气缸壁接触部位及滑片后,和制冷剂一起排到机体底部,底部装有不锈钢筛网,用来分离油气。分离后的油气,其中蒸气从排气口排出,润滑油留在机体底部。在排气高压作用下,油经吸油孔 29 被送到主轴承、活塞内孔以及油封等处,而底部的滑片和弹簧都浸在油中。

3. 变容量滚动活塞式压缩机

图 2-18 所示为一双缸变容量滚动活塞式压缩机。这种压缩机与单缸滚动活塞式压缩机不同的是,它的曲轴上配有两个串联的滚动活塞和中间隔板,其他部分则与单缸相同。为了平衡曲轴,它的两个曲柄位置错开 180°,这样两个活塞也相互错开 180°,使排气连续进行,排气量可提高一倍,压缩机的体积也更紧凑。这种滚动活塞式压缩机的变容量是指让

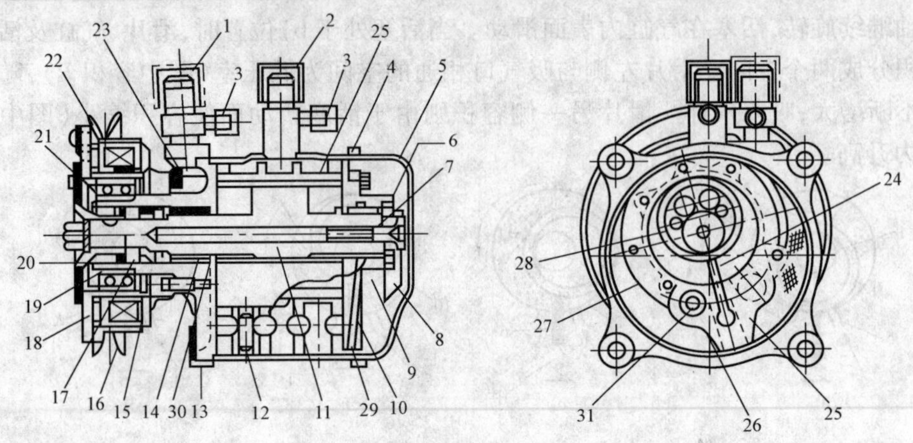

图 2-17　滚动活塞式压缩机剖视图

1-进气口;2-排气口;3-检修备用阀;4-安装架;5-后盖套;6-滚动推力轴承;7-轴向止动螺栓;8-平衡块;9、14-径向滚动轴承;10-后缸盖;11-曲轴;12-滑片弹簧;13-前盖套;15-轴封总成;16-离合器带轮;17-O 形圈;18-离合器压板;19、21-卡环;20-油封;22-离合器线圈;23-止推密封;24-滑片;25-气缸体;26-阀限位器;27-油气分离阀;28-旋转活塞;29-吸油孔;30-前缸盖;31-排气阀

其中一缸停止工作,使其制冷量减少一半。其原理是:从排气口引一条管道到后缸的卸载阀,当电磁阀关闭时,卸载阀在右边,打开后缸的吸气口,让其双缸全负荷工作;在车速很快时,蒸发器出口空气温度下降,接通电磁阀,让排气高压引入卸载阀,阀门移到左边,关闭后缸的吸气入口,让后缸处于空转状态,没有制冷剂输出。很显然,这是一个突变的过程,所以输出的冷气量和温度波动很大。

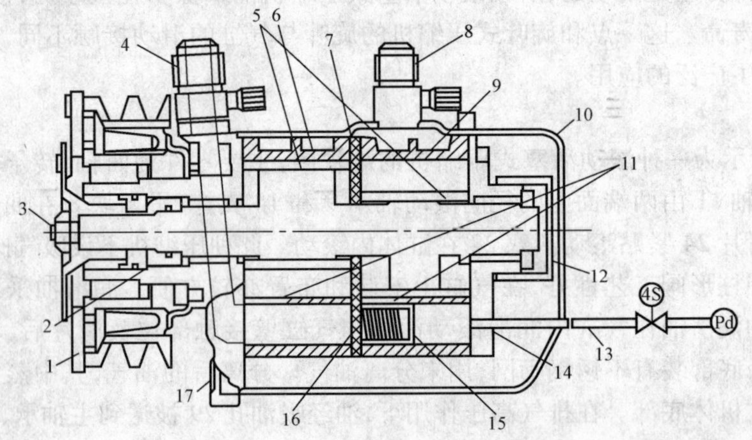

图 2-18　双缸变容量滚动活塞式压缩机

1-离合器板;2-油封;3-曲轴;4-吸气口;5-滚动活塞;6-前缸体;7-隔板;8-排气口;9-后缸体;10-外壳套;11-吸气口;12-挡油板;13-连接管;14-后缸盖;15-卸载阀;16-卸载弹簧;17-前缸盖

4. 滚动活塞式压缩机的特点

滚动活塞式压缩机的优点是:结构紧凑,零件少,质量轻,体积小,容积效率高,摩擦阻力小,制冷系数高,寿命长。

缺点是：制造精度要求高，特别是转子、缸体内径和曲柄的配合要求非常高，生产中需采用专用夹具。

六、涡旋式压缩机

涡旋式压缩机也称涡流式压缩机，它是一种新型的容积式压缩机，其外观形状如图2-19所示。它有一个可动的涡壳和一个固定不动的涡壳，它们之间有相对偏心运动。当压缩机轴旋转时，可动涡壳将制冷剂压向不动涡壳即压缩机的中心，这种运动使制冷剂压力增加。涡旋式压缩机工作原理如图 2-20 所示。

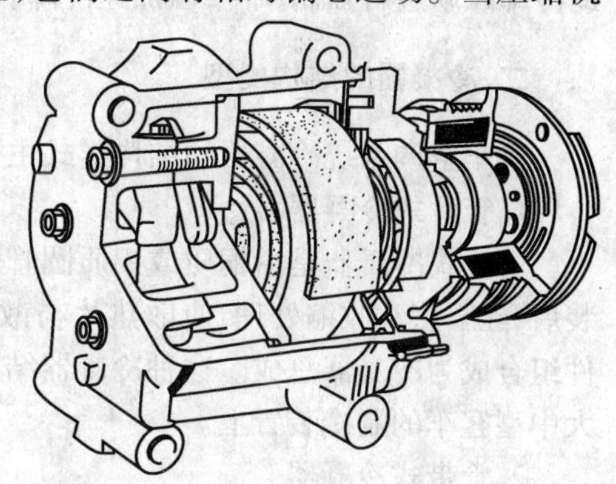

图 2-19　涡旋式压缩机

涡旋式压缩机中制冷剂的运动类似“龙卷风”，当气体以环形向循环中心运动时，制冷剂压力便增加了，压力较高的制冷剂通过位于压缩机中心的输出孔流出压缩机并流进冷凝器。

涡旋式压缩机工作起来比其他类型压缩机更平稳，这种压缩机早在 1909 年就已开发出来，但一直没有得到应用。涡旋式压缩机于 1988 年开始应用于家用空调器，1993 年才进入汽车空调领域，不能不说涡旋式压缩机的独特设计是压缩机技术的一个重要突破。

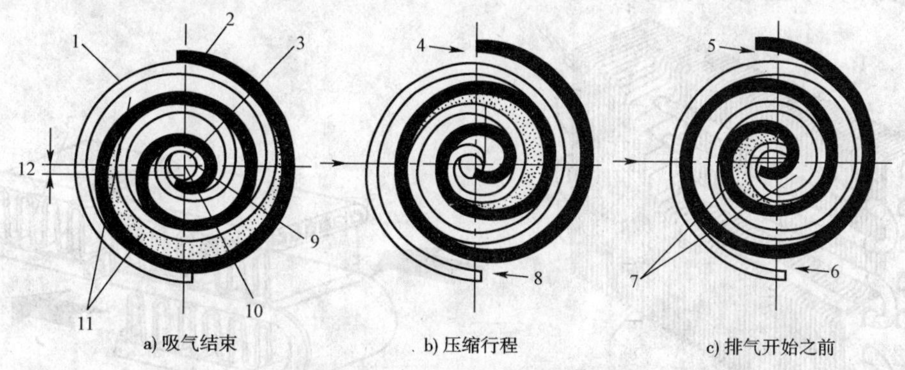

图 2-20　涡旋式压缩机工作原理图

1-固定涡壳；2-可动涡壳；3-固定涡旋中心；4、5、6、8-制冷剂气体；7-最小压缩容积；9-排气口；10-可动涡壳涡旋中心；11-开始压缩容积(最大容积)；12-回旋半径

第二节　冷　凝　器

一、冷凝器的作用

汽车空调制冷系统中的冷凝器是一种由管子与散热片组合而成的热交换器，其作用是

对压缩机排出的高温高压制冷剂蒸气进行冷却,使之凝结成高温高压的液体。制冷剂蒸气放出的热量由周围空气带走,排到大气中。

乘用车的冷凝器一般安装在发动机散热器前部,利用冷却风扇吹来的新鲜空气和行驶中迎面吹来的空气进行冷却。对于一些大、中型客车和一些小型客车,则把冷凝器安装在车厢两侧、车厢后侧或车厢的顶部。当冷凝器远离发动机散热器时,须在冷凝器旁安装辅助冷却风扇进行强制风冷,以加速冷却。

二、冷凝器的结构类型

汽车空调系统冷凝器的结构形式主要有管片式、管带式、鳍片式和平流式四种。

1. 管片式冷凝器

管片式冷凝器是由铜质或铝质圆管套上散热片组成,其结构如图 2-21 所示。片与管组装后,经膨胀和收缩处理,使散热片与散热管紧密接触,以保证热传递的顺畅,并与其他附件组合成为冷凝器总成。这种冷凝器结构比较简单,加工方便,但散热效果较差,一般用在大中型客车的制冷装置上。

2. 管带式冷凝器

管带式冷凝器是由多孔扁管与 S 形散热带焊接而成,其结构如图 2-22 所示。管带式冷凝器的传热效率比管片式冷凝器高 15% ~20% ,但其制造工艺复杂,焊接难度大,且材料要求高,一般用在小型汽车的制冷装置上。

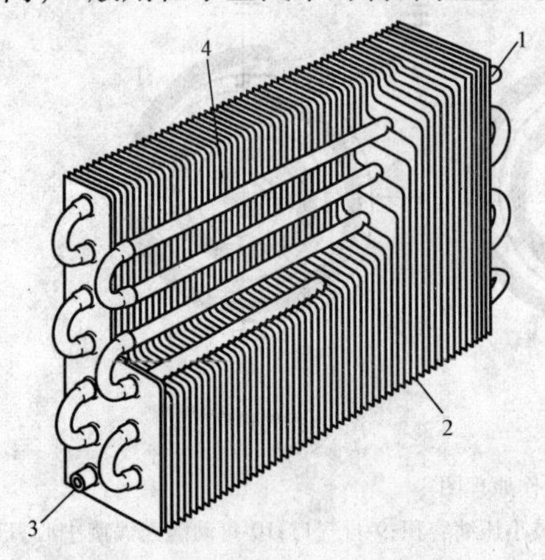

图 2-21 管片式冷凝器

1-进口;2-散热片;3-出口;4-制冷剂管路

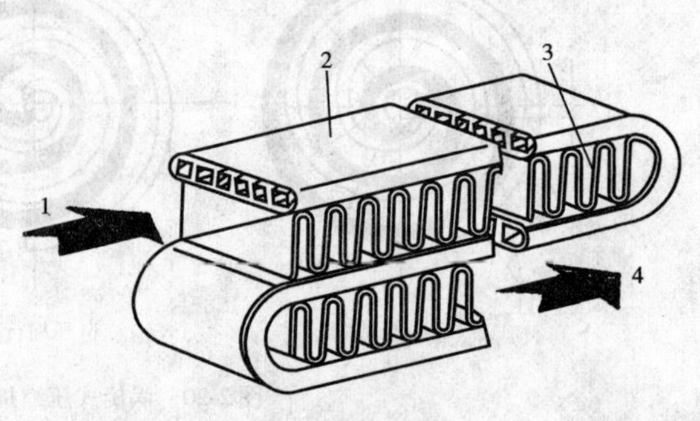

图 2-22 管带式冷凝器

1-气态制冷剂;2-异型扁管;3-波纹片;4-液态制冷剂

3. 鳍片式冷凝器

鳍片式冷凝器是在扁平的多通道散热管表面直接铣削出鳍片状散热片,再装配成冷凝器,其结构如图 2-23 所示。由于鳍片和管为一个整体,不存在接触热阻,故散热效率能在管带式的基础上提高 5% 。这种冷凝器节省材料,且抗振性特别好,所以一度被认为是最先进的汽车空调冷凝器,但铣削鳍片时,需要用专门的设备。

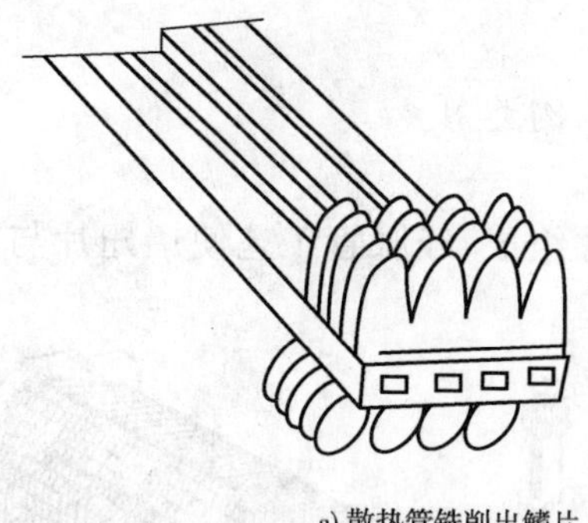
a) 散热管铣削出鳍片

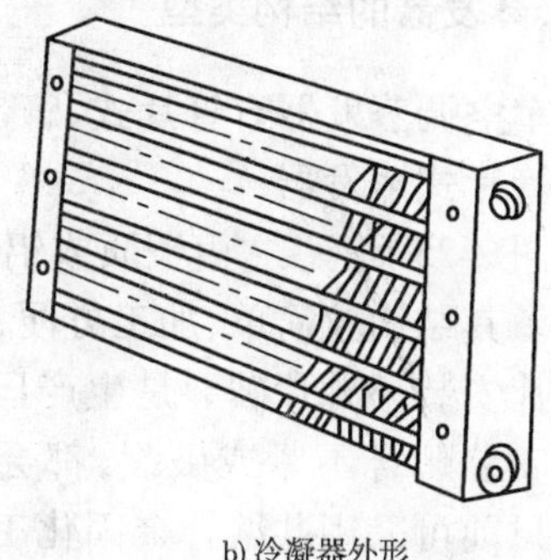
b) 冷凝器外形

图 2-23　鳍片式冷凝器

4. 平流式冷凝器

图 2-24 所示为平流式冷凝器外观结构。

平流式冷凝器的制冷剂由管接头进入圆柱形集管,然后分流进入铝制内肋扁管,平行地流到对面的集管,最后通过跨接管回到管接头座。扁管之间嵌有散热翅片。这种冷凝器具有空气侧和制冷剂侧的压力小、传热系数高、质量小、结构紧凑和制冷剂充注量少等特点,更适合使用 R134a 制冷剂。

与管带式冷凝器相比,在制冷剂相同的情况下,平流式冷凝器的制冷剂侧压力降只是管带式的 20%,而换热效率约提高 75%。

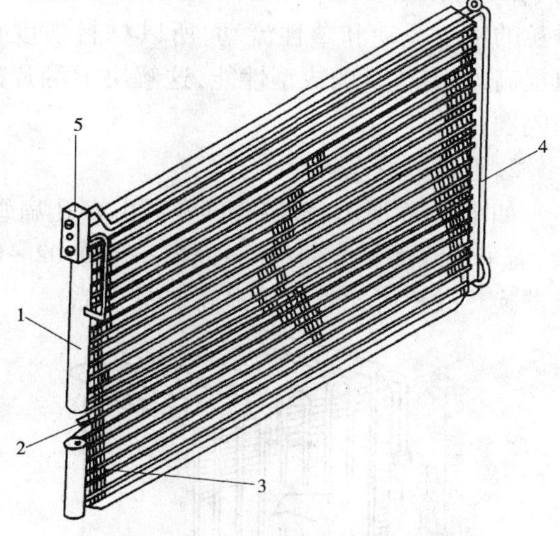

图 2-24　平流式冷凝器

1-圆柱形集管;2-铝制内肋扁管;3-波形散热翅片;4-跨接管;5-管接头

第三节　蒸　发　器

一、蒸发器的作用

蒸发器是汽车空调制冷系统中另一个热交换器,其作用与冷凝器相反,是将经过节流降压后的液态制冷剂在蒸发器内沸腾汽化,吸收蒸发器表面周围空气的热量而使之降温,经鼓风机再将冷风吹到车室内,达到降温的目的。

汽车车厢内的空间小,对空调器尺寸有很大的限制,为此要求空调器(主要是蒸发器)具有制冷效率高、尺寸小、质量小等特点。

二、蒸发器的结构类型

汽车空调蒸发器有管片式、管带式、层叠式三种结构类型。

1. 管片式蒸发器

如图 2-25 所示,它由铜质或铝质圆管套上铝翅片组成,经胀管工艺使铝翅片与圆管紧密接触。其结构较简单、加工方便,但其换热效率较差。

翅片安装环翻片破裂是生产厂家遇到的大难题。安装贴合不紧或破裂,都会使换热性能变差。目前可采用共熔合金固化工艺所制出的新型铝合金高强度翅片,这种材料内含有直径为 2μm 的颗粒合金,因颗粒间距离很小,阻碍颗粒的错位流动和塑性流动,所以材料强度得以提高,具有优良的成型性能,这解决了翻片破裂问题。

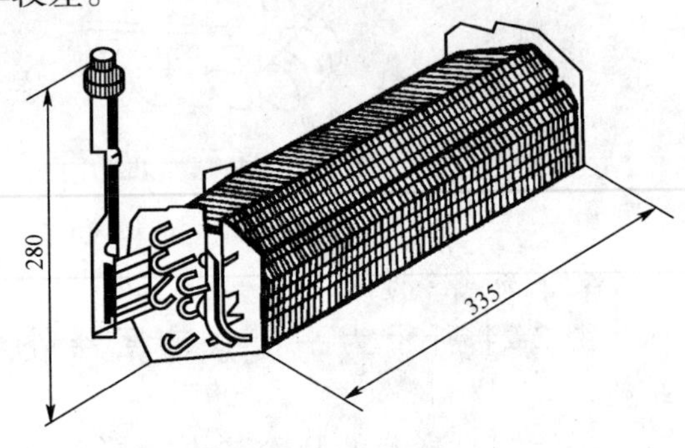

图 2-25　管片式蒸发器(单位:mm)

2. 管带式蒸发器

如图 2-26 所示,管带式蒸发器由多孔扁管与蛇形散热铝带焊接而成,工艺比管片式复杂,需采用双面复合铝材(表面覆一层 0.02 ~ 0.09mm 厚的焊药)及多孔扁管材料。该种蒸发器换热效率可比管片式提高 10% 左右。

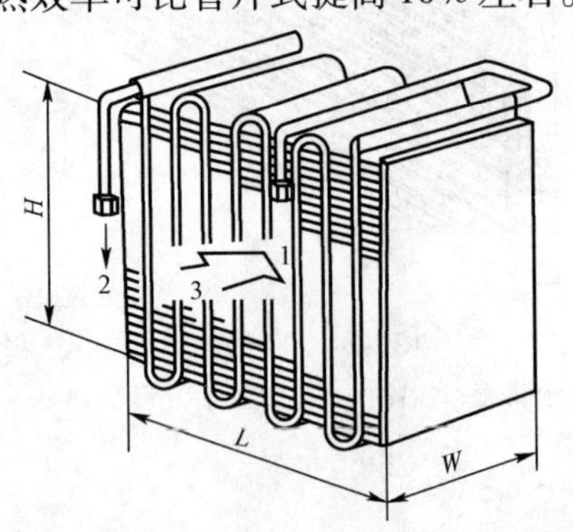

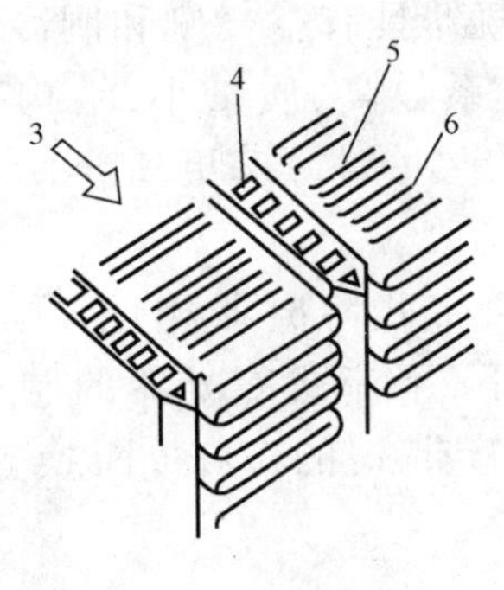

图 2-26　管带式蒸发器

1-进口;2-出口;3-空气;4-管子;5-翅片;6-散热口

3. 层叠式蒸发器

如图 2-27 所示,层叠式蒸发器由两片冲成复杂形状的铝板叠在一起组成制冷剂通道,每两片通道之间夹有蛇形散热铝带。这种蒸发器也需要双面复合铝材,且焊接要求高,因此,加工难度最大,但其换热效率也最高,结构也最紧凑。使用 R134a 制冷剂的汽车空调多采用这种层叠式蒸发器。

层叠式蒸发器结构曾经历过由双水室改为单水室,又由单水室改为双水室的几次变化。日本昭和公司为了减轻层叠式蒸发器质量,提高其性能,降低其阻力,首先将单水室改为双水室,其次是将通道板的形状由交叉和点状纹的焊接通道改为平行流向的直线沟状焊接通道,再将进出口位置从上侧挪至下侧。这些改进,减少了偏流现象和通道的阻力,加快了外部凝结水的流动,从而使制冷性能大大提高。这种新结构的蒸发器比管带式换热效率高30%左右。

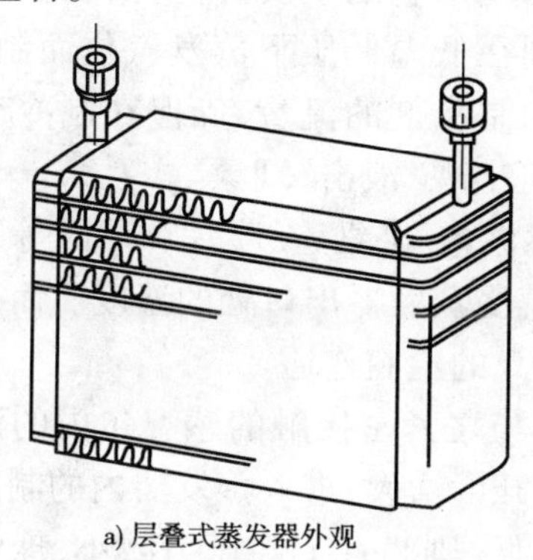
a) 层叠式蒸发器外观

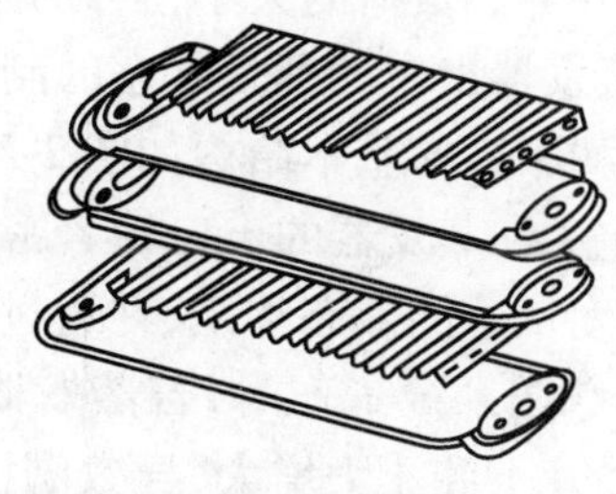
b) 散热铝板和铝带

图2-27　层叠式蒸发器

为了提高汽车空调蒸发器的性能,常对其表面进行亲水膜处理。由于汽车空调蒸发器表面温度低于环境空气的露点温度,通过蒸发器表面的空气就会在蒸发器表面冷凝析出水。冷凝析出的水不但加大了风压损失,而且使风量减小、制冷量减少,因此,提出了在翅片表面进行亲水膜处理,即利用化学方法使翅片表面生成一层厚1~2μm的亲水膜层,使原来的珠状冷凝变成膜状冷凝。冷凝水呈膜状沿翅片流下,使蒸发器风阻减小,风量增加,功耗下降,噪声下降,制冷量增加。试验表明,进行亲水膜处理的翅片,其风压损失可减少40%~50%,通风量约增加5%~10%,制冷量约增加5%~10%。

目前进行亲水膜处理的方法有三种:

(1)无机物质:如水软铝面、水玻璃、二氧化硅等。这种膜由于水润湿性好,因而接触角小,亲水持续性好,但处理条件严格,耐蚀性不理想。

(2)有机树脂:如亲水性树脂和表面活性剂的合用。由于采用了表面活性剂,确保了水润湿性和低接触角,但表面活性剂的持续性差。

(3)二氧化硅、有机树脂、表面活性剂合用:利用具有和水玻璃类似结构的无机高分子二氧化硅的亲水性和保湿性,并考虑二氧化硅不能单独成膜的特点,加进了有机树脂作为黏合剂,同时为了降低接触角又加入了具有润湿性的表面活性剂,三者结合起到了亲水作用。

第四节　节流膨胀装置

在制冷系统中,为了能够吸收低温物体的热量,必须将制冷剂饱和液体的压力降到比低温物体更低的饱和温度所对应的饱和压力以下。节流膨胀装置的作用就是降低从冷凝器出来的液态制冷剂压力,使制冷剂进入蒸发器后容易吸热蒸发,从而降低车内的温度。

汽车空调采用的节流膨胀装置主要有热力膨胀阀、电子膨胀阀和节流孔管等。

一、热力膨胀阀

热力膨胀阀也称F形膨胀阀，是组成汽车空调制冷系统的主要部件，安装在蒸发器入口处。它除了具有节流降压，使进入蒸发器的制冷剂在低温低压下蒸发汽化而制冷之外，还能根据外界热负荷的大小，自动调节进入蒸发器的制冷剂的流量，确保在制冷充足的情况下，从蒸发器出来的都是气态的制冷剂，防止压缩机出现“液击”现象。

热力膨胀阀的基本结构如图2-28所示，主要由感温包、毛细管、膜片和球阀等组成。其中，感温包7和蒸发器的出口管紧密接触，以便准确感受蒸发器出口处的温度。而感温包内则是对温度敏感的液态物质，并通过毛细管1和膜片2的上腔连通。

汽车空调系统工作时，若蒸发器出口温度偏高，与之紧密接触的感温包内的液态物质会膨胀，膜片上腔压力增大，导致阀杆8下移，球阀4开度增大，进入蒸发器内的制冷剂流量增加，制冷量随之增大。反之，若蒸发器出口温度偏低，则膜片上腔压力减小，球阀的开度在弹簧5的作用下减小，以限制进入蒸发器的制冷剂流量。

按结构不同区分，热力膨胀阀有内平衡式、外平衡式和H型三种类型。

1. 内平衡热力膨胀阀

内平衡式热力膨胀阀的结构如图2-29所示。其特点是在该膨胀阀内设有一内平衡管，将膜片的下腔和蒸发器入口直接相通，故该膜片上作用有三种力：一是试图使针阀开启的作用在膜片上方的感温包和毛细管内的液态物质的压力；二是试图使针阀关闭的作用在针阀之下的弹簧力；三是试图使针阀关闭的作用在膜片下方蒸发器入口处的制冷剂的压力。因此，膜片的受力情况决定了膜片所处的位置，进而决定阀的开度。

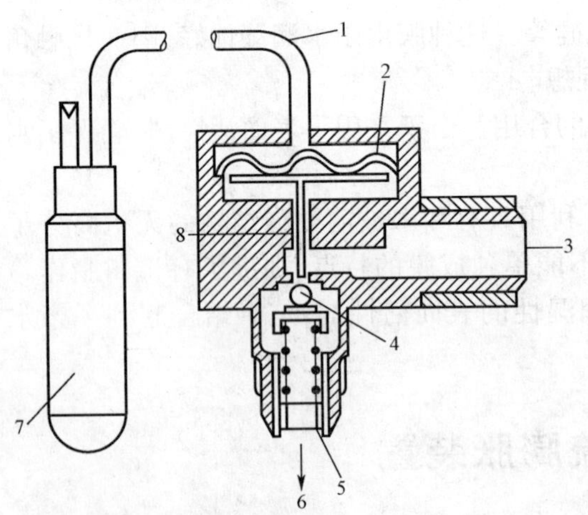

图2-28　热力膨胀阀的基本结构图

1-毛细管；2-膜片；3-来自储液罐；4-球阀；5-调整弹簧；6-通向蒸发器入口；7-感温包；8-阀杆

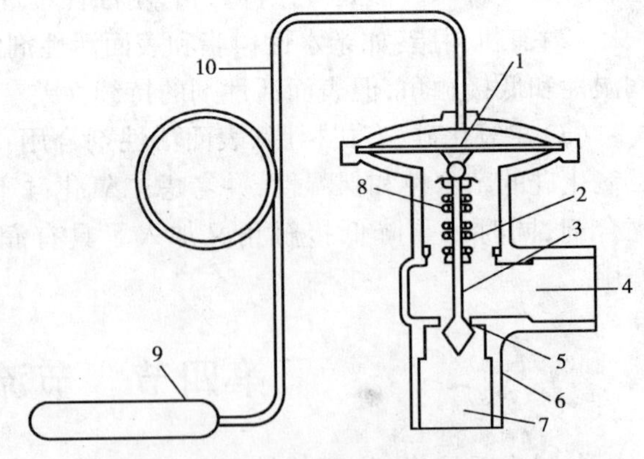

图2-29　内平衡热力膨胀阀

1-膜片；2-内平衡口；3-针阀；4-出口通往蒸发器；5-阀座；6-阀体；7-入口通储液罐；8-弹簧；9-遥控感温包；10-毛细管

2. 外平衡热力膨胀阀

外平衡式热力膨胀阀的结构如图 2-30 所示,其特点是膜片下方经外平衡管和蒸发器的出口相通,故其压力与感温包在蒸发器出口感受到的压力相匹配,两者不存在压力误差。这种外平衡式膨胀阀适用于需要较大制冷量的空调系统。

3. H 形膨胀阀

H 形热力膨胀阀外形呈长方体,其内部通路因形同 H 而得名。它有四个接口通往汽车空调系统,其中两个接口同标准热力膨胀阀一样,一个接储液干燥器出口,另一个接蒸发器入口,另外两个则分别接蒸发器出口和压缩机入口。其工作原理和前两者完全相同,只是结构更为紧凑,性能更为可靠,如图 2-31 所示。置于蒸发器出口 3 和压缩机入口 4 之间的感温器 6 取代了内、外平衡式热力膨胀阀的感温包和毛细管的作用。该热力膨胀阀多用于循环离合器空调系统中。

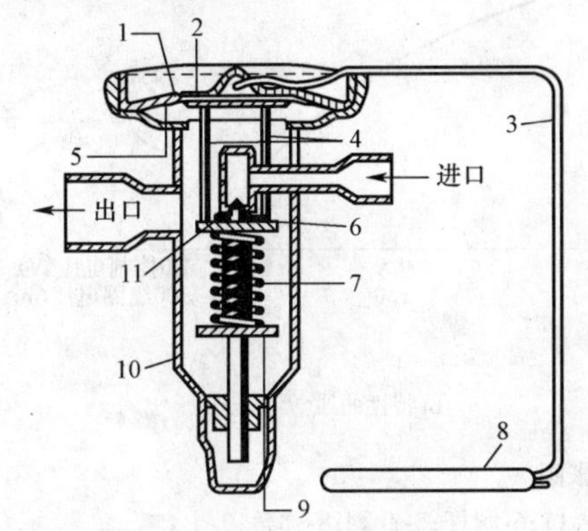

图 2-30　外平衡热力膨胀阀

1-膜片;2-感温包压力;3-毛细管;4-推杆;5-蒸发器出口压力;6-阀座;7-过热调整弹簧;8-遥控感温包;9-弹簧压力;10-阀体;11-针阀

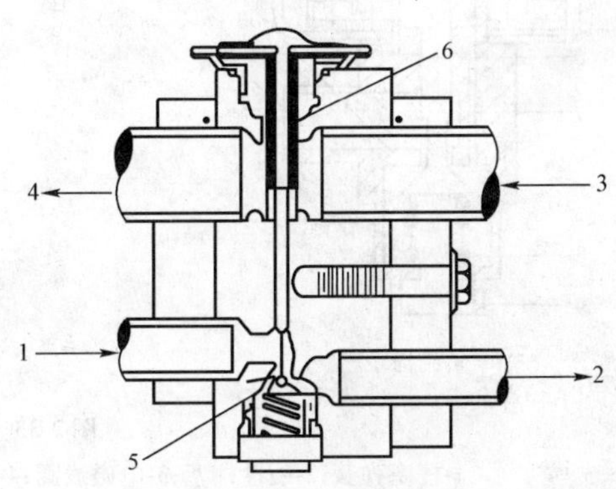

图 2-31　H 形膨胀阀

1-接储液干燥器出口;2-至蒸发器入口;3-来自蒸发器出口;4-至压缩机入口;5-钢球与弹簧;6-感温器

二、电子膨胀阀

从上面的分析不难看出,上述三种热力膨胀阀所能控制的制冷剂流量的大小,在很大程度上都取决于作用在下方的弹簧力的大小。该弹簧力可以通过调节螺钉的方式进行人为的调节。但对应的制冷剂流量调节范围小,且当负荷变动大时,蒸发器出口的过热度变化较大。于是,电子膨胀阀应运而生。图 2-32 所示为汽车空调的电子膨胀阀系统原理图。

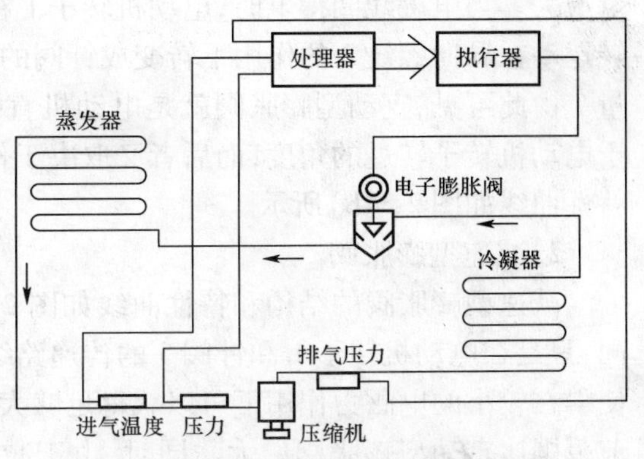

图 2-32　汽车空调的电子膨胀阀系统原理图

由图 2-32 可知,所谓电子膨胀阀就是根据蒸发器出口的温度或压力信号,由电控单元实时改变膨胀阀的开度,以调节进入蒸发器制冷剂的流量,及时调整蒸发器出口的过热度。根据驱动方式的不同,电子膨胀阀又可分为电磁式膨胀阀和电动式膨胀阀。

1. 电磁式膨胀阀

电磁式膨胀阀结构如图 2-33a)所示。磁性柱塞 2、阀杆 6 和针阀为一个整体。常态下电磁线圈 3 断电,针阀全开,制冷剂流量最大。当电磁线圈得电时,磁性柱塞在电磁线圈的电磁力作用下克服弹簧 8 的作用而上移,针阀开度减小,以此来调节制冷剂流量。针阀的具体位置,取决于施加在电磁线圈上的电压或电流的大小,其特性曲线如图 2-33b)所示。

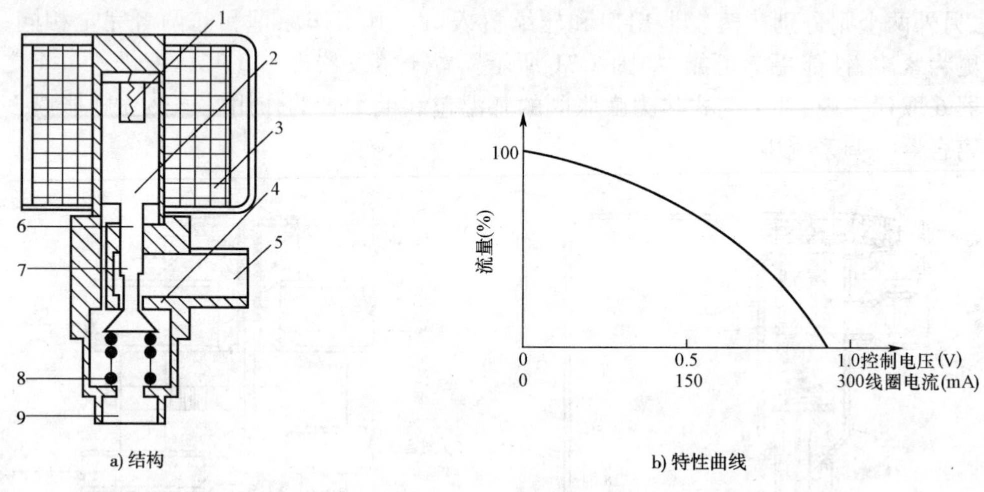

图 2-33　电磁膨胀阀

1-柱塞弹簧;2-磁性柱塞;3-电磁线圈;4-阀座;5-入口;6-阀杆;7-针阀;8-弹簧;9-出口

2. 电动式膨胀阀

电动式膨胀阀由电动机驱动,根据工作方式的不同又可分为直动型膨胀阀和减速型膨胀阀两种。

1)直动型膨胀阀

直动型膨胀阀的结构如图 2-34a)所示。常态下电磁线圈 3 断电,针阀 6 全开,制冷剂流量最大。当电磁线圈得电时,电动机转子 1 在电磁线圈的电磁力作用下开始转动,转子的旋转运动在导向螺纹 2 的作用下转变成针阀的直线运动,针阀开度减小,进而改变制冷剂的流量。由此可见,直动型膨胀阀就是电动机直接带动针阀作直线运动,针阀的具体位置取决于电动机转子转过的角度,而后者又取决于作用在其上的脉冲数的多少。直动型膨胀阀的特性曲线如图 2-34b)所示。

2)减速型膨胀阀

减速型膨胀阀的结构和特性曲线如图 2-35 所示。其工作原理和直动型膨胀阀基本相同,只是在电动机转子 1 和针阀 5 的传递路线中,增加了一个减速齿轮 8 来减速增矩,从而使得在较小的电磁力作用下可以获得足够大的输出力矩。故相对而言,减速型膨胀阀的调节范围比直动型膨胀阀的大。同时,由于减速型膨胀阀的电动机与阀体并没连成一个整体,所以只要更换口径不同的阀体,就可以改变阀的容量。

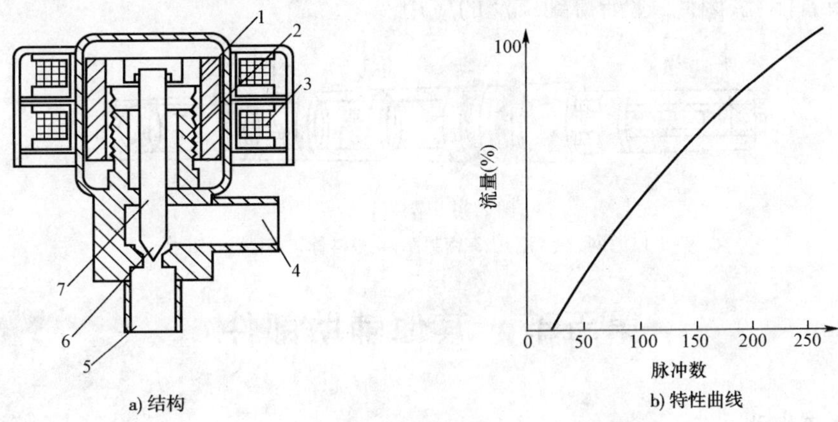

图 2-34　直动型膨胀阀

1-电动机转子;2-导向螺纹;3-电磁线圈;4-入口;5-出口;6-针阀;7-阀杆

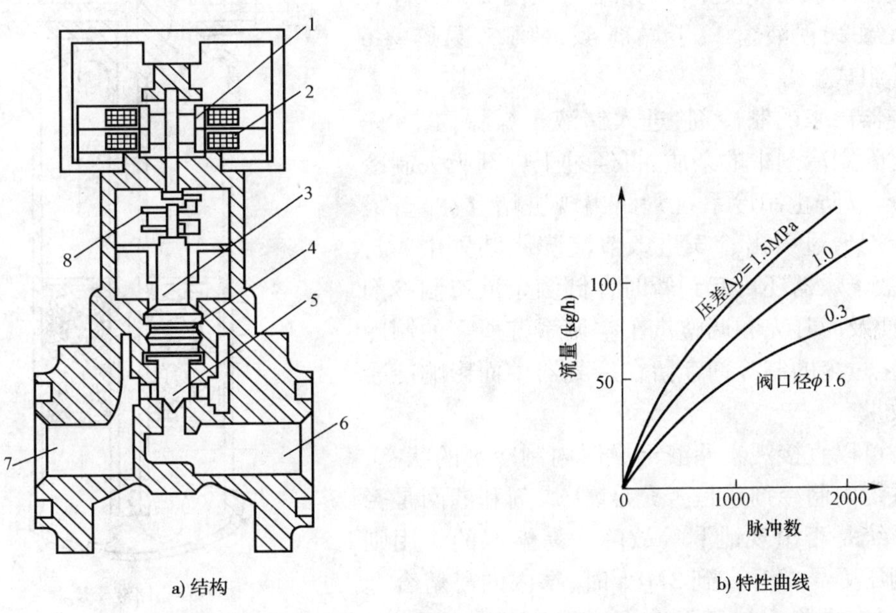

图 2-35　减速型膨胀阀

1-电动机转子;2-电磁线圈;3-阀杆;4-导向螺纹;5-针阀;6-入口;7-出口;8-减速齿轮

三、节流孔管

节流孔管结构如图 2-36 所示,即在塑料骨架的内部有一根细铜管,起到节流减压的作用。不能调节进入蒸发器的制冷剂流量的多少,是节流孔管与热力膨胀阀最主要的区别。因此,为了确保进入压缩机都是气态的制冷剂,在蒸发器出口和压缩机入口之间需要加装一个气液分离器,而节流孔管则直接安装在冷凝器出口和蒸发器入口之间。其结构简单,成本低,且节省能耗,因此,逐渐得到广泛的应用。

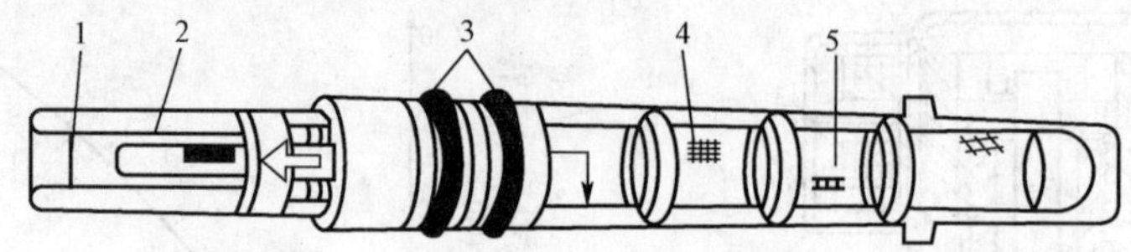

图 2-36　节流孔管

1-出口滤网;2-节流孔;3-密封圈;4-塑料骨架;5-进口滤网

第五节　其他辅助部件

一、储液干燥器

储液干燥器通常用在汽车空调制冷系统中,该部件安装在冷凝器和膨胀阀之间。其结构如图 2-37 所示,主要由储液罐 2、视液窗 1、干燥剂 4、滤网 5、易熔塞 6 和管接头等组成。

从冷凝器出来的制冷剂,进入储液干燥器内,首先经过滤网滤除制冷剂中的杂质,再经过干燥剂吸去制冷剂中的水分,以防止制冷系统管路出现脏堵和冰塞,最后液态制冷剂通过引出管 3 进入节流膨胀装置中。与此同时,储液干燥器还可起到暂时存储多余液态制冷剂的作用,以便及时补充和调整汽车空调系统所需的制冷剂量,以防止过多的制冷剂存留在冷凝器中而影响冷凝器的散热效果。

视液窗可以直接观察储液干燥器内制冷剂的状态,由此判断系统内制冷剂量是否充足、干燥剂和滤网是否失效以及系统是否出现泄漏等故障。易熔塞的作用则是当高压侧压力异常升高到 3MPa 时,塞内的易熔合金会自行熔化,气态制冷剂便得以直接释放到大气中,以避免制冷系统受到损坏。

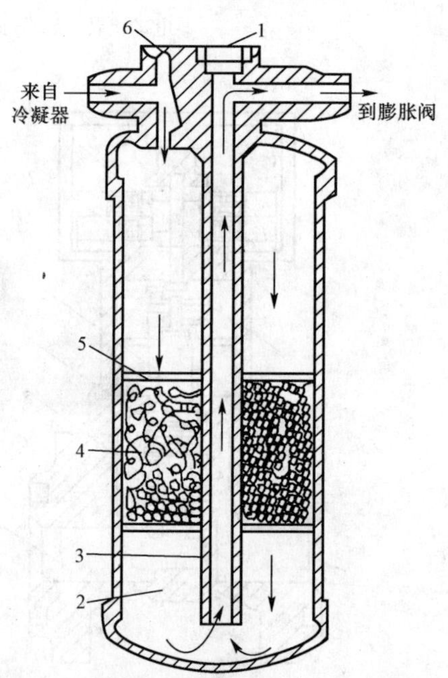

图 2-37　储液干燥器

1-视液窗;2-储液罐;3-引出管;4-干燥剂;5-滤网;6-易熔塞

二、气液分离器

气液分离器通常用在汽车空调孔管系统中,安装在蒸发器和压缩机之间,其结构如图 2-38 所示。该部件类似于储液干燥器,只是作用正好相反。由于孔管系统中的孔管只能起到节流的作用,而无法调节制冷剂流量,自然就无法保证从蒸发器出来的都是气态制冷剂。

为防止压缩机出现“液击”，必须在蒸发器和压缩机之间安装气液分离器进行气液分离，以保证进入压缩机的都是气态制冷剂。除此之外，气液分离器同样具备过滤和干燥的作用。虽然气液分离器的结构各异，但工作原理完全相同，此处以图2-38所示气液分离器为例说明其工作原理。

来自蒸发器的制冷剂，进入气液分离器内，气态的制冷剂位于气液分离器上部，可通过引出管进入压缩机内；而液态制冷剂沉在底部，在这里可进行过滤和干燥。另外，在引出管上开有一个卸油孔，以便少量的压缩机润滑油能随着气态制冷剂流回压缩机内，保证压缩机正常工作时的润滑需要。

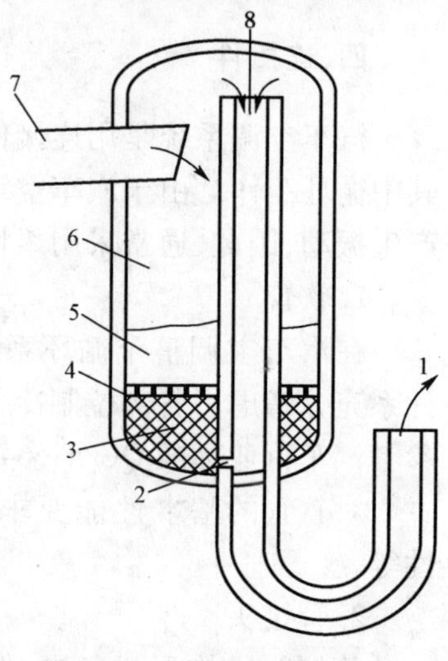

图2-38　气液分离器

1-至压缩机；2-卸油孔；3-干燥剂；4-滤网；5-液态制冷剂；6-气态制冷剂；7-来自蒸发器；8-引出管

三、油分离器

油分离器的作用就是将混杂在气态制冷剂中的压缩机润滑油分离出来，并送回压缩机内，以保证压缩机的正常工作，减少冷凝器和蒸发器传热效率的降低比率。该部件多用在压缩机所需润滑油量较多的大、中型汽车空调系统中。此时，润滑油在其中除了起到润滑作用外，还起密封和冷却的作用。

油分离器结构如图2-39所示，主要由滤网3、回油阀6、浮球阀组5和管接头等组成。从压缩机出来的高温高压气态制冷剂，进入油分离器内，混杂其中的密度较大的润滑油蒸气甚至油滴会迅速沉至底部。当润滑油积累到一定量时浮球浮起，将回油阀打开，其中积累的润滑油便得以回到压缩机内被再度使用。

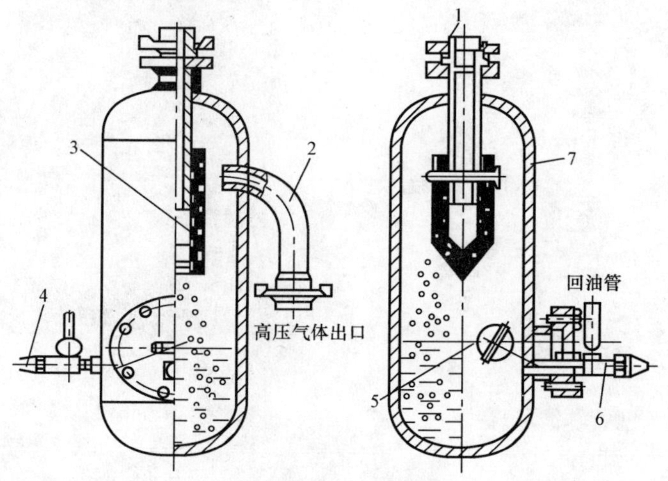

图2-39　油分离器

1-进口；2-出口；3-滤网；4、6-手动回油阀；5-浮球阀组；7-筒体

四、连接件

汽车空调系统是用连接件将各自独立的部件构成一个整体的封闭回路,以便制冷剂在其中循环工作。由于汽车空调系统各部件在汽车上的位置相对分散,且工作环境恶劣,易产生振动,因此,通常采用柔性橡胶软管来连接,并用管接头及密封圈进行固定和密封。

1. 软管

在汽车空调整个循环系统中,制冷剂的温度和压力呈现出规律性的变化,故软管的设计系充分考虑了各部位制冷剂的温度、压力以及形态的不同,因此,配备或更换软管时,可参考汽车行业标准 QC/T 664—2000《汽车空调(HFC 134a)用软管及软管组合件》。

对软管的基本性能要求有:能耐高温或低温,有一定的耐压性、耐真空性和抗拉伸性等。

2. 管接头

管接头结构形式各异,但功能完全相同,是汽车空调系统管路之间或与制冷系统部件相互连接的部件,既要考虑其密封性能,防止制冷剂泄漏,又要考虑安装、维修以及拆卸的方便性。管接头的配备或更换可参考汽车行业标准 QC/T 669—2000《汽车空调(HFC 134a)用管接头和管件》。

第三章　汽车空调装置的分类与布置

由于汽车种类不同，相应地与之相配的汽车空调系统也不一样。如乘用车空调大多采用非独立式，其压缩机由主发动机驱动，空调系统各部件采取分散布置；而大客车空调大多采用独立式，压缩机由专门配备的副发动机驱动，空调性能不受汽车行驶工况的影响，其系统各部件有的采取整体布置，有的采取分散布置，主要视汽车的结构形式而定。

第一节　汽车空调装置分类

一、按驱动方式分类

根据驱动方式不同，汽车空调可分为独立式空调和非独立式空调。独立式空调就是配备专门的副发动机作为压缩机的动力源，如一些客车空调；非独立式空调是由汽车主发动机直接驱动压缩机，如乘用车、小型客车空调以及货车空调等。

1. 独立式空调

独立式空调是指单独用一个副发动机带动空调压缩机，其制冷系统不受主发动机的影响，只有客车才有足够的空间安装独立式空调。在独立式空调系统中，压缩机转速基本不变，并可将压缩机与冷凝器做成一个通用性较好的机组，以便设计选用。

(1)优点：空调系统制冷量不受主发动机转速的影响，制冷系统对汽车的行驶也没有影响，而且在汽车怠速行驶或停驶时，其制冷系统照样正常运行。

(2)缺点：结构复杂，增加了整车的质量和布置难度。

2. 非独立式空调

非独立式空调是由主发动机带动压缩机运转，并由电磁离合器进行控制。当接通电源时，电磁离合器吸合，压缩机开始运转制冷；当断开电源时，电磁离合器断开，压缩机停止制冷。非独立式空调依靠电源的接通、断开来控制压缩机的运行，从而调节冷气的供给，达到控制车室内温度的目的。

(1)优点：结构简单、便于安装布置、噪声小、成本低。

(2)缺点：需要消耗主发动机10% ~15%的动力，直接影响汽车的加速性能和爬坡能力，同时其制冷量受汽车行驶速度影响，如果汽车停止运行，其空调系统也停止运行。

二、按送风方式分类

按送风方式不同，汽车空调可分为直吹式空调和风道式空调。

1. 直吹式

直吹式空调的冷气或暖气直接从空调器送风面板吹出,其结构简单,阻力损失小,但送风均匀性差。一般乘用车、小型客车及货车空调常采用这种送风方式。

2. 风道式

风道式空调是将空调处理后的空气用风机送到塑料风道,再由车厢顶部或座位下方的各风口、风阀送至车内。这种方式送风较均匀,冷气或暖气可送到所需要的部位,如人体头部、脚部等,但这种空调结构较复杂,风道阻力大,同时风机所耗功率大,主要用在一些客车空调上。

风道式空调的风道又可分为两侧送风道和中央送风道两种。两侧送风道布置在车顶转角处,一般不占用车内有效空间,对乘客乘车影响不大,但要求车窗框离车顶有一定距离。中央送风道的优缺点正好与其相反,为不影响乘客乘车,风道必须做得很扁,同时车厢顶要设计得高一些。

三、按结构形式分类

汽车空调按结构形式可分为整体式空调、分体式空调以及分散式空调。

1. 整体式空调

独立式空调的结构形式往往是整体式空调,即将辅助发动机、压缩机、冷凝器、蒸发器等安装在一个底架上,底架固定在汽车底盘上,各总成之间通过传动带、管路连接成工作系统,再与整车风道相连,通过车内送风管将冷风送入车室内。压缩机由辅助发动机驱动工作。

2. 分体式空调

分体式空调也是独立式空调的一种结构形式,即将辅助发动机、压缩机、冷凝器、蒸发器部分或全部分开布置。

3. 分散式空调

非独立式空调的结构形式往往是分散式空调。由于非独立式空调系统的压缩机必须由整车发动机驱动,故压缩机必须安装在发动机上;蒸发器、冷凝器等根据工作要求分散安装在汽车相关位置,并用管道相连接形成制冷系统。大部分乘用车、小型客车及货车空调系统都采用这种结构形式。

四、按功能分类

汽车空调系统按功能不同分类,主要有单一功能型、冷暖合一型、全功能型三大类。

1. 单一功能型

汽车空调的发展是由单一功能向多种功能发展的过程。汽车上最早出现的空调系统是单一的暖风机,它主要为乘员提供采暖以及为风窗玻璃除霜。随着制冷技术的发展,制冷机也出现在汽车上。但制冷系统和采暖系统各自单独工作。图 3-1 所示为单一功能型汽车空调,这种类型空调的缺点是占用空间较大,功能单一。

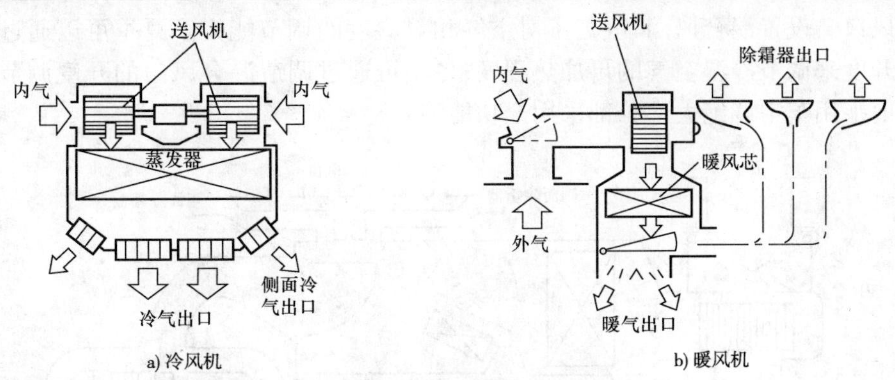

图 3-1　冷暖分开型汽车空调

2. 冷暖合一型

把暖风水箱和蒸发器装在一个机箱内，制冷系统和采暖系统各自分别工作，但共用一个内/外气进风口，即新风/回风风口，分别设置冷、热气出风口，这种形式的汽车空调系统称为冷暖合一型，如图 3-2 所示，即仅仅在结构上“合一”，而制冷与采暖的功能仍不能同时实现。货车驾驶室多采用这种形式，乘用车已较少采用。

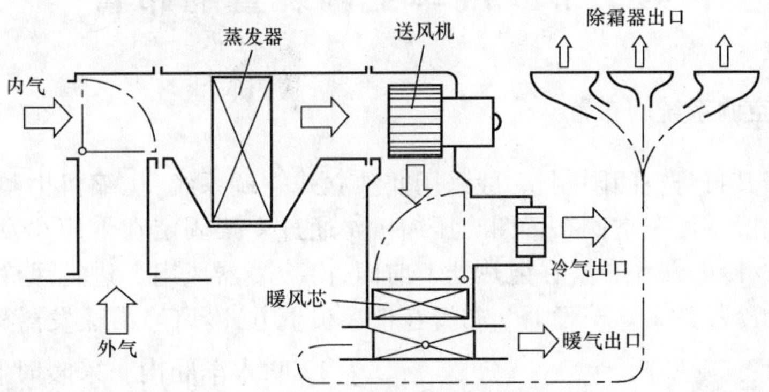

图 3-2　冷暖合一型汽车空调

3. 全功能型

全功能型空调系统集制冷、除湿、采暖、通风和净化诸功能于一体，既可在冬季提供暖气，又可在夏季提供冷气，其他季节还可以进行除雾、除霜、调节湿度、通风、除尘等工作。

单一功能型和冷暖合一型空调的缺点是冷风机只能除湿降温，不能调节送风的相对湿度。夏季，当车内需要冷风时，风机将外界湿热空气抽入，经过蒸发器冷却、除湿，变成冷风送入车室内。然而这种脱去冷凝水而吹出来的冷风，尽管绝对含湿量减少了，但相对湿度却大于 95%，这种冷而湿的风直接吹到乘员身上并不舒适。可见，全功能型空调就具有在冷风吹出来之前降低其相对湿度的优点。

图 3-3 所示为全功能型空气处理系统示意图，该系统在蒸发器和加热器之间设置了一个可以连续改变角度的混合风门。从蒸发器流出来的空气可以随混合风门的开度部分或全部通过加热器，流过加热器的空气和未流过加热器的空气在空调器内预先混合，再经风

门送至各风口。设置混合风门,改善了对空气相对湿度的调节能力。夏季可以通过调节混合风门的开度来调节冷湿空气的再加热程度;冬季可通过调节混合风门的开度调节暖风的温度。目前乘用车空调绝大部分都采用全功能型。

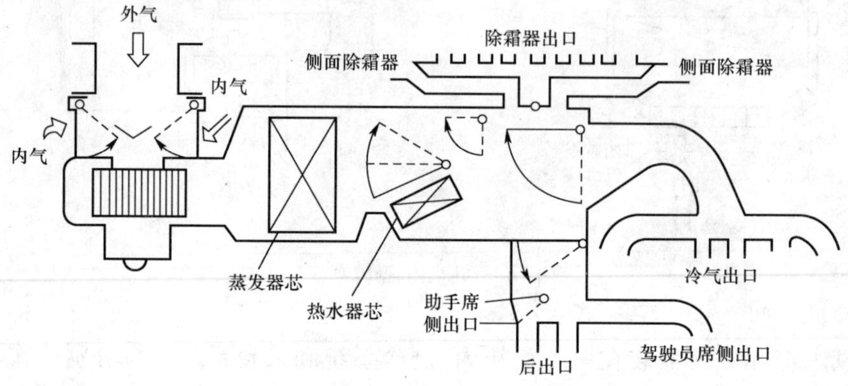

图3-3　全功能型汽车空调空气处理系统示意图

第二节　汽车空调装置的布置

一、乘用车空调系统的布置

乘用车由于其自身空间限制,一般采用非独立式空调系统,压缩机由整车发动机驱动。图3-4所示为一般乘用车空调布置图。压缩机4通过支架固定在乘用车发动机侧面,由主发动机11驱动。冷凝器5布置在散热器1前面,由冷凝器风扇3进行风冷,利用乘用车行驶时迎面风增加冷却效果。蒸发器9布置在仪表板下方,冷风经由蒸发器9、冷风送风格栅12吹入车厢内。采暖时制冷系统停止运行,热水通过热水阀7进入暖风散热器,鼓风机将吸热后升温的外界空气从热风送风格栅13送入车厢内供暖。由于连接管道过长会增加流动阻力且增大能耗,因此安装时管道应尽量短,且方便调试维修。

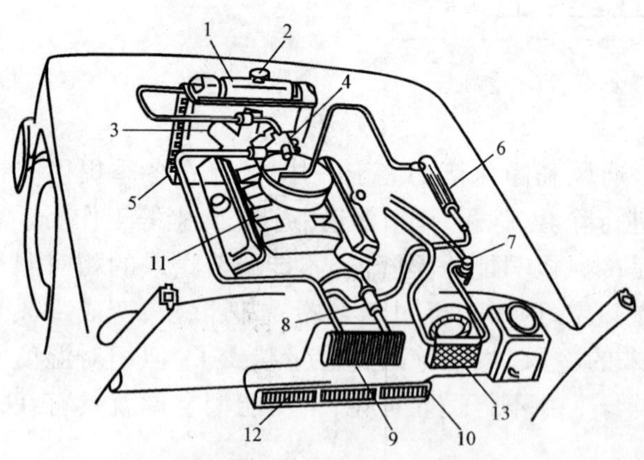

图3-4　一般乘用车空调布置

1-散热器;2-散热器盖;3-冷凝器风扇;4-压缩机;5-冷凝器;6-储液干燥器;7-热水阀;8-膨胀阀;9-蒸发器;10-驾驶室;11-主发动机;12-冷风送风格栅;13-热风送风格栅

乘用车空调系统的冷凝器,大多安装在发动机散热器前面。因此,散热器散热效果会受到影响,散热器容易“开锅”,安装时应考虑两者之间的距离。此外,冷凝器护风圈间隙要小,以防止风量损失。目前,采用冷凝器前增设风扇的方式,不但能增大其风量，而且还使冷凝器的冷却效果不受汽车行驶速度的影响。新增风扇依靠蓄电池驱动工作，一般冷凝器采用竖装。

蒸发器有两种布置方式，即仪表板式、后行李舱式，图3-5所示为仪表板式，图3-6所示为后行李舱式。后面布置蒸发器主要作为前蒸发器的补充，增加后面座位的制冷效果。由于蒸发器一般都安装在乘用车室内，所以要降低蒸发器及风机出口阻力，来减少风量损失和降低噪声。

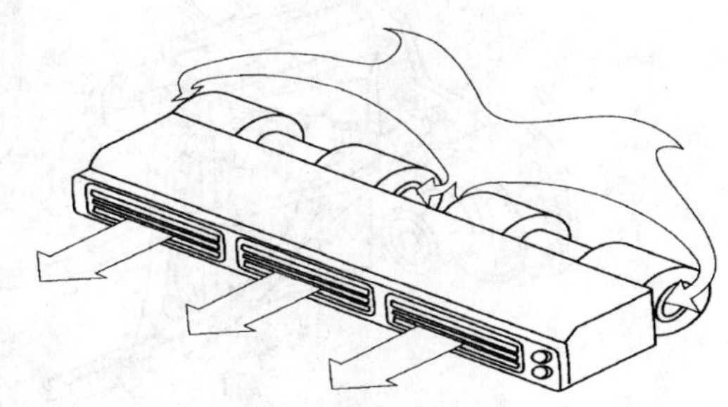

图3-5 仪表板式蒸发器

乘用车空调系统的膨胀阀大多安装在蒸发器入口处，随同蒸发器一起布置。一般情况下，膨胀阀在出厂前已调试完毕，不用再调整。

空调系统管道通常采用高、低压气液通用软管，主要考虑乘用车行驶时的振动对制冷系统的影响，以及便于连接布置。图3-7所示为典型乘用车空调制冷系统的布置。

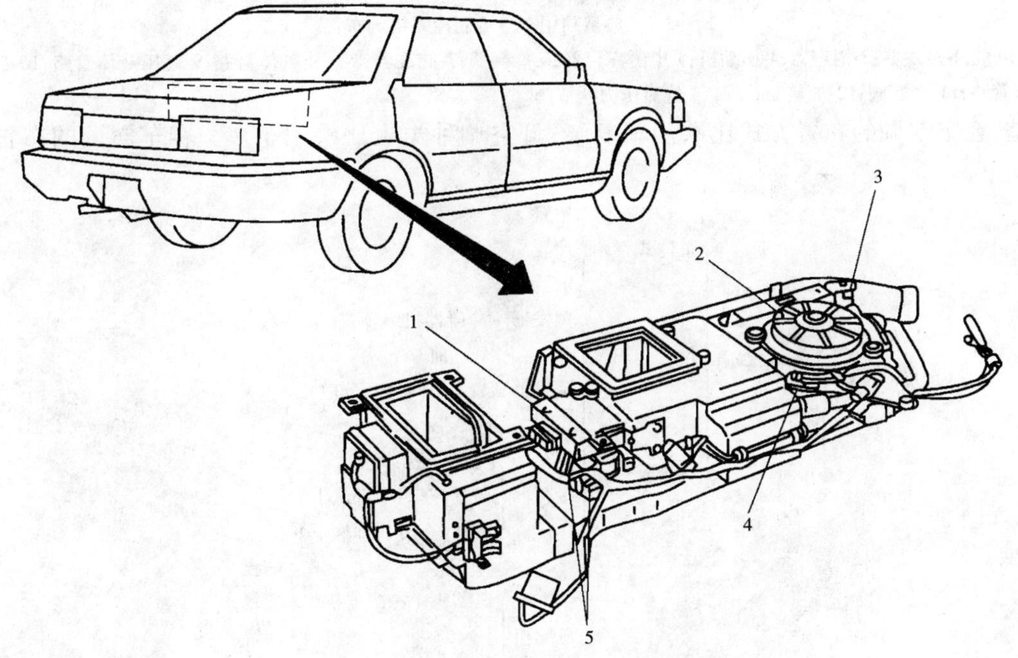

图3-6 后行李舱式蒸发器

1-放大器；2-后鼓风机；3-电磁阀；4-后电阻器；5-A/P继电器、H1继电器

二、客车空调系统的布置

客车空调系统一般以独立式空调系统为主，压缩机和独立发动机以及整体空调多置于车厢地板下部，也有安装在汽车后部车架上的。而冷凝器和蒸发器布置则较为灵活，无论整体式空调还是分体式空调，都具有不同的布置形式，如裙置、后置、顶置、内置。应该指出

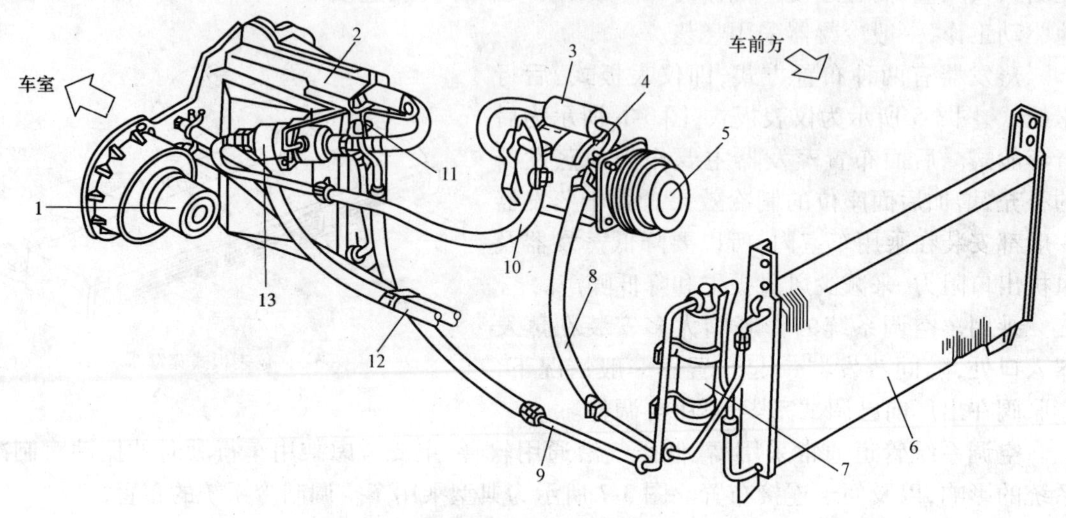

图 3-7 典型乘用车空调制冷系统的布置

1-送风机;2-蒸发器;3-消声器;4-压缩机;5-电磁离合器;6-冷凝器;7-储液器;8-高压气体管路;9-高压液体管路;10-低压气体管路;11-膨胀阀;12-加热器软管;13-绝对压力调节阀

的是,客车空调的布置方式比乘用车复杂,且空调种类也比乘用车多。客车空调的布置形式如下:

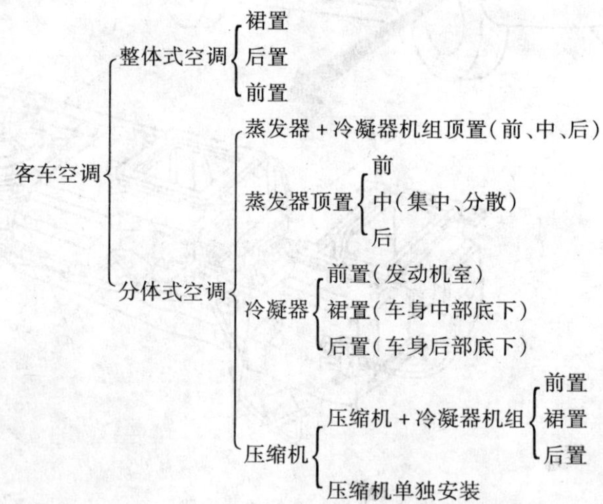

1. 客车空调常见布置方式

1)裙置式

裙置式布置形式在整体式空调中应用较多,机组安装之处通风良好,便于独立式发动机及各轴承部位散热,且整车载荷分布均匀。分体式空调一般将冷凝器、独立式驱动装置裙置,这样便具有了良好的通风条件,蒸发器则很少裙置,否则管路加长,阻力增大,送风均匀性差,若有灰尘吸入蒸发器,会使蒸发器不能有效换热。

2）后置式

对于分体式汽车空调而言，后置式是将冷凝器布置在车身后部中间位置，而蒸发器则置于顶部，这种布置系统结构简单，流通和传热效果均优于裙置，安装维护也很方便。但会对整车设计有影响。由于车后席位会出现气流涡流死角，舒适性较差，后轮负荷也加大。对于整体式汽车空调装置，因车体后部开窗往往不能很好地解决机组散热问题，而且还会带进大量尘土，影响装置的正常工作，因此常在冷凝器和车身之间增设封闭形导流板，以加强冷凝器水箱的散热效果。发动机吸气口也可布置在冷凝器两侧以降低发动机吸气温度，从而提高发动机功率。

3）顶置式

顶置式将空调机安装在车顶，出风口在乘客头部上方。它有前顶置、中央顶置和后顶置三种方式。一般，顶置式便于配气，温度可均匀分布，适用于车速低、路面质量差、灰尘多的道路情况，同时安装维修也方便。但顶置式提高了整车和质心高度，车身外形不够平整。

前顶置式可以减轻后轮负荷，车后座位的舒适性得到改善，缺点是噪声大、管道加长。中央顶置式是较为理想的布置形式，它可以克服噪声大、管路长、车后座位舒适性差、后轮负荷加大等缺点。后顶置式可以缩短连接管路和送风管道，适用于后置发动机客车的非独立式空调制冷系统的布置，缺点是后轮负荷加大，车厢后部由于有气流涡流死角，舒适性得不到保证。

4）内置式

内置式是将蒸发器置于车厢内顶两侧的布置形式。冷凝器裙置可根据车厢长度安装不同数量蒸发器机组，车厢不太长时可在车厢内顶两侧各布置一组蒸发器；如果车厢较长，则两侧各装3～4组蒸发器。内置式的优点是冷风管道短、阻力小、效率高；缺点是占用了车厢内顶两侧部分空间，不便安装行李架。

2. 小型客车空调布置方式

小型客车压缩机驱动方式与乘用车一样，因此其空调布置方式与乘用车空调布置方式相似，分为直吹式和风道式。

1）直吹式

图3-8所示为直吹式布置的小型客车，压缩机7安装在发动机的压缩机支架上，由发动机6驱动。蒸发器分为两组安装在车厢内顶两侧，向车厢内直吹冷风。冷凝器也分为两组布置在车体两侧中间裙部。压缩机的排气首先进入冷凝器5，经过冷凝后再进入冷凝器9冷凝，高压液体流入储液干燥器，再经节流降压装置分别进入蒸发器2、3，由出风口1、4吹出冷风至车厢内。此种布置形式

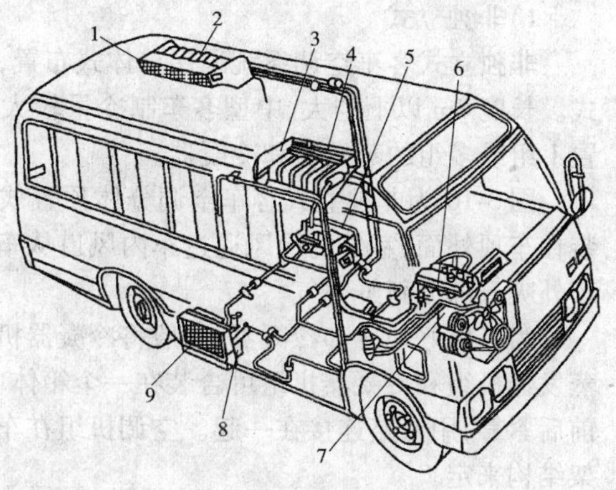

图3-8　直吹式布置的小型客车空调

1、4-出风口；2、3-蒸发器；5、9-冷凝器；6-发动机；7-压缩机；8-冷凝器风扇

省去了风道,使结构形式更简单,但送风均匀性差。

2)风道式

图 3-9 所示为风道式布置的小型客车。小型客车多采用非独立式空调系统,因而压缩机安装在发动机一侧并由发动机驱动;冷凝器安装在车身侧围裙部;蒸发器布置在车厢内顶后部,冷风通过车厢内顶两侧的风道吹向车室内。整个系统由仪表盘上的控制板操作控制。由于增加了风道结构,使该系统在车室内占用了较大空间,但其送风均匀,车室内温度分布均匀,空调舒适性也明显提高。

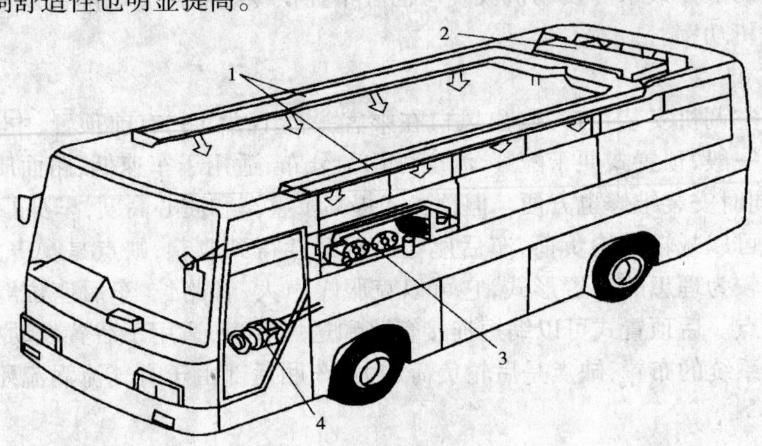

图 3-9 小型客车风道式布置的空调
1-风道;2-蒸发器总成;3-冷凝器组成;4-压缩机

3. 大、中型客车空调布置

大、中型客车的空调系统根据压缩机驱动方式不同,有非独立式和独立式,其中以独立式驱动较多。空调布置方式可分为分体式和整体式两种。

1)非独立式

非独立式客车空调系统采用分体式布置,一般分为顶置式、后置式、内置式三种布置方式。长度 8m 以上的大、中型客车制冷量较大,一般采用一台大排量压缩机,可根据需要配置 1 组或多组的蒸发器和冷凝器。

图 3-10 为非独立式客车空调分体顶置式布置方式。分体顶置式的蒸发器和冷凝器安装在车顶外面,室外的冷风通过车内风道从车顶吹入车厢,回风可全部从车内吸入,也可从车外吸入部分新鲜空气。

为了更好地冷却冷凝器,一般将冷凝器机组置于汽车前部,蒸发器机组位于汽车后部。蒸发器机组和冷凝器机组可合装在一个箱体中,中间用隔板分开,也可分装在两个箱体中,前后紧靠,用管路连接在一起。空调机组在车顶的安装位置可根据汽车质量分布及车顶骨架结构来定。

顶置式空调器具有不占用车内有效空间、冷凝效果好和安装维修方便等优点,因此被广泛应用在大客车上。其弱点是凸出在车顶外面,削弱了车身造型的整体协调性,而且车顶易漏雨水和冷凝水。

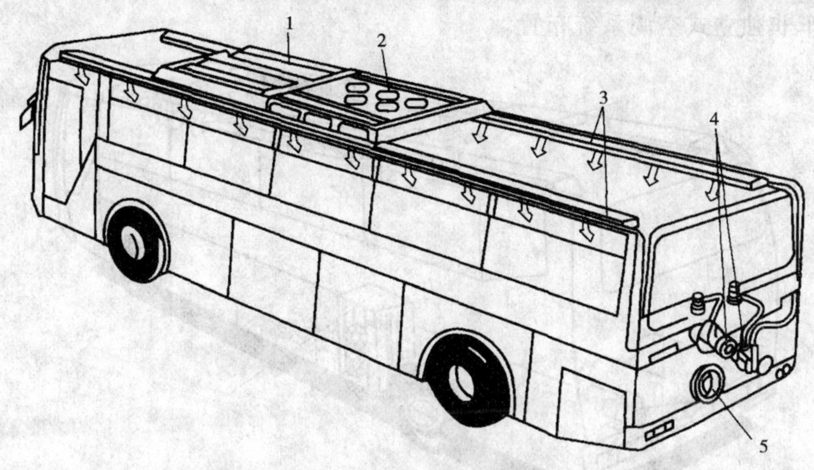

图 3-10　非独立式客车空调分体顶置式布置图

1-冷凝器；2-蒸发器；3-送风管；4-压缩机；5-发动机驱动轮

后置式是将空调机组中除压缩机之外的蒸发器、膨胀阀、冷凝器、风机等全部设计成一个整体，安装在发动机后置的发动机舱内，这样既不破坏整车的造型，又便于进行机组的维修与保养。与其他形式的空调相比，此类空调压缩机与空调机组的连接管较短，蒸发器和冷凝器又直接连接在一起，接头少，安装方便，冷量损失小。对于车身较高的车辆，这种布置方式对乘员数量并无多大影响。安装时，机组的蒸发器部分与车身间的密闭性要好，否则会吸入发动机舱废气，还可能使蒸发器翅片表面因结满烟尘污垢而无法正常工作。图 3-11 为非独立式大客车空调后置式布置方式。

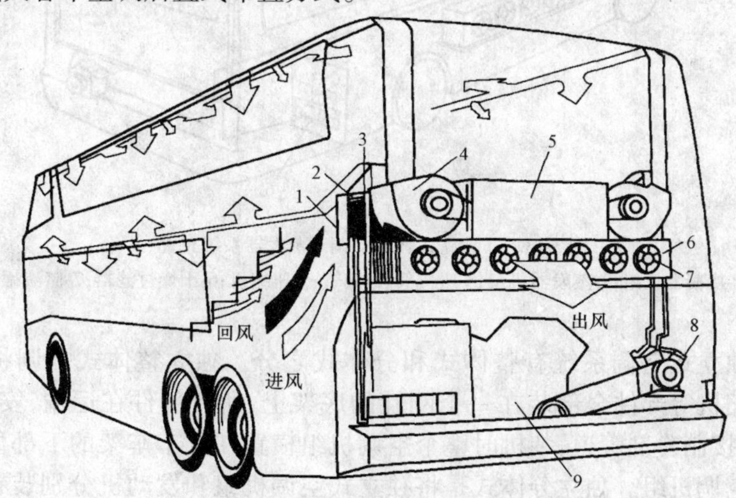

图 3-11　非独立式大客车空调后置式布置

1-回风过滤网；2-发动机余热水进水管；3-发动机余热水加热器；4-蒸发器风机；5-蒸发器；6-冷凝器；7-冷凝器风机；8-压缩机；9-发动机余热水散热器

图 3-12 为非独立式大客车空调分体式布置方式。图 3-13 所示为共用一台压缩机、双

蒸发器的客车非独立式空调系统布置。

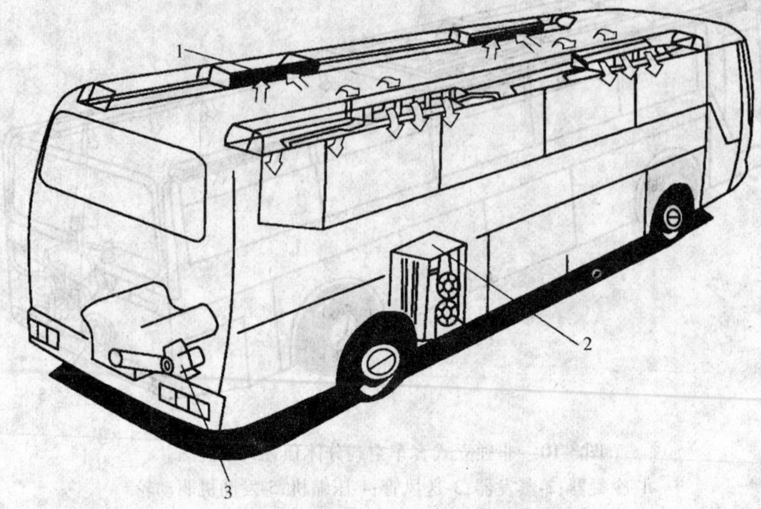

图 3-12　非独立式大客车空调分体式布置

1-蒸发器;2-冷凝器;3-压缩机

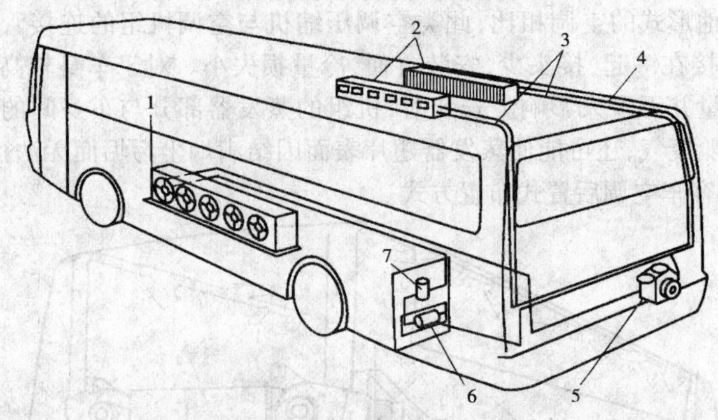

图 3-13　非独立式客车空调双蒸发器系统布置

1-冷凝器机组;2-蒸发器机组;3-吸气管;4-液管;5-压缩机;6-干燥过滤器;7-储液罐

2)独立式

目前客车独立式空调系统有整体式和分体式之分。独立整体式空调将蒸发器、冷凝器、发动机、压缩机等部件全部装在一个刚性的底架上,所有部件在运输、安装时都作为一个整体,无需连接制冷剂管道,装机时整个空调机组横置在汽车车架的下部即可,因此也称为整体底置式空调机组。独立分体式是将独立式空调机组和发动机分别装在两个支架上,如果采用顶置式布置方案,则将压缩机与独立发动机装在一起底置,将冷凝器、蒸发器组装成一体顶置;若不采用顶置式布置方案,则将压缩机、冷凝器、蒸发器装在同一刚性的底架上,并就近固定在辅助发动机旁便于动力传递。

整体底置式客车空调机组如图 3-14 所示。把独立发动机、压缩机、冷凝器、蒸发器及其他部件组装在同一机架上，通过传动带、管道连成一个整体，冷凝器和独立发动机的散热器置于机组两侧以便良好地散热冷却，压缩机由独立的发动机驱动，由电磁离合器进行启闭控制。机组通过风道与车室相连，回风口一般直接与车身座椅下方的地板相连，冷风通过风道吹入车室内。这类空调装置一般布置在汽车车架中部的下方，也有的安装在汽车车架后部的下方。由于客车整车发动机多后置，所以空调机组一般布置在前后桥之间或后悬架处。图3-15、图3-16分别为整体底置式和独立分体顶置式客车空调的布置。

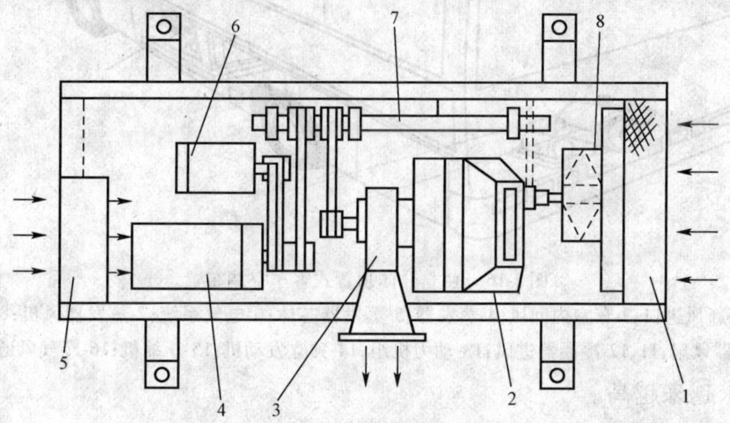

图3-14　整体底置式客车空调机组

1-冷凝器；2-蒸发器；3-蒸发器风机；4-独立发动机；5-发动机散热器；6-压缩机；7-传动轴；8-冷凝器风机

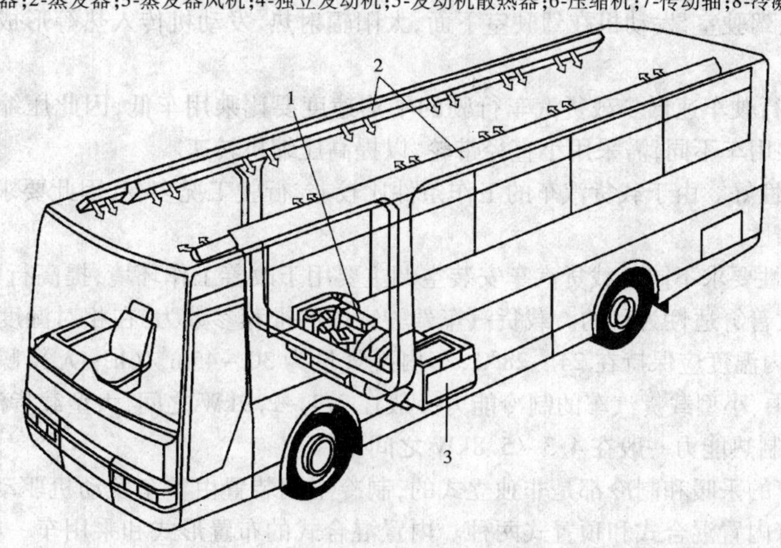

图3-15　整体底置式客车空调布置

1-发动机；2-送风管；3-空调机组

三、载货汽车空调系统的布置

载货汽车主要以中、长途货运为主要目的。随着公路运输的高速发展，用户对载货汽

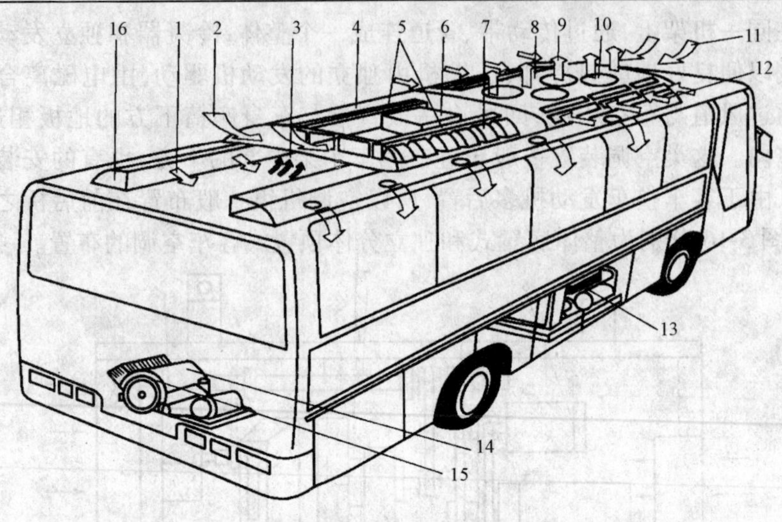

图 3-16 独立分体顶置式客车空调布置

1-冷气送风;2-车外新风进口;3-车室内回风;4-蒸发器;5-蒸发器芯体;6-电气系统;7-蒸发器风机;8-冷凝器总成;9-冷凝器出风;10-冷凝器风扇;11、12-冷凝器进风;13-动力机组;14-独立发动机;15-压缩机;16-冷气风道

车舒适性的要求越来越高。

与乘用车相比,载货汽车的空调有如下特点。

(1)热负荷大。重型载货汽车其驾驶室的容积是乘用车的 1.4 ~ 1.7 倍,加上采用大风窗玻璃的平头驾驶室,发动机在驾驶室下面,太阳辐射热、发动机传入热等形成的热负荷远比乘用车大。

(2)平均行驶车速低。载货汽车行驶的平均速度要比乘用车低,因此压缩机与发动机的转速比与乘用车不同,需采用小直径带轮,以提高压缩机转速。

(3)耐久性好。由于载货汽车的工作条件比较差,行驶工况多变,因此要求空调机组具有很好的耐振性。

(4)舒适性要求不同。载货汽车安装空调主要用于改善工作环境,提高行驶安全性,而乘用车是以改善舒适性为目的。载货汽车驾驶室内的推荐参数为:在相对湿度 50% ~60% 的条件下,车内温度应保持在 24 ~ 28℃,车内换气量为 30 ~ 45m^3/(h · 人),噪声应控制在 60dB 以下。中、小型载货汽车的制冷能力一般在 2.1 ~ 2.9kW 之间,大型载货汽车在 3.2 ~ 4.2kW 之间,制热能力一般在 4.3 ~ 5.8kW 之间。

载货汽车的采暖和制冷都是非独立式的,制冷空调装置由整车发动机驱动。制冷空调系统的布置有内置混合式和顶置式两种。内置混合式的布置形式和乘用车一样,压缩机通过支架固定在发动机旁,由发动机通过带轮驱动,冷凝器安装在发动机散热器前面,蒸发器和加热器组成的机组安装在仪表板之下,具有采暖、降温和通风等功能,可以像乘用车一样切换调整各种气门和气源,也具有除雾和除霜的功能。图 3-17 所示为载货汽车内置混合式空调布置。

很多重型载货汽车和工程车辆多采用顶置式制冷空调系统。如同顶置式的客车空调一样，将蒸发器和冷凝器组成一个整体，安装在车顶上，室外新鲜空气从车顶进入，由上至下供冷风，在仪表板的下方为非独立式的水暖系统。冷凝器有足够的迎风面冷却，冷凝散热效果好。但需要加大驾驶室顶盖的刚度，以防顶盖变形影响制冷装置正常工作。图3-18所示为载货汽车空调顶置式布置。

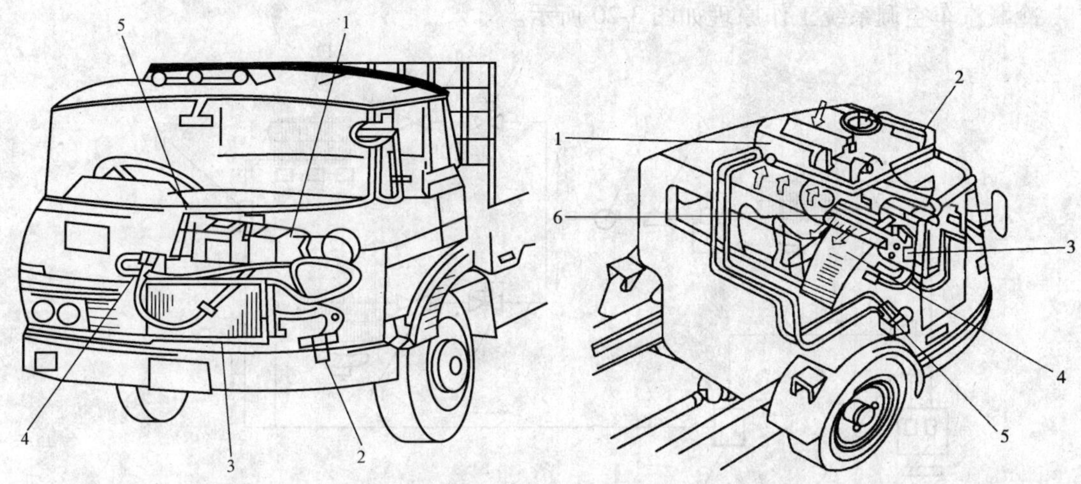

图3-17　载货汽车空调内置混合式布置

1-蒸发器；2-储液干燥器；3-冷凝器；4-压缩机；5-加热器

图3-18　载货汽车空调顶置式布置

1-顶置机组；2-冷凝器；3-暖风风扇；4-吹出风道；5-压缩机；6-蒸发器

四、冷藏汽车空调系统的布置

冷藏汽车包括蒸气压缩制冷冷藏汽车、冷冻板冷藏汽车、冰冷冷藏汽车和干冰、液氮冷藏汽车。冷藏汽车主要运输新鲜水果、蔬菜、禽蛋、肉类等食品，制冷系统需要在低温工况下工作。一般运输冷冻肉类食品时，制冷剂蒸发温度在5～20℃之间，蒸发器表面温度都处于0℃以下。

冷藏汽车安装空调可以明显改善司机的劳动环境，提高工作效率，保证行车安全。在冷藏汽车的驾驶室内安装空调，意味着冷藏车厢与驾驶室空调共用一个压缩机和冷凝器、两套不同的蒸发器，显然两套蒸发器制冷量大小不同，蒸发压力和温度也不相同。冷藏车厢内蒸发器经常带霜工作，因此冷藏汽车内的蒸发器还要有除霜系统，它们与蒸发器的管路并联，但其控制方法不相同。图3-19为冷藏汽车空调布置图。空调系统共用压缩机2和冷凝器1，蒸发器3布置在驾驶室内，由仪表板出风口送冷风供室内降温，蒸发

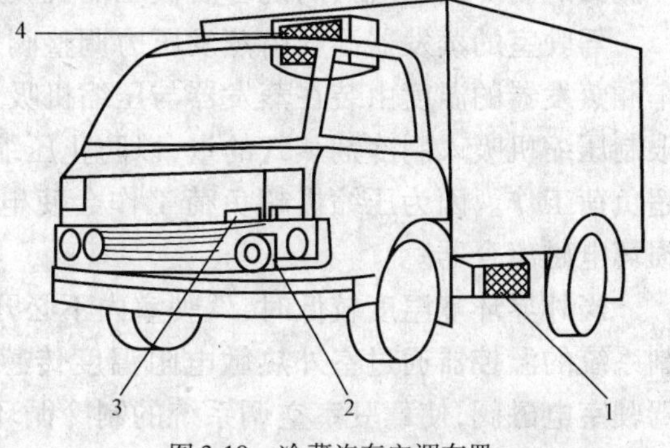

图3-19　冷藏汽车空调布置

1-冷凝器；2-压缩机；3-驾驶室蒸发器；4-冷藏车厢蒸发器

器4布置在冷藏车厢的前壁。有的机型将冷凝器和蒸发器一前一后安装在同一基架上组成机组,然后将机组固定在冷藏车厢的前壁上,冷凝器朝向迎面风一侧便于散热,蒸发器朝向冷藏车厢内侧用于制冷。这种机型的优点是冷凝器散热条件好,但冷藏车厢的前壁需要足够的刚度,以满足悬挂质量在行驶中的振动。

冷藏汽车空调系统工作原理如图3-20所示。

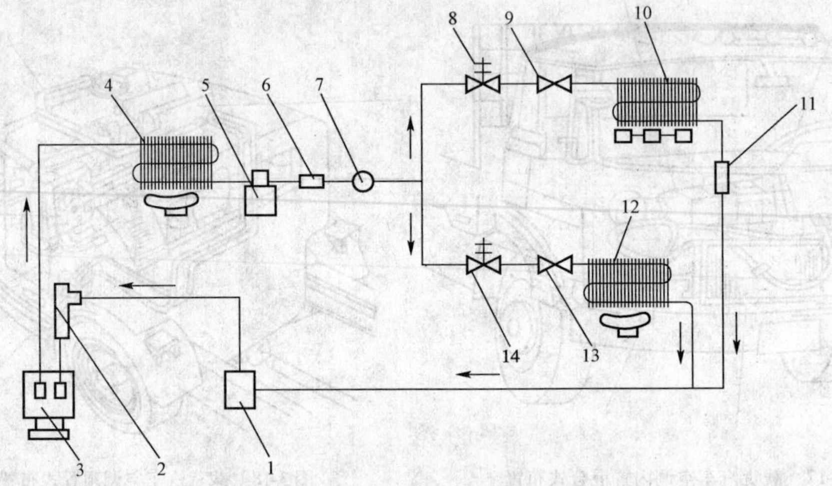

图3-20　冷藏汽车空调并用式制冷循环

1-储气筒;2-吸入压力调整阀;3-压缩机;4-冷凝器;5-储液器;6-干燥器;7-视液窗;8、14-电磁阀;9、13-膨胀阀;10-驾驶室蒸发器;11-蒸发压力调整阀;12-冷藏车厢蒸发器

冷藏车厢系统的制冷循环是:高压制冷蒸气从压缩机3排出流入冷凝器4,制冷剂储存在储液器5中,流经干燥器6、电磁阀14、膨胀阀13,进入冷藏车厢蒸发器12,为冷藏车厢内提供冷气。制冷剂蒸发后经储气筒1、吸入压力调整阀2流回压缩机,实现冷藏制冷循环。

驾驶室空调系统的制冷循环是:从压缩机至视液窗段同冷藏车厢制冷系统的循环,此后制冷剂流向电磁阀8、膨胀阀9,进入驾驶室蒸发器10,经蒸发压力调整阀11提高蒸发压力向驾驶室提供冷气,然后经储气筒,在蒸发压力调整阀处调整到吸气压力,与冷藏车厢循环流回的制冷剂蒸气共同混合后被压缩机吸入。

驾驶室的蒸发器温度由蒸发压力调整阀来控制,目的是使其温度高于冷藏温度。冷藏车厢蒸发器的温度由装在蒸发器与压缩机吸入口之间的吸入压力调整阀来控制,其作用是限制压缩机吸入制冷剂蒸气的量,以防止压缩机工作时吸入过量制冷剂蒸气而引起压缩机超负荷工作。因为压缩机超负荷工作会使电磁离合器打滑或传动带打滑,增大功率消耗,损坏电磁离合器。

当外界环境温度较低时,驾驶室内不必开空调,而冷藏车厢需要照常冷冻食品,此时控制系统的温控器通过室外热敏电阻温度传感器,关闭驾驶室空调电磁阀,也可以手动关闭驾驶室电磁阀,使驾驶室空调系统的制冷循环停止,但冷藏车厢的制冷循环照常工作。

第四章　汽车空调暖气、通风及净化系统

汽车空调除具有制冷功能外，还起着制热、除霜、通风的任务，这些任务则要依靠暖气系统、通风系统以及空气净化系统来完成，本章将分别对此三种系统予以介绍。

第一节　汽车空调暖气系统

现代汽车空调已发展到冷暖一体化阶段，即不仅仅是制冷或制热，而且应是全季节性的空调。全季节性的空调意味着夏季制冷、过渡季节通风、冬季制热和除霜。

在汽车上安装暖气系统主要有如下作用：

(1)将暖气加热器与制冷蒸发器组装在一个箱体内成为冷暖一体化空调，全年对车室内空气进行调节，通过冷热风的混合，调节到适宜的温度，达到舒适性的要求。

(2)在寒冷的冬天可以向车室内供暖气，满足乘客舒适性要求。

(3)冬天和春天汽车室内外温差较大，车窗玻璃会起雾或结霜，影响驾驶员和乘客的视野，这时可采用热气来除霜和除雾。

汽车空调暖气系统按所使用的热源可分为余热式和独立式；按空气循环方式可分为内循环式、外循环式和内外混合循环式；按载热体种类又可分为水暖式和气暖式。

内循环式暖气系统是将车内空气作为载热体，使其通过热交换器升温后再返回车内供暖。

外循环式暖气系统是利用车外新鲜空气作为载热体，使其通过热交换器升温后被送入车内供暖。这种外循环方式的空气是最卫生的，但消耗热量也最大。除特殊要求外，只有高级豪华空调车才采用这种方式。

内外混合式暖气系统是既利用车室内空气，又引进车外新鲜空气，以混合空气作为载热体，通过热交换器加热，向车内供暖。

下面按汽车空调暖气系统所使用的热源进行分类介绍。

一、余热式暖气系统

乘用车、货车和中小型客车，需要的热量较少，可以用发动机的余热来直接供暖。余热供暖设备简单，使用安全，运行经济，其缺点是热量较小，易受汽车运行工况的影响，发动机停止运行时，就没有暖气提供。余热式暖气系统又分为水暖式和气暖式两种。

1. 水暖式暖气系统

水暖式暖气系统一般以水冷式发动机冷却系统中的冷却液为热源，将冷却液引入车室内的热交换器中，将鼓风机送来的车室内空气或车外空气与热交换器中的冷却液进行热交

换,鼓风机再将加热后的空气送入车室内。

水暖式暖气系统的管路连接如图 4-1 所示。在发动机冷却液进口处装有水泵,它是冷却液循环的动力。不使用暖风时,冷却液通过散热器进水管进入散热器,冷却后的冷却液由散热器出水管回到发动机。使用暖风时,经发动机上的冷却液控制阀(图 4-2)分流出来的冷却液送入暖风机的加热器芯,冷却后的冷却液由加热器出水管回到发动机。冷空气则在鼓风机(图 4-3,图 4-4)的作用下,通过加热器被加热后,由不同的风口吹往车室内。暖气系统的暖风流经驾驶员座位左右的空间,在车内均匀分布。为了防止风窗玻璃上结霜,暖风还通过风窗玻璃下面的出风口吹到风窗玻璃上,以保持风窗玻璃内侧温度在露点之上。

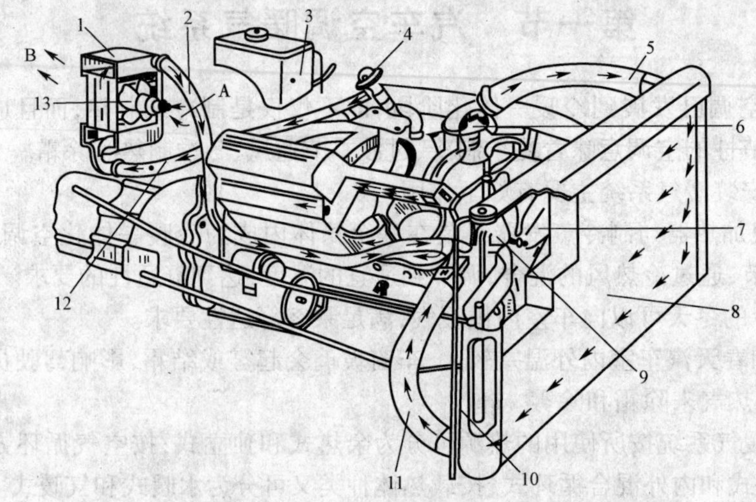

图 4-1　水暖式暖气系统

1-加热器芯;2-加热器出水管;3-膨胀水管;4-冷却液控制阀;5-散热器进水管;6-恒温器;7-风扇;8-散热器;9-水源;10-散热器溢流管;11-散热器出水管;12-加热器进水管;13-加热器风机;A-冷空气;B-热空气

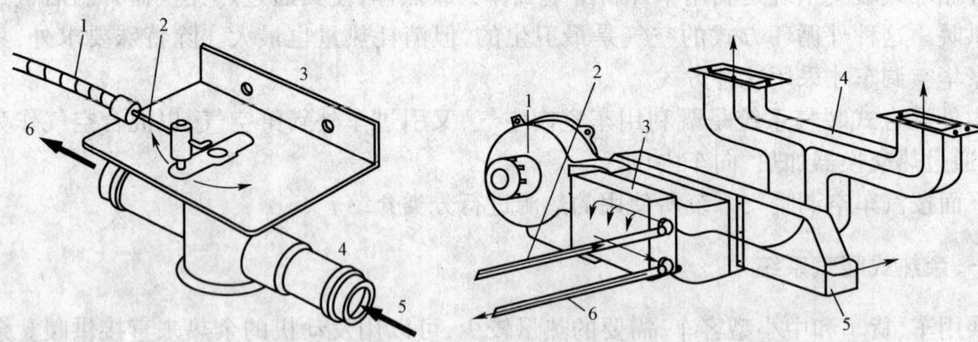

图 4-2　钢索式冷却液控制阀

1-保护层;2-钢索;3-装配支架;4-阀门;5-来自发动机;6-至加热器芯

图 4-3　典型暖气系统的元件

1-加热器风扇;2-热水供应软管;3-加热器芯;4-挡风玻璃除霜器管道;5-加热器底板出口;6-热水返回软管

水暖式暖气系统的热源是从汽车发动机的冷却液中得到的,因此热源的取得非常容易,只需将发动机的冷却液送到热交换器中即可。该热源供给可靠,发动机只要一工作,热水即产生，而且很经济，不需另外的燃料。另外，发动机的冷却液温度比较适宜，散热也均匀。所以这种暖气系统在国内外生产的乘用车，如丰田、马自达、奔驰、红旗、奥迪、桑塔纳等，以及大型货车和采暖要求不高的大客车上均得到广泛应用。

水暖式暖气系统也存在不少缺点，最大的缺点是供暖必须在发动机冷却液温度上升到大循环时方能开始，因此在严冬季节，汽车下坡、停车或刚起步时，热源就显得不足。如果使用不当，发动机容易发生过冷现象。特别是对于车身较长的大型客车，在北方或外界温度较低的情况下使用，车室内热负荷很大，仅靠水暖式暖气系统难以取得令人满意的效果。

2. 气暖式暖气系统

有的在安装风冷式或水冷式发动机的客车上还采用了气暖式暖气系统，它利用发动机排气的余热给车室供暖，其结构组成如图 4-5 所示。该系统是将冷空气（或发动机冷却空气的一部分）导入并联于排气管的热交换器里，使其接受发动机排气带出的热量，通过热交换器使其温度升高，然后导入车室内供车内采暖和除霜。

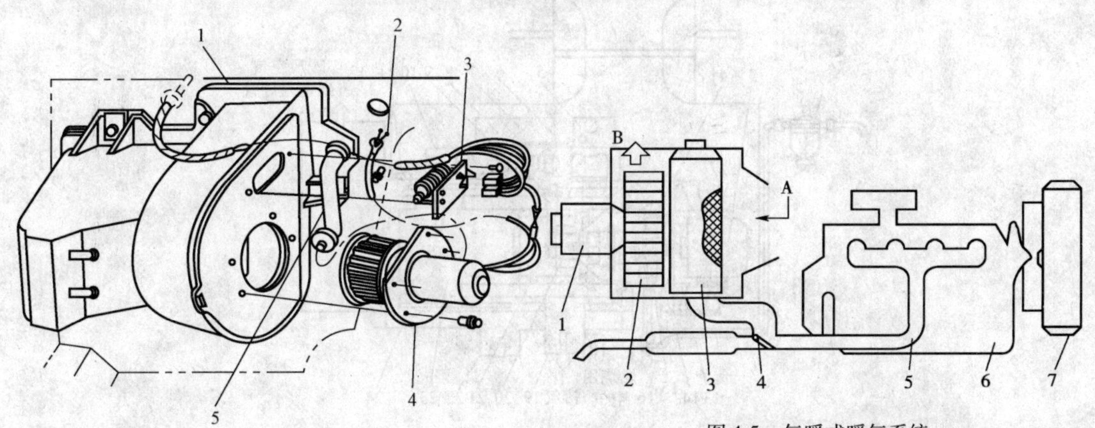

图 4-4　鼓风机电动机总成

1-加热器；2-搭铁线；3-调速电阻器；4-鼓风机；5-鼓风机电动机冷却管

图 4-5　气暖式暖气系统

1-鼓风机电动机；2-暖风鼓风机；3-热交换器；4-废气阀门；5-发动机排气管；6-发动机；7-发动机主散热器；A-冷空气；B-热空气

使用时只需将排气管上的废气阀门向下转，堵住通往消声器的去路，废气便进入热交换器内，冷空气通过热交换器的散热片吸收热量后形成暖风，由鼓风机送入车室，冷却下来的废气通过热交换器排到大气中。

气暖式暖气系统的热交换器效率较低，不但结构复杂，体积较大，而且比较笨重。车速及发动机的工作状况对供暖效果影响极为显著。暖风温度变化很大，在城市或道路状况较差的路面上行驶时，供暖能力往往不足，而且由于腐蚀、热应力和高压作用，排气管和消声器管壁及热交换器会逐渐漏气，致使发动机排出的有毒废气进入车室，对人体非常不利。此外，排气管道的增加和热交换器的接入，增大了发动机排气阻力，消耗了发动机的功率，影响发动机正常工作。由于供暖能力有限，还必须用另一种辅助装置去解决车窗的除霜问题，所以现在气暖式暖气系统已很少使用。

二、独立热源式暖气系统

大型的豪华旅游车、寒带地区使用的客车和乘用车,常常采用独立热源式暖气系统。

独立热源式暖气系统是在燃烧器里燃烧汽油、煤油、柴油等燃料产生的热量将空气加热,并将它们输送到车内提高温度,而燃烧的废气则排放到大气中。

独立热源暖气系统同样分为独立热源气暖式暖气系统和独立热源水暖式暖气系统两种。

1. 独立热源气暖式暖气系统

独立热源气暖式暖气装置如图4-6所示,主要由燃烧室、热交换器、燃料供给系统、空气供应系统和控制系统五部分组成。

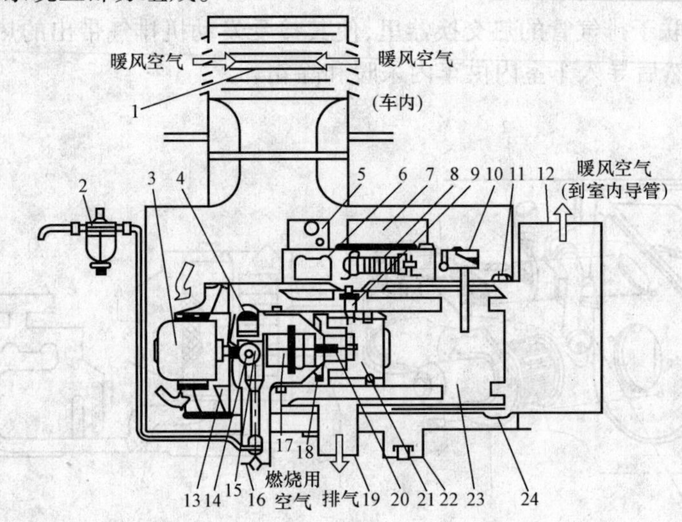

图4-6 独立热源气暖式暖气装置

1-暖风空气进气口;2-燃油滤清器;3-暖风空气用电动机;4-空气电磁阀;5-开关盒;6-燃烧空气用电动机的通风装置;7-继电器;8-加热电阻器;9-加热塞;10-炉内热敏开关;11-温度熔断丝;12-暖风空气出气口;13-暖风空气用鼓风机;14-燃料电磁阀;15-计量泵;16-燃烧用空气进气管;17-燃烧用电动机;18-燃烧空气用风机;19-排气管;20-旋转喷雾器;21-燃烧室;22-排水装置;23-热交换器;24-双金属开关

燃烧室由燃料管、火花塞、环形雾化器、分布气帽组成。环形雾化器直接装在风扇电动机的轴上,依靠离心力和空气的切向力将油雾化、混合,并由火花塞点火引燃,在燃烧器上部燃烧。燃烧室的温度可达800℃,所以要用耐热不锈钢来制造。热交换器是暖气装置的关键设备,它是两个夹层空腔,中心是燃烧室,包围燃烧室的第一空腔通过加热的空气,在第一空腔外的一层空腔通过燃烧气体,然后引到排气腔。燃烧热量通过金属隔板加热空气,加热后的空气先集中至暖气室,然后送到车内。燃烧室内空气供应由鼓风机完成,燃油泵将燃油从油箱中泵出,经过过滤器、吸入管到油泵,送入环形雾化器后和空气混合燃烧。空气依靠暖风空气用鼓风机吹向加热器夹层。

独立热源气暖式暖气装置控制系统由鼓风电动机、油泵电动机、电磁阀、继电器、恒温器、接线板、熔断器、控制板和电热塞等组成。

冬季供暖时，首先打开燃油箱开关，然后将钥匙插入供暖通风装置总开关的“0”位置，按下电热塞开关，指示灯亮，此时电热塞的加热电路接通，其电流由蓄电池正极，经总开关、按钮、接线板、电阻、电热塞的电阻丝、搭铁线完成一个闭合回路，电热塞因有电流通过而逐渐变热。

按下电热塞开关约30s后，再按下油泵电动机开关，再将总开关转到“□”位置，此时鼓风机电动机、油泵电动机和电磁阀的电路接通，两个指示灯同时亮。鼓风电动机的电路为：总开关中的“□”、接线板、鼓风机电动机、搭铁。油泵电动机的电路为：总开关中的“□”、油泵电动机开关（另一路径由电磁开关至继电器的绝缘柱）、油泵电动机、继电器的绝缘接线柱、触点、搭铁线。这时电磁阀打开，燃油流通，油泵电动机转动，将燃油泵入燃烧室，在电热塞引燃下燃烧。同时鼓风机电动机转动，使新鲜空气通过夹层空腔加热，送入车内取暖。

当燃油正常燃烧后，便可松开电热塞开关，并将总开关转到“□”的位置，油泵电动机的副励磁线圈接通，其电路为开关中的“□”、接线板、油泵电动机副励磁线圈、继电器、闭合触点。由于电流通过副励磁线圈，电动机转速提高。与此同时，鼓风机电动机的电磁开关通电，触点闭合。鼓风机电动机的励磁线圈串联电阻被短路，电动机转速下降，这样，供油量增大，供暖空气量减少，温度下降。

恒温器用来自动调节车厢内的温度。在正常情况下，暖风口的温度为80℃。当排气口温度超过80℃时，恒温器的触点闭合，油泵电磁开关有电流通过，一个触点打开，另一个闭合，切断油泵电动机和电磁阀的电路，燃油减少，使排气温度下降。当排气温度低于80℃，则触点分开，油泵不工作。这时可按总开关中的“□”，重新起动油泵工作。

目前很多独立热源暖气系统的控制系统都是自动的，例如日本的三国牌、德国的Webosto等。

2. 独立热源水暖式暖气系统

独立热源水暖式暖气装置的工作原理与气暖式基本相同，其加热制冷剂不是空气而是水，用水泵代替了风扇。水暖式的最大优点是不仅可作为车厢采暖用，而且可预热发动机、润滑油，以利于冬季起动发动机，待发动机起动后，再将被加热的水通向车厢内的水散热器。水散热器一般是管带式或管片式结构，管子内部流入已加热的热水，而管外则流过待加热的车厢内空气，管外的铝带或铝翅片是为了增加其散热能力。

如果水暖式的水加热器与汽车发动机的冷却液管路相通，则在发动机冷却液温度低于80℃时，水加热器工作。当温度高于80℃时，由于恒温器的控制作用，会自动切断油泵的电源，停止供油，而加热器中的水泵继续工作，以保证水加热器零件不因过热而损坏，并继续向车厢内供应暖气。

如图4-7所示为独立热源水暖式暖气装置结构，其与气暖式的结构相近。燃烧室与气暖式相同，由喷油嘴和高压电弧点火器组成，或由多孔陶瓷蒸发器和电热塞组成。加热器的供油系统由电动机、油泵、助燃风扇、水泵组成，控制系统由水温控制器（恒温器）、水温过热保护器、定时器等组成。

独立热源水暖式暖气装置的暖风主要采用内循环式,灰尘少,暖气比较柔和而且不干燥,人体感觉较舒适,不像空气加热器那样高温干热。这种水加热器可作为发动机的预热器,加热发动机的冷却液,在提高发动机的起动性和耐久性的同时,可作为暖气装置。但水加热器也存在一些缺点,长期运行后,水管容易积水垢,影响热交换器的换热效率。使用中还要经常清洗水垢,清除水垢时,需将加热器中的水全部放尽,然后注入浓度为10%的稀盐酸在加热器内循环,直至管内水垢全部清除为止。

为了避免寒冷冬天水加热器被冻坏,每天晚上停车前须放净散热器和水加热器中的水,或者在冷却液中加防冻防锈液。防冻防锈液主要由乙二醇溶液、水、防锈剂、防氧化剂、消泡剂等组成。

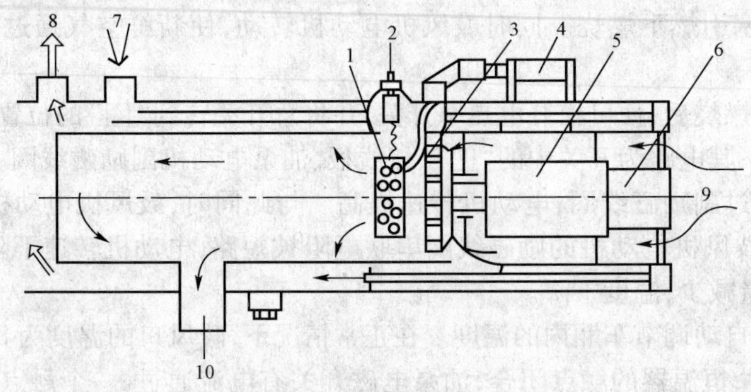

图4-7 独立热源水暖式暖气装置结构

1-多孔陶瓷蒸发器;2-电热塞;3-助燃风扇;4-油泵;5-电动机;6-水泵;7-进水口;8-出水口;9-助燃空气;10-废气

第二节 汽车空调通风及空气净化系统

由于汽车车室比一般居室窄小得多,并且车室内乘员密度大,呼吸排出的二氧化碳、蒸发的汗液、吸烟的烟雾以及从车外进入的灰尘等很容易使车室内的空气受到污染,对人体健康造成危害。即使车室内的温度和湿度适宜,也不能消除污浊空气给人带来的不舒适感。因此,对车室内进行通风换气以及对车内空气进行过滤、净化是十分必要的,汽车通风和空气净化系统也是汽车空调系统的重要组成部分。

一、汽车空调通风系统

考虑到上面提到的原因,必须从车外引入新鲜空气以替换车内的空气。新鲜空气引入量须考虑人们吸烟、除臭气等应增加的量,还须考虑造成车内正压和局部排风所需的风量。新鲜空气引入量必须大于排出和泄漏的风量,才能保持车内压力略大于车外的压力,避免车外空气直接进入车内,以致影响车内的空气状态。若不保持车内的空气正压,不仅外面的空气不经空调装置直接进入车内,而且发动机的废气会通过回风道进入车内,重新污染车内空气。

根据我国对汽车空调新鲜空气的要求，新鲜空气换气量按人体卫生标准最低不少于 $20m^3$/人，即每人每小时应输入新鲜空气量最低不少于 $20m^3$，车内 CO_2 浓度应控制在 0.03% 以下。

汽车空调通风可分为自然通风和强制通风两种类型。自然通风是利用汽车行驶时产生的风压，将外部空气引入车内，空气的引入口设在正压部位，车内空气的排出口设在负压部位。强制通风是使用风机强制引入外部空气，其引入口和排出口的设置要求和自然通风一样。

1. 乘用车空调通风

1）自然通风方式

乘用车自然通风方式是利用车行驶时车身外表面的空气压力分布来进行通风的，图4-8为乘用车外表面空气压力分布图，图 4-9 为乘用车空调通风循环示意图。其进风口设在车头部位，这个位置属于正压区，且进来的空气较新鲜；排风口设在车尾部，为负压区。

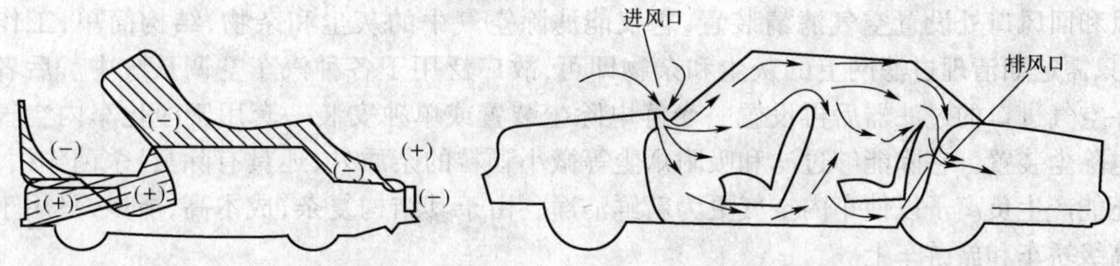

图 4-8　乘用车外表面空气压力分布　　　图 4-9　乘用车空调通风循环示意图

进风处都设有进气阀门和内循环空气阀门，用来控制新鲜空气的流量。当空调系统刚启动，车内温度较高时，应关闭外来空气，让车内空气循环通过蒸发器，尽快降低车内温度。等车内温度降下来后，再打开新鲜空气进气阀，保持车内空气的清新度。

2）强制通风方式

它是利用冷暖一体化空调的风机强制从车外引入新鲜空气与车内空气混合，混合后再送入车内，这种通风方式是冷暖一体化空调的一种功能，常用在一些高级乘用车上。

2. 客车空调通风

1）自然通风方式

客车空调自然通风方式与轿车类似，它也是利用客车行驶时车身外表面的空气压力分布来进行通风，图 4-10 所示为客车自然通风及冷暖风布置图，新风从后侧面的正压区进入车厢，从前门负压区流出，暖风从足部吹入车厢，冷风从顶部吹入车厢，形成头凉足暖的合理分布，前车窗下面出来的是除霜用的热风。

2）强制通风方式

客车空调强制通风方式是利用风机强制引入车室外新鲜空气，其进风口一般设置在车顶位置，以免灰尘污染，排风口可设在车体尾部，排出车内污浊空气。

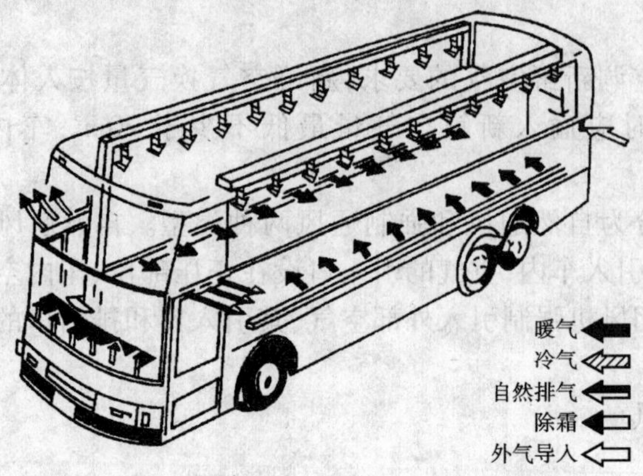

图 4-10 客车自然通风及冷暖风布置图

二、汽车空调空气净化系统

汽车空调空气净化系统通常有空气过滤式和静电除尘式两种。前者是在空调系统的进风和回风口处设置空气滤清装置,它仅能滤除空气中的灰尘和杂物,结构简单,工作可靠,只需定期清理过滤网上的灰尘和杂物即可,故广泛用于各种汽车空调系统中。后者则是在空气进口的过滤器后再设置一套静电除尘装置或单独安装一套用于净化车内空气的静电除尘装置。它除能够过滤和吸附烟尘等微小颗粒的杂质外,还具有除臭、杀菌作用,有的还能产生负离子以使车内空气更为新鲜洁净。由于其结构复杂,成本高,所以,只用于某些高级轿车和旅游车上。

图 4-11 为静电除尘式空气净化系统的空气净化过程框图。

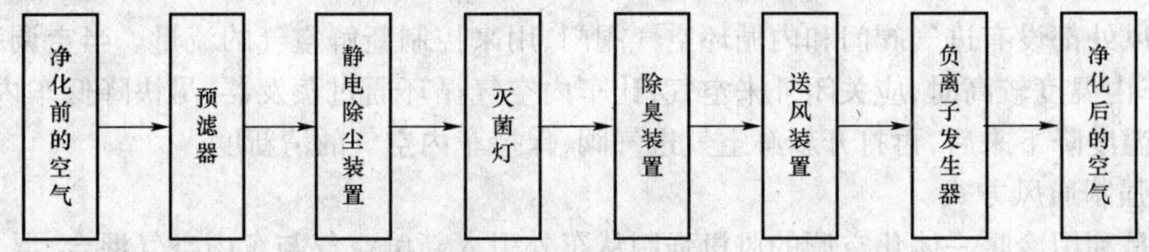

图 4-11 静电除尘式空气净化系统的空气净化过程

预滤器用于过滤空气中粗大的尘埃杂质。

除尘装置以静电除尘方式把微小的颗粒尘埃、烟灰及汽车排出的气体中含有的微粒吸附在除尘板上。其工作原理是:辉光放电时产生的加速离子通过热扩散或相互碰撞而使浮游尘埃颗粒带电,然后在辉光放电的电场中,浮游尘埃在库仑力的作用下,克服空气的黏性阻力而被吸附在集尘电极板上。

灭菌灯用于杀死吸附在集尘板上的细菌,它是一只低压水银放电管,能发射出波长为353.7nm 的紫外线光,其杀菌能力约为太阳光的 15 倍。

除臭装置用于除去车室内的汽油及香烟等气味,一般是采用活性炭过滤器、纤维式或滤纸式空气过滤器来吸附烟尘和臭气等有害气体。

图 4-12 所示为一个静电除尘式空气净化装置的结构示意图，其工作过程是：

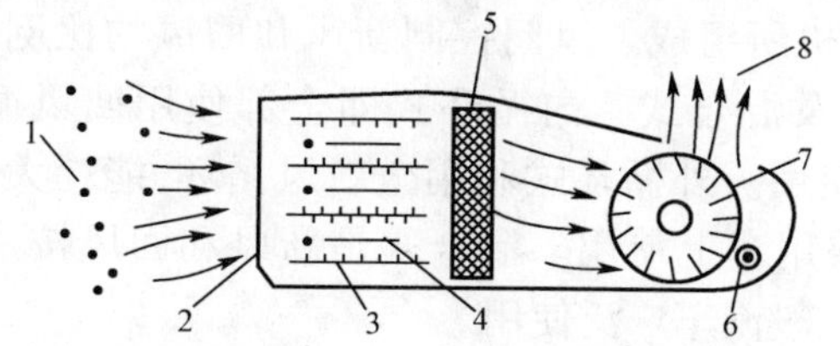

图 4-12　静电除尘式空气净化装置
1-污浊空气；2-粗滤器；3-除尘电极；4-充电电极；5-活性炭过滤器；6-负离子发生器；7-风机；8-净化空气

(1)由粗滤器除去空气中较大的尘粒。

(2)由静电除尘器吸附细微尘埃。

(3)通过活性炭过滤器除去烟气和臭气。

(4)由负离子发生器供给负离子。

(5)由风机将净化的空气送入车内。

净化后的空气清洁度很高，可以充分满足乘员的舒适性要求，对于制冷或暖风用内循环方式的大客车，使用空气净化装置之后，效果很明显。

第三节　全空调系统

一、全空调系统的结构

汽车全空调系统具有多功能，它能调节车室内的温度、湿度、空气的流速和清洁度，使乘员感到舒适，并防止或去除风窗玻璃上的雾、霜和冰雪，保障乘员身体健康、行车安全和观光效果。简单地说，汽车全空调系统就是集制冷、采暖、除雾或除霜、调节空气与净化空气等诸多功能于一身的全天候空气调节系统。

汽车全空调系统主要由以下几部分组成：

(1)制冷系统。制冷系统对车室内空气或由外部进入车室内的新鲜空气进行冷却或除湿，使车室内空气变得凉爽舒适。

(2)暖风系统。暖风系统主要用于取暖，对车内空气或由外部进入车内的新鲜空气进行加热，达到取暖、除湿的目的。

(3)通风系统。通风系统是将外部新鲜空气吸进车室内，起通风和换气作用。同时，通风对防止风窗玻璃结雾也起着良好作用。

(4)空气净化系统。空气净化系统主要是除去车室内空气中的尘埃、臭味、烟气及有毒气体，使车室内空气变得清洁。

(5)控制系统。控制系统对制冷和暖风系统的温度、压力进行控制，同时对车内空气的温度、流量、流向进行控制，完善了空调系统的正常工作。

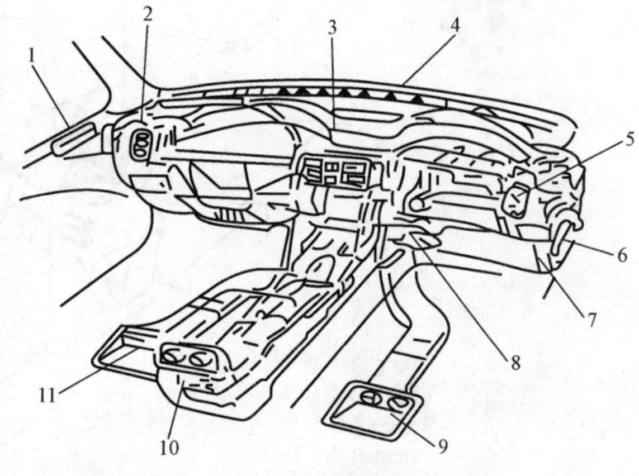

图 4-13　全空调通风系统结构
1、6-侧向除霜器喷嘴；2、5-侧向通风口；3-中央通风口；4-前部除霜器喷嘴；7-空气进口和冷却元件；8-加热元件；9、11-后脚底出风口；10-后面通风口

汽车全空调通风系统的结构见图4-13，汽车全空调系统的配气由空气进口段、空

气混合段和空气分配段三部分组成。

空气进口段由控制新风和回风的风门以及风机所组成。风门控制新风和回风的比例，按空气循环方式不同可分为内循环式、外循环式及混合式。内循环式即全部使用回风循环，这种方式最为节能，但卫生条件差，不宜长期使用。外循环式利用全新风循环，能耗大，但始终是清新空气，卫生条件最佳，一般在豪华乘用车上使用。混合式是新风和回风按一定比例混合使用，其性能介于内、外循环之间，为一般汽车广泛使用。

空气混合段由表面蒸发器和加热器以及它们之间设置的一个混合风门组成，该风门开度可以连续调整。通过表面蒸发器的空气被降温或降温除湿处理后，再通过混合风门，其中的一部分或全部通过加热器进行加热。流过加热器的和未流过加热器的空气在空调箱内混合，混合后得到具有所需温度和相对湿度的空气。

空气分配段包括各种风口风门。由混合段提供的具有所需温度的空气经由各种风门送出吹向头部、足部和玻璃上。空气分配的控制由风口风门担任。配风用的出风口按作用区域可分三种：

（1）安装在仪表板前面，供前席乘员上半身冷气的中出风口和侧出风口。

（2）安装在仪表板下方接近车内地板处，供乘员脚部的暖气风口。设置在背部的后出风口，专门为后席乘员提供暖气。

（3）用于阴湿天气或冬天清除风窗玻璃上的雾或霜的除霜出风口，它设在风窗玻璃下方的仪表板上。侧出风口也起到除霜作用。除霜出风口可确保行车安全和观光效果。

在仪表板上有空调控制面板，通过操纵按钮、旋钮或拨杆，经真空驱动机或拉绳，对各种风门的开度进行全面控制。现代汽车有的已将微型电子计算机应用于汽车空调设备的控制上，按程序进行全自动控制。

图4-14所示为全功能型高尔夫乘用车的通风、暖气、冷气联合装置，其中冷气部分的结

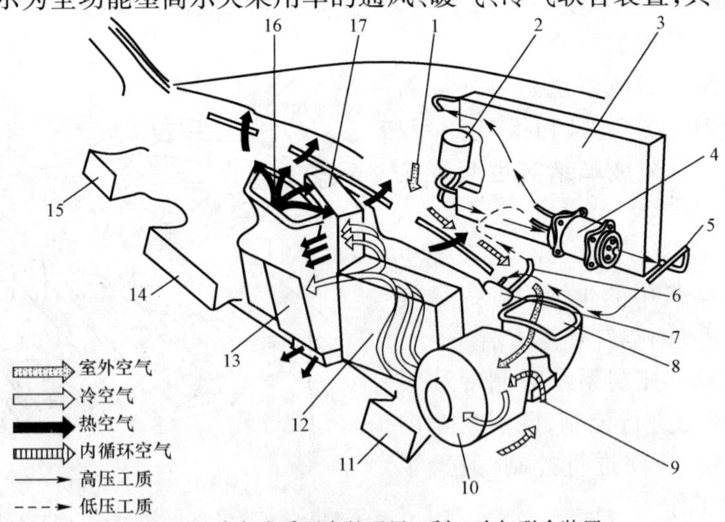

图4-14　高尔夫乘用车的通风、暖气、冷气联合装置

1-外部空气进口；2-储液罐；3-冷凝器；4-压缩机；5-高压液体管道；6-吸气管道；7-膨胀阀；8-空气过滤进口；9-内部循环空气进口；10-风机；11-右出风口；12-蒸发器；13-分配箱；14-中出风口；15-左出风口；16-除霜热空气出口；17-热交换器

构如下:冷凝器3位于汽车的最前部,压缩机4右侧的带轮由发动机带动。带轮与压缩机主轴之间有电磁离合器,只有在制冷时方使主轴与带轮接合,压缩机运转。从压缩机排出的制冷剂蒸气通过冷凝器、储液罐2及管道5,经膨胀阀7节流降压后进入蒸发器12,然后经由管道6被吸入压缩机。车外空气在风机10的作用下从进口1经由过滤进口8流过蒸发器进入分配箱13。在制冷系统工作时,分配箱可将冷却的空气导向出风口11、14和15;制冷系统不工作时,出风口排出的是从室外导入的新鲜空气;在暖气系统工作时,分配箱还可将空气导向热交换器17,然后经由各出风口和除霜热空气出口16排出。

二、全空调系统的使用模式

在汽车全空调系统中,温度控制和风量的混合配送是由操作面板完成的。由于空调系统的自动化程度不同,操作面板有手动、真空半自动和全自动三种。

1. 手动、真空半自动操作面板与使用模式

手动与半自动汽车空调操作面板的控制键形式不同,但它们的功能键控制的内容基本相同。桑塔纳、切诺基等车均采用这种操作面板,如图4-15所示。其主要按键的作用如下:

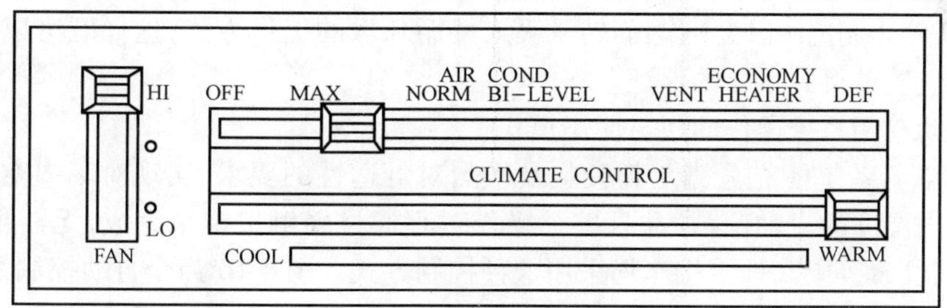

a) 手动空调控制面板

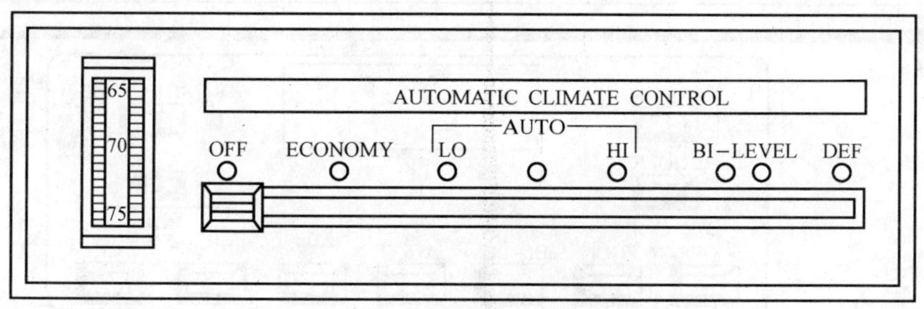

b) 半自动空调控制面板

图4-15 手动、半自动汽车空调控制面板

(1)功能选择键。主要用于空调系统取暖、制冷、冷暖风或除霜控制,具体功能选择键的名称和作用如下:OFF—停止位置;MAX—快速降温位置;A/C(或NORM)—空调位置;VENT—自然通风位置;FLOOR(或HEATER)—暖气位置;MIX(或BI-LEVEL)—分层送冷位置。

功能选择键移动到不同位置,可通过拉绳或真空开关控制各个风门的开关位置,从而调节空气温度与流向,具体工作过程见第七章汽车空调的控制系统。

(2)温度键。对于手动系统,温度键主要用于控制调温门的位置。当其位于 COOL(冷端)或 WARM(暖端)时,调温门在拉绳作用下分别关闭或打开流经加热器的空调风。当其位于两者中间任意位置时,可得到不同比例的暖气与冷空气的混合空气。对于半自动空调系统,它主要是设定系统工作温度,使空调在规定的温度范围内工作。

(3)调风键。调风键主要用于控制空调器内鼓风机的转速。手动系统一般有 4 个调速挡,即 HI(高速)、LO(低速)、M1(中速 1)、M2(中速 2)。一般是通过改变串联在风机电路中的电阻来达到调速的目的。

半自动空调系统对送风量的控制,有 LO(低)、AUTO(自动)、和 *(高)三挡,它是按照操作者对空调的要求去工作的。高挡通常是在车内外温差大时采用;而低挡则正相反。自动挡可以根据环境温度的变化自动调整送风量在高、中、低位置。

(4)后窗除霜键(DEF)。它是一个电路开关,用于控制后风窗除霜电热丝电源的通断,指示灯用于提醒乘员不要忘记切断电源。

(5)经济运行键(ECONOMY)。这是半自动空调特有的功能键,其主要作用有两个:一是当车内温度接近或者达到设定温度时,使风机转入低速运行,以节省能源;二是在车内外温差不大时,停止制冷、采暖工作,而转入吸入外循环风的工作方式,这样既可以节省能源,又使车内空气质量得到很好的保证。

2. 全自动空调系统操作面板与使用模式

全自动空调系统能充分满足驾驶员及乘员对舒适性的要求,实现对车内空气流动、车内温度及车内湿度的自动调节,并且整个操作过程通过轻触按键来完成,无需再去调节控制柄。奥迪、红旗等中高档乘用车均采用这种控制方式。图 4-16 为全自动控制系统的操纵面板图,各按键功能如下。

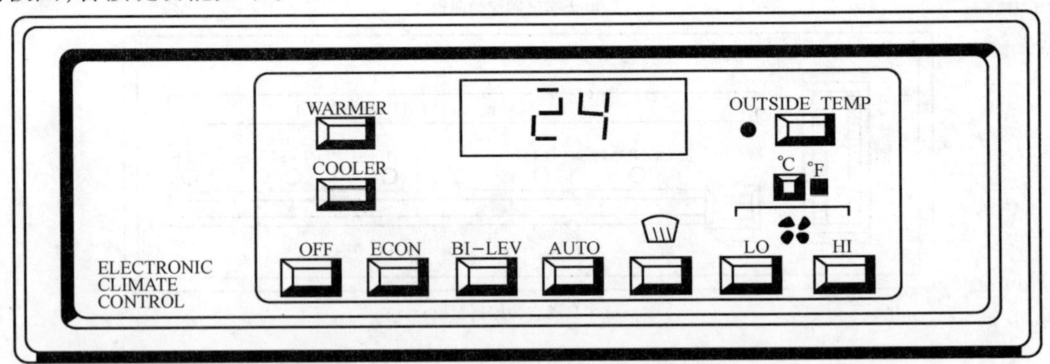

图 4-16 全自动控制系统的操纵面板图

(1)OFF 键。按下此键即关掉空调,新鲜空气不再进入车内,可防止车外被废气及灰尘污染的空气进入车内。

(2)ECON(经济运行)键。按下此键,温度、鼓风机速度、暖风及新鲜空气的分配比都将进行自动调节,空调压缩机被关掉,只有新鲜空气或暖风通过鼓风机吹入车内。

(3)AUTO(自动)键。此键适用于各种天气状态,一旦达到设定的温度,空调鼓风机将以最低的转速运转；若温度发生变化，调节系统会通过改变鼓风机转速和调节温度门进行调节。天气寒冷时，暖空气从脚底出风口吹出，少部分暖空气吹到风窗玻璃上进行除霜。天热时，冷风从中央出风口吹出。

(4) BI-LEV 键。其工作位置、温度、鼓风机转速的调节与 AUTO 方式相同，但空气的分配不同，暖风和冷风按给定的路线以相同的流量从中央出风口和脚部风道出风口吹出，只有少量空气吹到风窗玻璃上。

(5) 除霜键。按下除霜键，大部分空气通向风窗玻璃进行除霜、除雾。此时空调鼓风机以高速运转。

(6) WARMER、COOLER 键。WARMER 和 COOLER 键用来选择车内温度，范围在 18 ~ 29℃之间。按一下 WARMER 键，温度可升高 1℃，超过 29℃时，显示“HI”；按一下 COOLER 键，温度下降 1℃，低于 18℃时，显示“LO”。HI 和 LO 分别对应于全自动空调的最大采暖和最大制冷能力，在这两个位置上温度自动调节不起作用。

(7) LO、HI 键。该键是一个辅助功能键，是为降低或提高鼓风机转速而设置的。按下 LO 或 HI 键，空调鼓风机的转速就会下降或提高；如果要使 LO 或 HI 键回位，取消其辅助作用，只要按一下其他任何一个按键即可。

(8) OUTSIDE TEMP 键。该键为车外温度键，按下此键，将显示车室外部温度值，同时该键左侧的检查指示灯亮。天气寒冷时，鼓风机只有在发动机冷却液加温到 50℃时才开始运转，以此保证具有良好的加热性。如果点火开关接通后约 1min，OUTSIDE TEMP 键左边的指示灯闪亮，则表示空调系统有故障。如果在行驶中指示灯闪亮，也说明空调系统有故障。

在 OUTSIDE TEMP 键的下方是温度指示选择开关和℃、℉按键。置于℃侧时，显示温度为摄氏温度；而在℉侧时，显示温度为华氏温度。

该面板按键的组合操作，还具有对空调系统的自诊断功能，故障代码会在屏幕上自动显示。

第五章　汽车空调控制系统

本章首先讲述了汽车空调的一些基本控制元件，接着介绍了汽车空调的一些典型控制电路，以使读者对汽车空调系统有一个全面整体的认识。鉴于目前乘用车的大量普及以及本书特点，文中仅对乘用车空调的控制电路予以介绍。

第一节　汽车空调基本控制元件

一、电磁离合器

电磁离合器安装在压缩机前端面，成为压缩机总成的一部分，其作用是控制发动机与压缩机的动力传递。空调制冷系统工作时，使发动机能驱动压缩机运转，制冷系统停止运行时，切断发动机到压缩机的动力传递。为了使空调系统的开、停不影响发动机的工作，压缩机的主轴不是与发动机曲轴直接相连，而是通过电磁离合器把动力传递给压缩机。电磁离合器是发动机和压缩机之间的一个动力传递机构，受空调开关、温度控制器、空调放大器、压力开关等控制，在需要时接通或切断发动机与压缩机之间的动力传递。另外，当压缩机过载时，它还能起到一定的保护作用。因此，通过控制电磁离合器的结合与分离，就可接通与断开压缩机。

电磁离合器由皮带轮、电磁线圈、压力板等主要部件组成。离合器有两种形式，一种为旋转线圈式，电磁线圈与皮带轮一起转动；另一种是固定线圈式，电磁线圈不转动，只有皮带轮转动。后者应用较广泛，固定线圈式电磁离合器的结构见图 5-1。电磁线圈固定在压缩机的外壳上，压力板与压缩机的主轴相连接，带轮通过轴承套在轴上，可以自由转动。

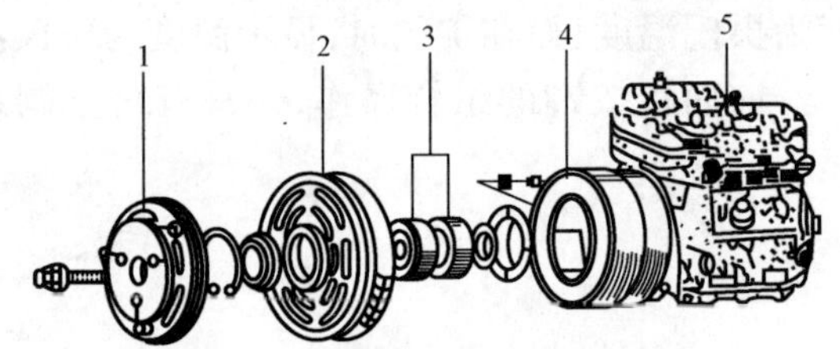

图 5-1　固定线圈式电磁离合器

1-压力板；2-皮带轮；3-皮带轮轴承；4-电磁线圈；5-压缩机

当空调开关接通时，电流通过电磁离合器的电磁线圈，电磁线圈产生电磁吸力，使压缩机的压力板与皮带轮结合在一起，将发动机的动力通过皮带轮传递到压力板，再带动压缩机运转。当空调开关断开时，电磁线圈的吸力消失，压力板与皮带轮分离，此时皮带轮通过轴承在压缩机的壳体上空转，压缩机停止运转。

二、压力开关

压力开关是空调系统的重要控制元件，分为高压开关和低压开关两种。它们的作用是保证系统在压力异常的情况下,启动相应的保护电路,或者切断压缩机电磁离合器线圈,防止损坏系统部件。

1. 高压开关

高压开关一般安装在制冷系统高压管路上或储液干燥器上,是用来防止制冷系统在异常的高压下工作,保护冷凝器和高压管路不会爆裂、压缩机的排气阀不会折断以及压缩机其他零件和离合器不损坏。当冷凝器被污垢等杂物阻挡冷却风道时,由于制冷剂无法冷却,压力便会升高;当制冷系统制冷剂量过多时,或者系统管路发生堵塞等其他故障时,系统压力也会增高。发生这种情况时,高压开关通常有两种保护方式:一是接通冷凝器风扇高速挡电路,自动提高风扇转速,以便较快地降低冷凝器的温度和压力;二是切断压缩机电磁离合器电路,使压缩机停止运行。

高压开关有触点常闭型和触点常开型两种类型,其结构如图 5-2 所示。常开型高压开关串联在冷凝器风扇电路中,膜片上方通高压侧制冷剂,下方有一弹簧。正常情况下,制冷剂压力低于弹簧压力,触点断开,冷凝器风扇低速运转;当制冷剂压力异常升高时,制冷剂压力大于弹簧压力,触点闭合,冷凝器风扇高速运转,加强冷却。常闭型高压开关的触点串联在压缩机电磁离合器电路中,压力导入口则直接或通过毛细管连接在高压管路上。正常情况下,制冷剂压力低于弹簧压力,触点闭合,压缩机运转;当制冷系统压力异常升高时,制冷剂压力大于弹簧压力,触点断开,压缩机停止运转;当制冷剂压力下降到正常值时,触点闭合,压缩机恢复运转。

2. 低压开关

当制冷系统的制冷剂不足或泄漏时,冷冻润滑油也有可能随着泄漏,系统的润滑便会不足,压缩机若继续运行,将导致严重损坏。低压开关的功能就是感测制冷系统高压侧的制冷剂压力是否正常。低压开关的结构如图 5-3 所示,它通常用螺纹接头直接安装在系统管路高压侧。当制冷剂压力正常时,动触点接通压缩机电磁离合器电路;当压缩机排出的制冷剂压力过低时,低压开关会自动切断电磁离合器电路,压缩机停止运行,以保护压缩机不会损坏。

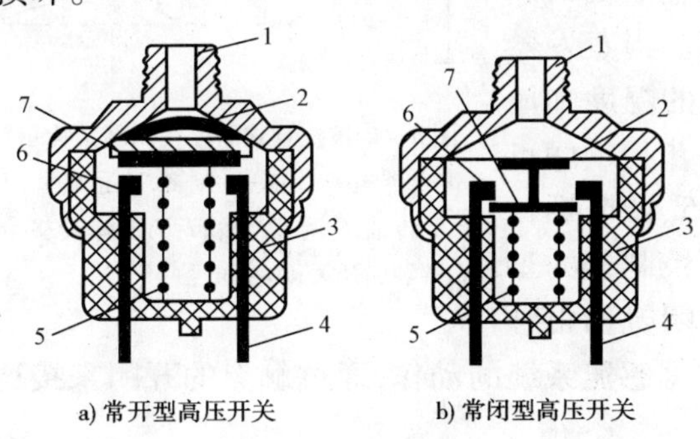

图 5-2　高压开关

1-接头;2-膜片;3-外壳;4-接线柱;5-弹簧;6-固定触点;7-活动触点

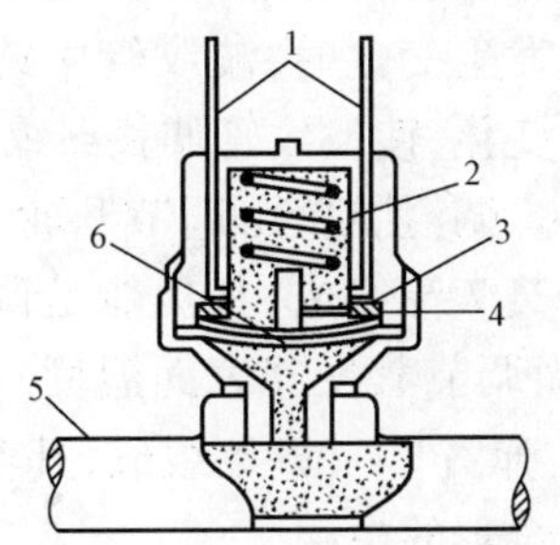

图 5-3　低压开关

1-接线柱;2-弹簧;3-动触点;4-支座;5-压力导入管;6-膜片

低压开关还有一个功能,是在环境温度较低时,会自动切断离合器电路,使压缩机在低温下自动停止运行,这样可减少动力消耗,达到节能的目的。作用的原理如下:当环境温度过低时,冷凝温度亦低,相应的压缩机排出的制冷剂的温度和压力也低,因此低压开关,切断电磁离合器电路。

3. 高、低压组合开关

目前空调系统中的压力开关通常都是把高、低压开关组合成一体安装在储液干燥器上,同时具有低压开关和高压开关的功能,这样既可减轻质量、减少接口,又可减少制冷剂泄漏的可能性。

多数组合压力开关可实现低压切断离合器控制电路、高压接通冷凝器风扇高速挡或切断离合器控制电路的双重功能,还有部分压力开关将上述三种保护功能集于一身,形成三功能压力开关。

三、温度控制器

温度控制器又称作恒温器、温度开关或热敏开关等,是汽车空调系统中温度控制的一种开关元件,其作用是检测蒸发器表面的温度,通过控制压缩机的通断来控制蒸发器表面的温度,从而调节车内温度,防止蒸发器表面因温度过低而结霜。常用的温度控制器有波纹管式和热敏电阻式两种。

1. 波纹管式温度控制器

波纹管式温度控制器又称压力式温度控制器、机械式温度控制器,主要作用是控制蒸发器表面温度不低于0℃,防止蒸发器表面结霜而影响系统工作。波纹管式温度控制器结构示意图如图5-4所示,主要由感温系统、调温装置和触点开闭机构组成。

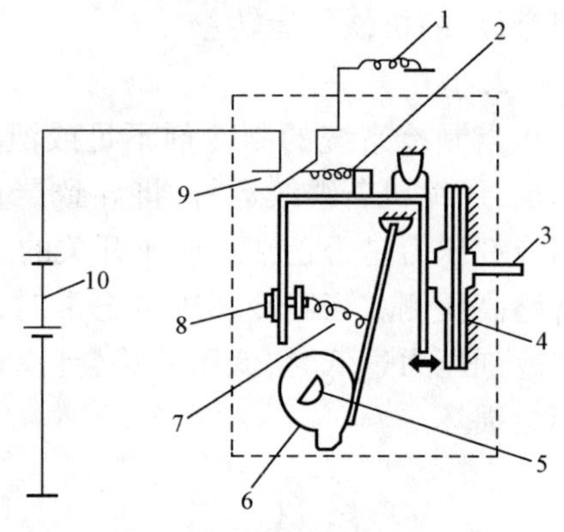

图5-4　波纹管式温度控制器结构示意图

1-离合器电磁线圈;2-弹簧;3-毛细管;4-波纹管;5-转轴;6-调节凸轮;7-调节弹簧;8-调节螺钉;9-触点开关;10-蓄电池

感温系统是由毛细管3和波纹管4组成的一个密封腔,内部充满感温介质,毛细管插入蒸发器表面的翘片上,检测蒸发器出风口方向的表面温度。当蒸发器表面温度发生变化时,波纹管中感温介质的温度和压力也发生变化,使波纹管伸长或缩短,进一步控制触点开闭机构。调温装置由调节凸轮6、转轴5、调节螺钉8、调节弹簧7等组成,其功能是调节温度控制器的工作点,进而调节蒸发器表面温度。触点开闭机构由触点开关9、弹簧2、杠杆等组成,其功能是根据感温系统的动作,通过触点的开闭来接通或断开电磁离合器的电路。

波纹管式温度控制器的工作过程是:当蒸发器表面温度高于设定值时,波纹管伸长,触点开关闭合,压缩机运转,蒸发器表面温度下降;当蒸发器表面温度低于设定值时,在弹簧的作用下,触点开关断开,压缩机停止运转,蒸发器表面温度上升,直到触点开关再次闭合,压缩机运转。此过程不断循环，蒸发器表面温度维持在设定值附近。调节凸轮位置和弹簧的预紧力，可以改变蒸发器表面温度。

2. 电子式温度控制器

目前汽车空调中广泛采用电子式温度控制器，大多采用热敏电阻来实现。其控制电路如图5-5所示，主要由热敏电阻4、温度调整电阻5组成的温度检测电路、三极管 VT_1、VT_2 组成的信号放大电路和三极管 VT_3、VT_4 组成的电子开关电路组成。热敏电阻4是具有负温度系数的热敏电阻，通过小插片插在蒸发器出风口方向的翘片上，检测蒸发器表面温度。

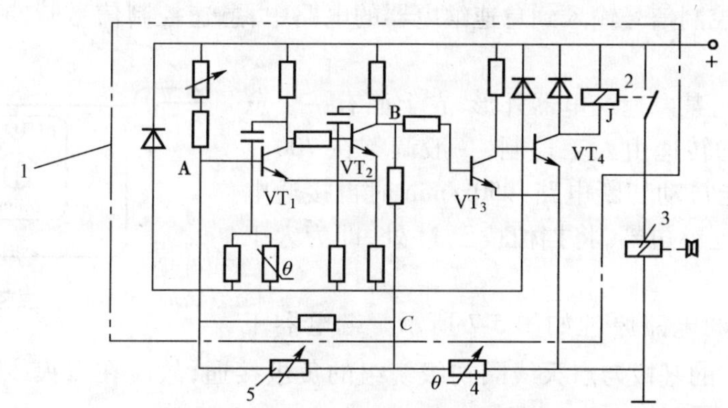

图5-5　电子式温度控制器电路图

1-电子式温度控制器；2-继电器；3-压缩机离合器；4-热敏电阻；5-温度调整电阻

当温度调整电阻设定后，B点的电位取决于热敏电阻的大小。当车内温度高于设定温度时，热敏电阻阻值变小，B点电位降低，三极管 VT_3 截止，VT_4 导通，继电器2线圈通电，触点闭合，接通压缩机电磁离合器电路，压缩机运转，蒸发器温度下降；当温度低于设定温度时，热敏电阻阻值增大，B点电位升高，三极管 VT_3 导通，VT_4 截止，继电器2线圈断电，触点断开，切断压缩机电磁离合器电路，压缩机停止运转，蒸发器温度上升。此过程不断循环，蒸发器表面温度维持在设定值附近。

调节温度调整电阻可改变A点电位，进而改变蒸发器表面设定温度。当温度调整电阻阻值减小时A点电位降低，三极管 VT_1 截止，VT_2 导通，B点电位降低，VT_3 截止，VT_4 导通，压缩机运转，设定温度降低；反之温度调整电阻阻值增大时，设定温度升高。

目前电子式温度控制器都采用了专用集成电路模块，其电路大大简化，安装调试更加简便，可靠性提高，但其基本工作原理是相同的。

四、怠速控制装置

在车流量较大的道路上行驶，汽车发动机经常处于怠速运转状态，发动机的输出功率低，如果此时开启空调的制冷系统，可能会造成发动机过热或熄火，影响汽车的低速和怠速性能。所以，为了保证汽车的怠速稳定性能，必须增加怠速稳定装置。怠速稳定有两种方式：一种是开启空调时，只要发动机怠速低于规定转速，用怠速切断器切断压缩机电磁离合器电源,以稳定发动机怠速性能,防止发动机因负荷过大而导致熄火,这一方式为一部分丰田汽车所采用;另一种方式是在开启空调的同时,利用怠速提升装置自动提高发动机怠速,增加发动机输出功率来保证压缩机继续工作,这一方式为大多数汽车所采用。下面分别介绍怠速切断器和怠速提升装置。

1. 怠速切断器

怠速切断器又叫怠速继电器,其功能是当发动机处于怠速工况时自动切断电磁离合器电路,停止发动机驱动压缩机来稳定发动机怠速工况的装置。这种装置是利用点火线圈的脉冲数作为转速控制信号输入到怠速继电器的电路中,怠速控制信号脉冲来自点火线圈的低压端。

图 5-6 所示为某怠速继电器外形,它上面有一个怠速设定按钮,预选转速由人工控制,一般调整在 700 ~ 750r/min 时,便能自动切断电路,950r/min 时再接通电路。如果不用怠速继电器,将挡位拨至 M 处,即为人工控制。

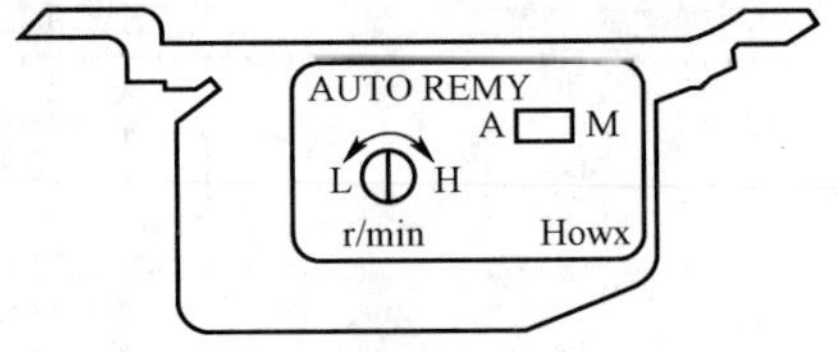

图 5-6 某怠速继电器外形

怠速继电器的电路原理如图 5-7 所示。继电器工作时,三极管 VT_1 的基极与点火线圈初级绕组的负极接通,故能在点火线圈上得到和发动机转速一致的脉冲信号。脉冲信号经过 VT_1 放大、二极管 VD_2、VD_3 整流和 C_1、C_3 的滤波后,便变成一个矩形脉冲信号。这个矩形脉冲信号与发动机转速一致,该信号输入到由 VT_2 和 VT_3 组成的稳态触发电路中,该电路的功能是在外加信号触发下,稳态触发电路在晶体管 VT_1 截止、VT_2 饱和的稳定状态迅速翻转到 VT_1 饱和、VT_2 截止的另一个稳定状态。通过调节 R_P 的电阻值,使 VT_2 基点电压在发动机转速为 700r/min 时正好小于 0(VT_2 截止的条件是:对于 NPN 管,$VB<0$;对于 PNP 管,$VB>0$),则 VT_2 截止,VT_3 饱和,VT_4 截止,VT_4 集电极将无电流经过继电器的电磁线圈,继电器触点断开,压缩机离合器电路切断,压缩机停

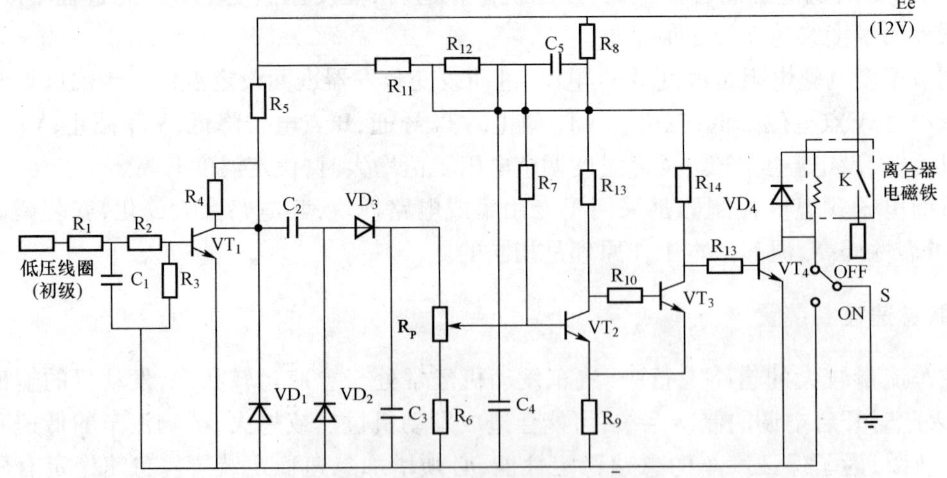

图 5-7 怠速继电器电路原理图

止运行。当发动机的转速大于750r/min时,触发器中VT_1的基极电压由于脉冲信号的增强处于VB>0的某一触发器的翻转电压,则VT_1导通,VT_2截止,触发器输入信号到VT_4的基极,放大后使继电器的电磁线圈有电流通过,从而产生磁场,触点闭合,使离合器的电路接通,压缩机运行。

开关S为工作方式选择键,分手动和自动。接到OFF位置,则继电器直接通电源,处于接合状态,只要空调器一接上电流,压缩机就处于运行状态,它不再受怠速控制器制约。在怠速时,只有用手动闭合电源开关来停止压缩机运行。当然怠速继电器还可以采用其他晶体管开关线路来组成各种各样的电路。

2. 怠速提升装置

为了保证在怠速工况下能正常使用空调制冷系统,现代汽车都采用在怠速时加大节气开度的方法来提高发动机的转速,使发动机在怠速时仍能带动制冷压缩机维持正常运转。

目前使用的怠速提升装置以微机控制怠速系统为主,用在电控燃油喷射系统中。

微机控制怠速系统的组成见图5-8,这是目前普遍采用的由步进电动机带动的怠速控制结构。由图可以看出,空调工作信号是发动机ECU(电子控制单元)的重要传感器信号之一,当空调制冷系统起动,ECU接收该信号后,驱动由步进电动机带动的怠速控制阀门,将旁通气道开度加大,增加怠速时的进气量,使发动机转速增加,制冷压缩机正常工作。这种怠速提升装置可以根据发动机负荷的变化及空调压缩机等其他负载情况,精确地控制发动机稳定地工作。

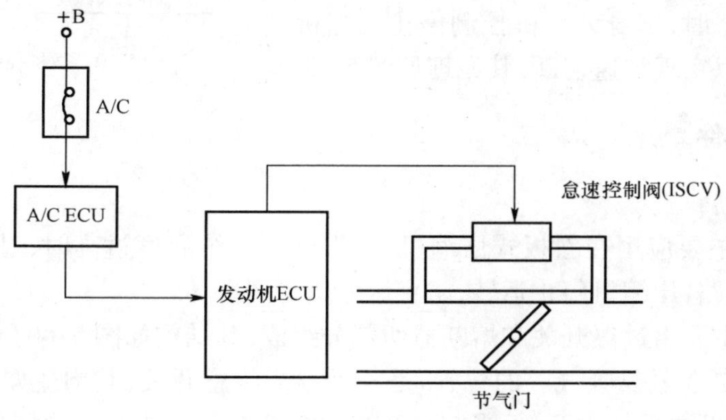

图5-8　微机控制怠速系统

五、加速切断装置

在现代乘用车上,设有加速切断器。设置加速切断器的目的是:在汽车加速或超车时暂时切断压缩机离合器电源,使发动机全部功率用于满足车辆加速需要,同时可防止压缩机超速损坏。要实现加速切断,一是利用和节气门杠杆连接的机械开关;二是利用能感应进气管真空度的真空开关(此类开关和压缩机离合器的电路串联);三是一些电喷车利用节气门位置传感器的信号和曲轴位置传感器信号感知发动机处于加速状态,由发动机电脑完成空调电路切断。

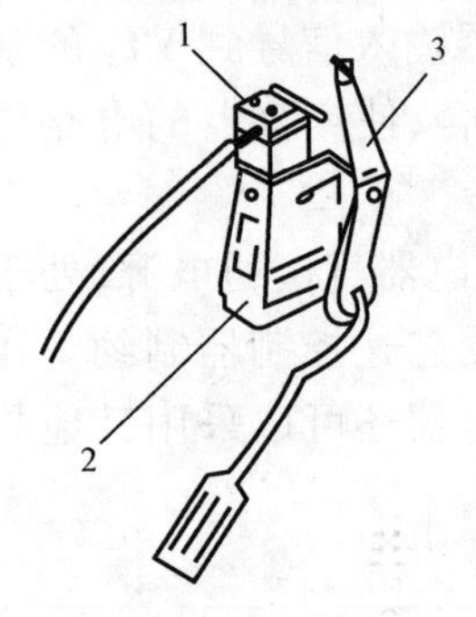

图 5-9　机械式加速切断装置
1-加速切断装置;2-加速踏板托架;3-加速踏板总成

1. 机械式加速切断装置

机械式加速切断装置如图 5-9 所示,这种机械式切断器的开关是由加速踏板通过连杆或钢索来操纵的,当加速踏板踩到其行程的 90% 时,加速踏板碰到切断器的控制簧片,切断器将电磁离合器电源切断,压缩机停止运行,这样便卸除了压缩机的动力负荷,使发动机有足够的动力输出,实现顺利超车。当切断器断开时,压缩机的转速被限制在最高极限转速范围内,从而保护了压缩机零件免受损坏。

2. 真空式加速切断装置

真空式加速切断装置由发动机进气歧管真空度控制,当汽车处于匀速行驶或加速较慢时,进气歧管真空度较低,开关闭合,空调正常工作;当汽车急加速或怠速行驶时,进气歧管真空度较大,开关断开,空调停止工作。

3. 微机控制式加速切断装置

有些高级乘用车上不设置专门的加速切断装置,但同样具有加速切断功能。如日产风度车,这种车的空调加速切断是由车身计算机控制完成的。加速时,车身计算机控制由节气门位置传感器和曲轴位置传感器采集的节气门开度和发动机转速信号,当感知出急加速状态时,车身计算机控制停止压缩机继电器的工作几秒钟以实现加速切断,其原理见图 5-10。

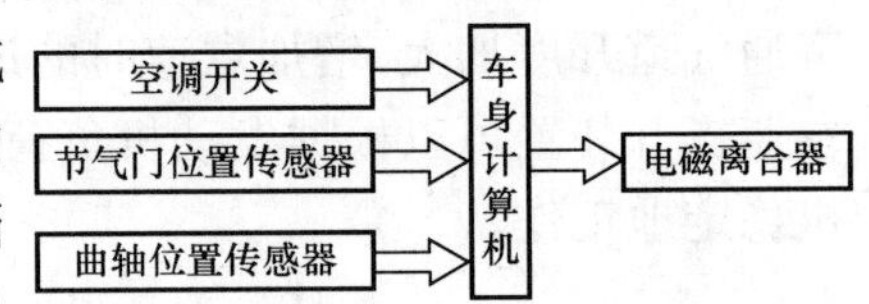

图 5-10　微机控制加速切断装置

六、其他元器件

1. 过热限热器

过热限热器主要应用在斜板式压缩机上,当制冷系统温度过高时,过热限热器受热反应,切断离合器电路,压缩机停止运转,防止压缩机受到损坏。

过热限热器主要由过热开关和熔断器两部分组成,其结构如图 5-11 所示。过热开关一般装在压缩机后缸盖紧靠吸气腔的位置,是一个温度传感开关,其构造如图 5-12 所示。系统压力正常时,此开关保持常开,而当制冷系统的制冷剂泄漏或某些原因使压缩机过热时,该开关受热动作,即开关闭合。

熔断器有 3 个接头,S 接过热开关,B 接外电源,C 接离合器。当压缩机出现过热状态时,过热开关闭合,电流接通过热限热器上的电热丝,烧断低熔点金属丝,电磁离合器电源被切断,压缩机停止工作。

2. 冷却液过热开关和冷凝器过热开关

冷却液过热开关也称水温开关,其作用是检测发动机冷却液温度,控制压缩机离合器,防止在发动机过热的情况下使用空调。水温开关一般为双金属片结构,安装在发动机散热器或者冷却液管路上。当发动机冷却液温度超过规定值(如奥迪 100 为 120℃)时,触点断开，直接切断（或者触点闭合通过空调放大器切断）电磁离合器电路使压缩机停止工作；而当发动机冷却液下降至某一规定值（如奥迪 100 为 106℃）时，触点动作，自动恢复压缩机的正常工作。

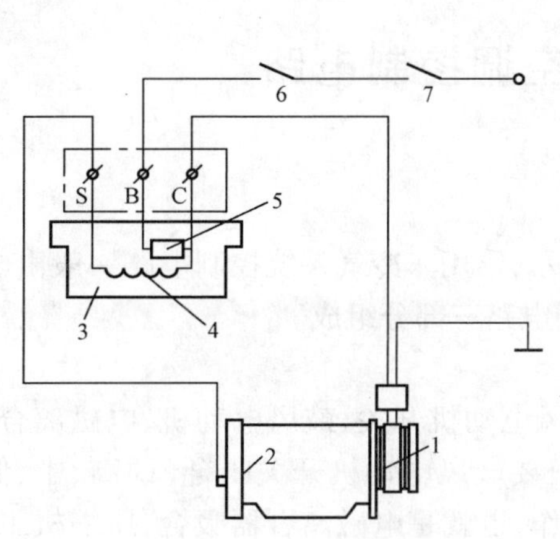

图 5-11　过热限热器

1-离合器的电磁线圈；2-过热开关；3-熔断器；4-电热丝；5-低熔点金属丝；6-空调开关；7-点火开关

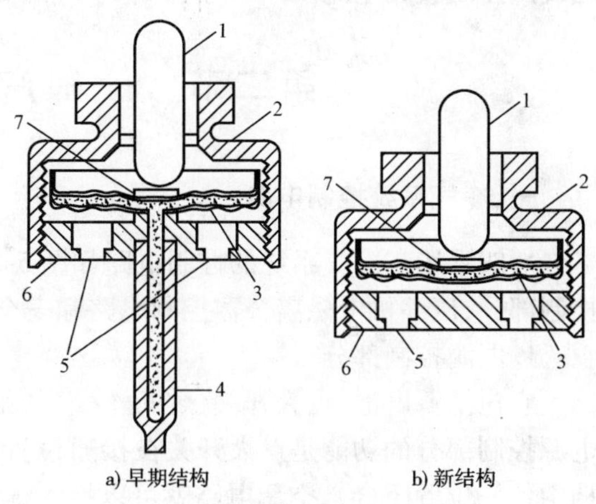

图 5-12　过热开关

1-接线端子；2-外罩；3-膜；4-热敏管；5-基座开口；6-膜片安装基座；7-导电触点

冷凝器过热开关安装在冷凝器上，通过检测冷凝器的过热度，控制冷却风扇。当其温度过高时，接通冷凝器风扇电动机，加强冷却，使系统正常工作。桑塔纳轿车的冷凝器的过热开关有两个，当冷凝器温度为 95℃时，风扇低速运转；当温度为 105℃时，风扇高速运转，以增强冷却效果。

3. 环境温度开关

部分车辆在控制电路中设有环境温度开关，环境温度开关是串联在压缩机电磁离合器电路中的一只保护开关，或者直接串联在空调放大器电路中。当环境温度低于规定值时，环境温度开关断开，切断压缩机电磁离合器的电路，使空调的制冷系统不能工作；当环境温度高于规定值时，制冷系统才能进入工作状态。国产上海桑塔纳轿车空调系统便装有这种保护开关。

4. 高压卸压阀

如果制冷剂的压力升得太高，将造成系统的损坏。因此，在典型的空调系统中，有一个装在压缩机或高压管路上由弹簧控制的卸压阀，其结构见图 5-13。按不同系统和厂家，此阀的压力调整值有所不同。当压力正常时，高压卸压阀保持常闭；当压力过高超出调整值时，卸压阀打开，释放制冷剂，直到压力降低到调定值为止，此时在弹簧作用下，阀又自动关闭，以保证制冷系统正常工作。

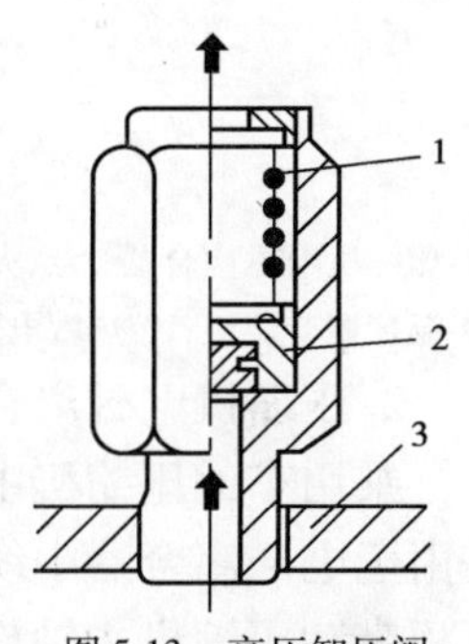

图 5-13　高压卸压阀

1-弹簧；2-阀；3-压缩机

5. 汽车空调继电器

汽车空调控制系统中鼓风机、电磁离合器等部件的电流，如果都由电源开关直接控制,则由于电流过大,触点有烧蚀的可能;若从蓄电池直接供电,则又会使蓄电池大量放电。为了防止以上现象的发生,在电路中使用继电器,即用小电流通过电磁线圈控制较大电流。

第二节　一般汽车空调控制电路

一、冷气系统控制电路

一般乘用车冷气系统的控制电路如图5-14所示,乘用车冷气系统控制电路一般由电源控制部分、压缩机电磁离合器控制电路和安全控制电路三部分组成。

1. 电源控制部分

它包括蓄电池、点火开关、熔断丝、继电器、鼓风电动机开关、鼓风电动机、电磁离合器。电源控制部分的功能是点火开关在接通位置时,只要鼓风电动机开关闭合(即高、中、低三挡中任一位置闭合),空调电路就可以投入正常工作,也就是电磁离合器吸合,压缩机工作,制冷剂循环,能够制冷。同时,鼓风机旋转,空气通过蒸发器变成冷气被送入车厢。

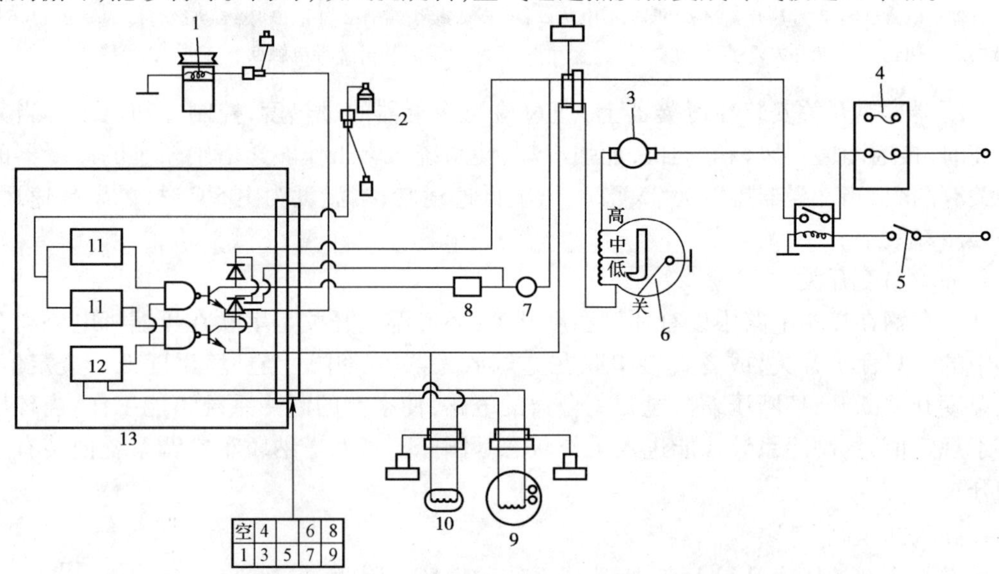

图5-14　乘用车空调电路

1-压缩机电磁离合器;2-点火线圈;3-鼓风电动机;4-熔断器;5-点火开关;6-鼓风机开关;7-压力开关;8-真空转换阀;9-温度调节旋钮;10-热敏电阻;11-发动机转速检测电路;12-温度检测电路;13-放大器

2. 压缩机电磁离合器控制电路

乘用车的压缩机由主发动机直接驱动,当电磁离合器吸合后压缩机主轴才能运转。这是由于电磁离合器中线圈通电,产生电磁吸力,压力板被吸在皮带轮上,皮带轮便通过动力压板带动压缩机主轴旋转。

点火开关在接通位置,鼓风电动机开关闭合,鼓风电动机电路接通,同时供给放大电路电流，放大电路再使压缩机电磁离合器接通。

电磁离合器通电与否，受温度检测电路控制。热敏电阻的电阻值随蒸发器出风口的温度变化而变化，温度上升时电阻值下降，温度下降时电阻值上升，具有电阻负温度特性。这种电阻值的变化转换为电信号，传到怠速稳定器放大器。

怠速稳定器放大器（见图5-15）实际上就是控制速度和温度的电路，它相当于很多电门串联在一起，只要有一道电门跳开了，继电器就断电，压缩机就停止运转。怠速稳定器放大器是由发动机转速检测电路、温度检测电路和继电器三部分组成。

1）转速检测电路

发动机在怠速运转的情况下，如果驱动制冷系统，会出现发动机过热，甚至熄火的现象。因此，发动机转速很低时，必须停止制冷系统的工作。当发动机怠速运转时，如果转速达不到规定的标准，该电路可自动切断制冷系统；当怠速转速上升到规定值时，继电器接通，电磁离合器吸合，制冷系统继续循环。发动机转速检测电路的作用，便是测定上述发动机怠速转速。

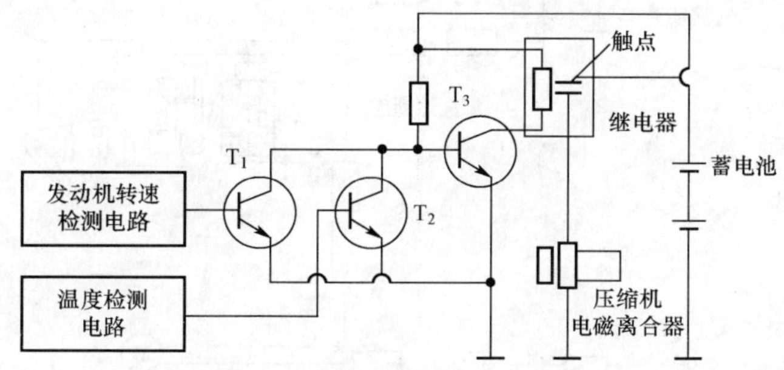

图5-15　怠速稳定器放大器原理图

2）温度检测电路

它是利用热敏电阻检查蒸发器出风口处的空气温度，把空气温度的变化转换成电信号，传到怠速稳定器放大器。

当蒸发器表面结霜或结冰时，热敏电阻阻值发生变化，当电阻值达到一定值时，T_2 导通、T_3 截止，继电器线圈不通电，触点打开，电磁离合器分离。

3）继电器

继电器是一种电磁开关。当来自点火开关和热敏电阻的两个信号同时满足某一特定条件时，放大器就会向线圈供给电流，继电器就根据来自放大器的电流进行接通或断开动作。于是压缩机的电磁离合器就随继电器的动作使发动机与压缩机接合或分离。

3. 安全控制电路

当制冷系统由于某种原因出现高压异常时，如果没有安全措施，会发生运行事故，因此，常常设有安全控制电路，一般采用压力开关。当出现高压不安全的情况时，安全控制电路使压缩机停止运转，对制冷系统起保护和自动控制的作用。

二、暖气系统控制电路

当乘用车在关闭车窗玻璃的情况下，暖气系统强制性地将车外新鲜空气或车内空气，送到暖气装置加热,然后经各配气风门分别送到除霜器喷口和各个出风口,向车厢内供暖气。

图 5-16 所示为乘用车的暖气与换气装置的结构布置,其控制电路见图 5-17,乘用车上的通风换气也是靠此电路来完成的。

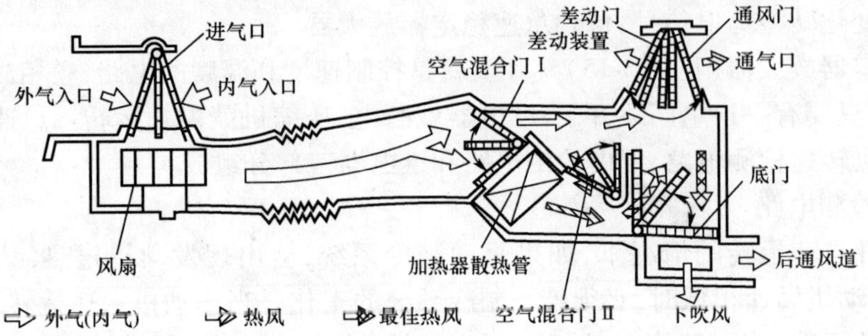

图 5-16 乘用车暖气与换气装置的结构布置图

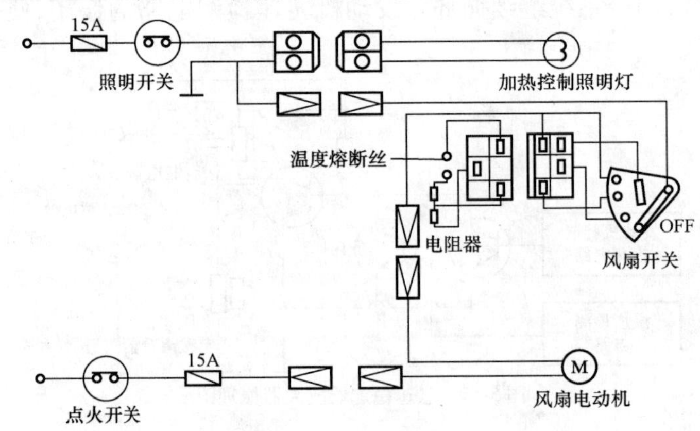

图 5-17 乘用车暖气与换气装置的控制电路

三、除霜加热控制电路

汽车车厢内玻璃有霜或雾时,除可以用加热器的热风吹到有霜或雾的玻璃上除霜外,还可采用电加热的方法除霜。

在冬季,前风窗玻璃可由暖风机的热风除霜。有时后窗吹不到,就只能用电热丝加热玻璃,以防结霜。加热除霜电路如图 5-18 所示。加热器 1 由开关 K 通过继电器 2 控制,K 接通时,加热器 1 通电,警告灯 4 亮,提醒停车后及时关闭。

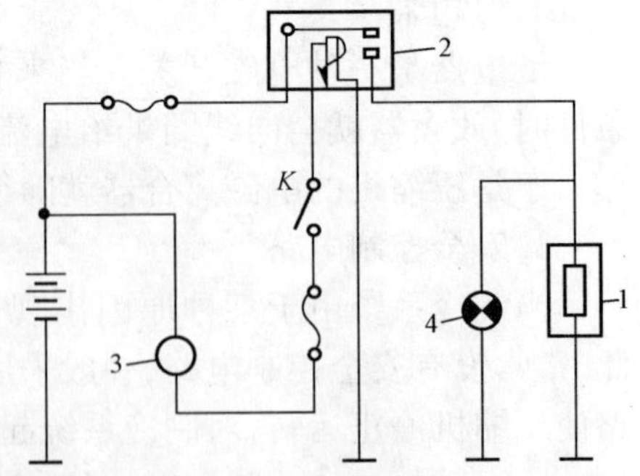

图 5-18 汽车除霜电路

1-加热器;2-断电器;3-点火开关;4-警告灯

四、汽车电动换气扇电路

电动换气扇广泛应用于各种空调旅游客车,它装置于车顶,可替代顶篷风窗,除具有降温功能外,还具有排污和吸入新鲜空气的换气功能，即具有自动通风、吸风、排风、循环四种功能。使车厢内空气保持新鲜且有适宜的温度，满足乘客舒适性的要求。换气扇电路及工作原理如图5-19所示。

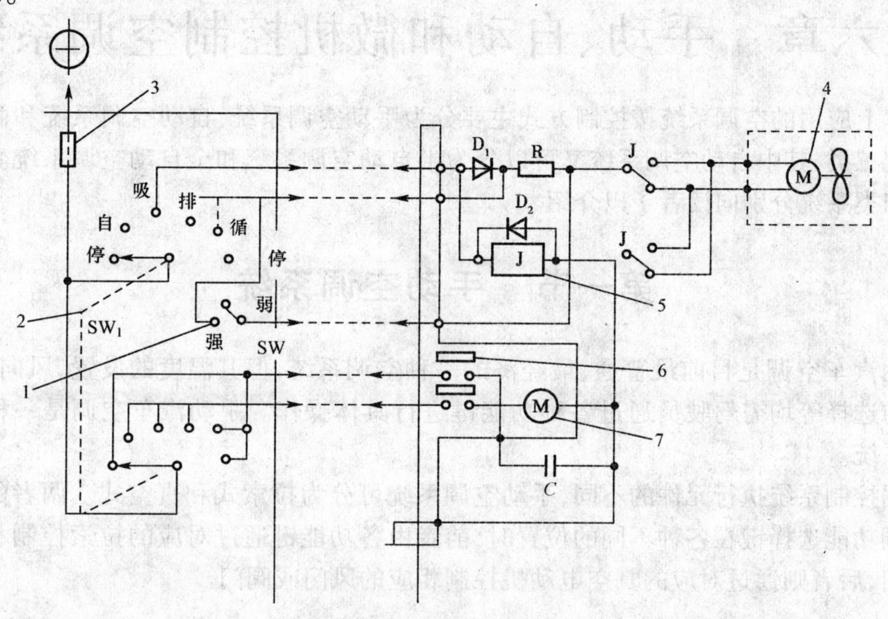

图5-19 电动换气扇电路

1-强、弱挡开关；2-旋转开关；3-电阻；4-换气扇电动机；5-继电器；6-限位开关；7-气窗举升电动机

1）自动通风

当控制电气板上的同轴旋转开关2置于自动位置，直流电流通过限位开关6提供给气窗举升电动机7电流，气窗闸门开启，限位开关稍后即自动切断，闸门保持开启状态，使车厢内外气流畅通，这就是自动通风。

2）吸风

开关2置于吸风位置时，自动闸门开启，同时，电流经继电器5的线圈绕组，通过继电器常开触点J（此时通电闭合）提供风扇电动机电流，风扇运行，新鲜空气吸入。

3）排风

开关2置于排风位置时，闸门开启，此时继电器失电释放，常闭触点J接通风扇电动机4，与进风工况相反，车厢内污浊的空气被排出。

4）循环

开关2置于循环位置时，电流通过限位开关，此时连动板向下运转，致使气窗闸门闭合。循环工况下，风扇只能反时针方向旋转，使车内空气强制循环。

这种装置，设有强、弱挡。当SW拨动开关置于强挡时，电流不经过电阻R而直接接通风扇电动机，风扇转速加快；当SW置于弱挡时，电流经过电阻R后再接通风扇电动机，风扇转速变慢，风量减小。

第六章　手动、自动和微机控制空调系统

汽车上应用的空调系统按控制方式主要分为手动空调系统、自动空调系统和微机控制空调系统三类，其中自动空调系统又可以分为半自动空调系统和全自动空调系统。本章即针对此四类系统分别向读者予以介绍。

第一节　手动空调系统

手动汽车空调是目前最普通、最经济的一种空调系统，但其温度的设置、风向、风速以及功能的选择等均需驾驶员通过各种功能键进行具体操作。手动汽车空调是一种单冷型的空调系统。

根据控制系统执行元件的不同，手动空调系统可分为拉索式和真空式。两者的区别在于当空调功能选择键在各种不同的位置时，前者由各功能键通过对应的拉索控制相应的风门或阀门，后者则通过对应的真空电动机控制相应的风门或阀门。

一、手动拉索式空调系统

1. 制冷系统

1）控制电路

图 6-1 所示为典型的手动空调系统的控制电路图，主要由风机控制电路和电磁离合器控制电路组成。风机控制电路只有在功能选择键位于 Vent 或 Heat 时才单独接通，此时电磁离合器控制电路不接通，压缩机不工作。而当功能选择键在 Max、Normal、Bi-level 或 Def 时，电磁离合器控制电路接通，压缩机工作，与此同时，风机控制电路也会接通。由于电磁离合器回路中还串有高、低压开关 11、怠速继电器 12 以及温度控制器 1，所以当系统出现压力异常、蒸发器温度过低或发动机处于怠速状态时，高、低压开关、温度控制器或怠速继电器将切断电磁离合器控制电路，压缩机退出工作状态。另外，在 Bi-level 和 Def 两键控制的电磁离合器回路中，还串入了车外环境温度传感器 5，故在车外温度低于 4℃时，车外环境温度传感器将切断电磁离合器控制电路，压缩机不工作。

当功能选择键在 OFF 时，制冷系统和风机均不工作。此时，风机将直接从发动机熔断器得电，风机可作低速运行，以供车内通风之用。

2）系统工作原理

此处以图 6-2 所示美国汽车公司生产的手动拉索式空调系统为例阐述其工作原理。手动拉索式空调主要是通过控制面板 13 上的功能选择键 14 和调温键 15 进行相关的设置和调节。其中功能选择键除了能从电路上对压缩机和风机进行控制外，同时还能通过各种拉

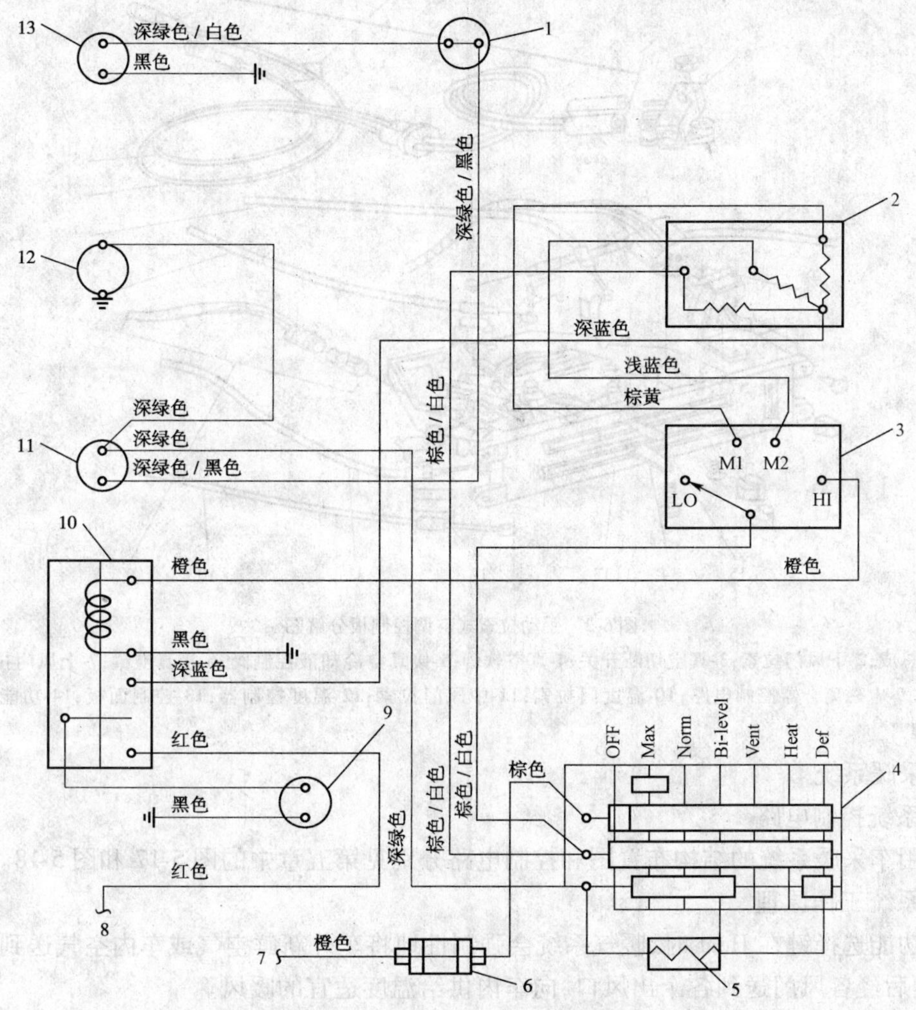

图 6-1　手动汽车空调制冷系统控制电路

1-温度控制器；2-风机变阻器；3-调风键开关；4-功能选择键接线；5-车外环境温度传感器；6-空调电路总熔断器（25A）；7-至发动机熔断器；8-至点火开关；9-风机；10-风机高速继电器；11-高、低压开关；12-怠速继电器；13-电磁离合器线圈

索对相应的风门进行控制（参见图 6-1）。

当功能选择键在 Max 时，便拉动气源门拉索 8，关闭气源门以切断车外新鲜空气；当功能选择键在 Heat、Bi-level 或 Def 时，拉动下风门拉索 2 和上风门拉索 7，下风门和上风门开启，以保证吹向脚下和吹向风窗玻璃的暖风合理分配；当功能选择键在 Vent 时，拉动中风门拉索 11 和下风门拉索 2，中风门和下风门开启。

调温键 15 则能通过拉动温度门拉索 10 调节温度门的位置，改变经过加热器的空气的流量，以此来调配车内空气的温度。

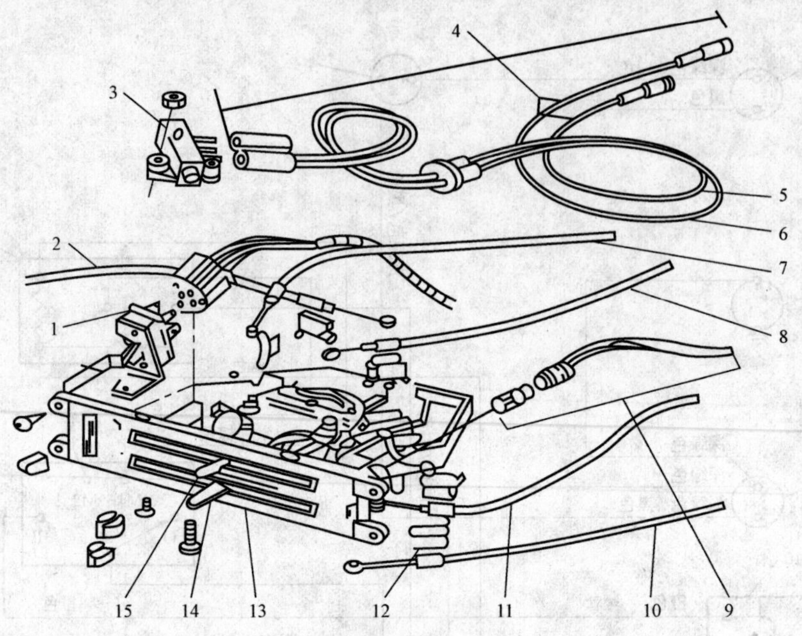

图6-2　手动拉索式空调控制板分解图

1-调风键总成;2-下风门拉索;3-真空切断开关;4-真空软管;5-接真空冷却液控制阀;6-接真空罐;7-上风门拉索;8-气源门拉索;9-电磁离合器控制电路;10-温度门拉索;11-中风门拉索;12-温度控制器;13-控制面板;14-功能选择键;15-调温键

2. 采暖系统

1)系统控制电路

乘用车采暖系统的结构布置图和控制电路分别见第五章中的图5-17和图5-18。

2)系统工作原理

当功能选择键在Heat时,暖气系统会强制性地将车外新鲜空气或车内空气送到加热器加热,然后经各风门送到各个出风口,向车内供给温度适宜的暖风。

二、手动真空式空调系统

手动真空式空调系统中真空的调节和控制装置主要有以下四个部件。

1)真空罐及真空单向阀

真空罐的作用是储存真空,向真空系统提供稳定的真空压力。由于真空罐中的真空来自于发动机的进气歧管,而此处的真空度随着发动机工况的不同而变化较大,故在真空罐内设有真空单向阀,又称为真空保持器。

当发动机进气歧管内的真空度高于真空罐内的真空度时,在发动机进气歧管真空的作用下真空单向阀打开,如图6-3a)所示,真空膜盒也打开,来自换能器的真空作用到真空电动机上。反之,真空单向阀在弹簧的作用下关闭,如图6-3b)所示,真空膜盒也关闭,来自换能器的真空无法作用到真空电动机上,真空电动机的真空度保持不变。

2)真空电动机

真空电动机又称为真空执行器或真空驱动器,实质上它就是一个膜盒。它的作用是把真空信号转变为机械动作,以此来驱动各种风门或热水阀。真空电动机有三种类型:单膜片式真空电动机、双膜片式真空电动机和真空伺服电动机。

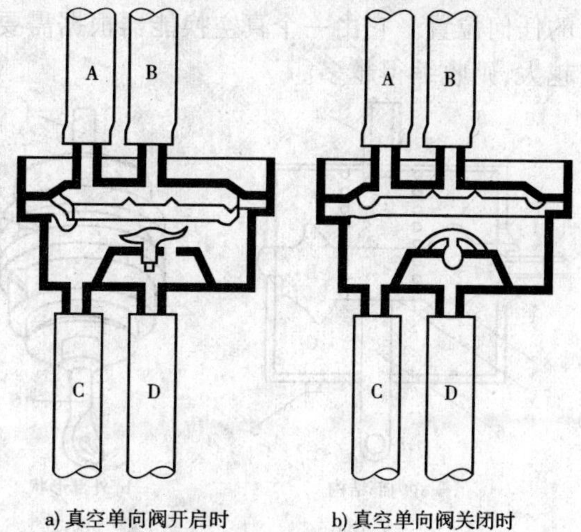

a) 真空单向阀开启时　　b) 真空单向阀关闭时

图 6-3　真空单向阀

A-到真空发动机;B-来自换能器的真空;C-发动机进气歧管真空;D-单向阀真空

(1)单膜片式真空电动机

该类真空电动机根据弹簧布置位置的不同有三种结构(见图 6-4),但工作原理完全相同,此处仅以图 6-4a)为例来说明其工作原理。当有真空作用在膜片上时,在大气压力的作用下膜片上移,带动连杆向上运动。当切断真空源时,在弹簧的作用下膜片下移,带动连杆复位。通常用来控制对应的风门或热水阀的全开或全闭。

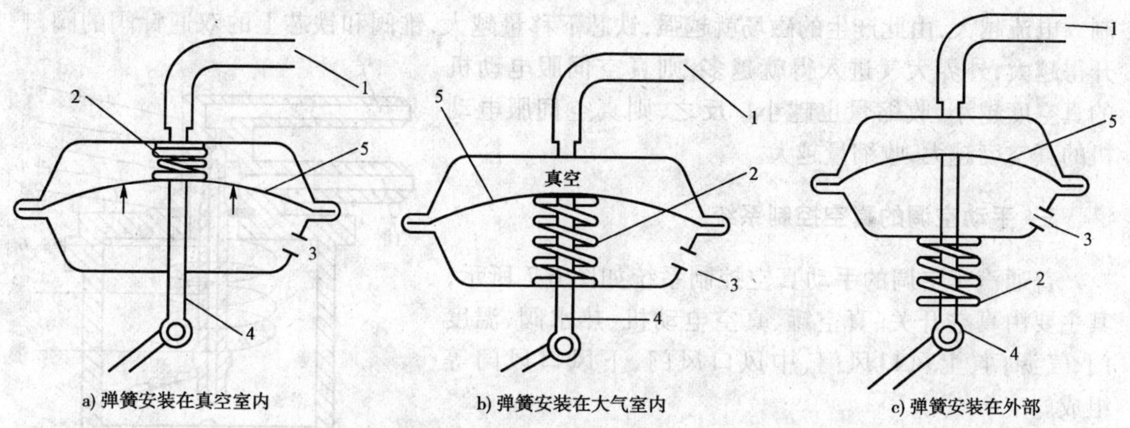

a) 弹簧安装在真空室内　　b) 弹簧安装在大气室内　　c) 弹簧安装在外部

图 6-4　单膜片式真空电动机的几种形式

1-真空接口;2-弹簧;3-气孔;4-连杆;5-膜片

(2)双膜片式真空电动机

双膜片式真空电动机的内部结构和外部形状如图 6-5 所示。它所控制的风门位置可以是三个位置:全开、全闭或半开;也可同时控制两个风门,一个打开另一个关闭,或者两个同时半开。

当只有 A 室有真空作用时,膜片带动连杆上移到一半的位置;当 A 室和 B 室同时有真空作用时,膜片带动连杆上移到极限位置;当 A 室和 B 室均无真空作用时,连杆复位。

(3)真空伺服电动机

伺服电动机的结构和单膜片真空电动机一样,只是它的连杆可以停在上、下极限之间的任何位置。它由一个真空换能器根据需要向真空伺服电动机提供不同的真空度,真空度越大,则收缩得越多。

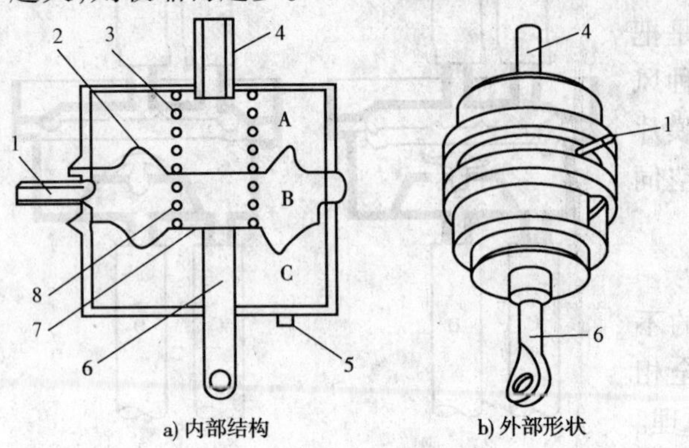

图6-5 双膜片式真空电动机

1-B 室真空接口;2-A 室膜片;3-A 室弹簧;4-A 室真空接口;5-通气孔;6-连杆;7-B 室膜片;8-B 室弹簧

3)真空开关

真空开关又称为真空选择器。真空开关实际上是一个旋转开关,其上连接着各个真空软管。当真空开关旋转到不同的位置时,就会将相应的真空软管和对应的风门或热水阀连通,以此来控制各个风门或热水阀的位置。

4)真空换能器

真空换能器又称为真空转换阀,它的作用是利用一种能量的变化来操纵另一种能量工作的装置,其结构见图6-6。

在真空换能器上,有一个双通针阀2,一头控制真空罐的接通与否,下端控制铁芯上的大气阀门。在双通针阀的外部绕有电磁线圈7,该线圈的电压为12V,电流的大小由空调的恒温放大器检测到的温度变化信号所控制。电流越大,由此产生的磁场就越强,铁芯下移量越大,锥阀和铁芯上的双通针阀的阀口开得越大,外界大气进入得就越多,则真空伺服电动机的真空度越小,收缩量也越小。反之,则真空伺服电动机的真空度越大,收缩量越大。

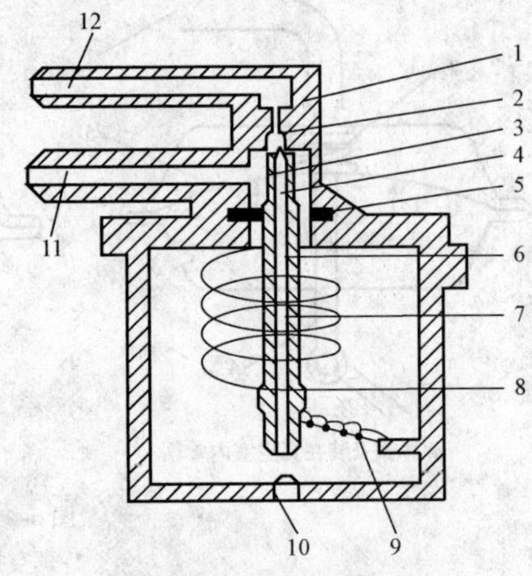

图6-6 真空换能器

1-换能器外壳;2-双通针阀;3-大气通道;4-铁芯;5-橡胶膜片;6、8-来自恒温放大器;7-电磁线圈;9-弹簧;10-大气孔;11-接真空伺服电动机;12-接真空罐

三、手动空调的真空控制系统

普通汽车空调的手动真空控制系统如图6-7所示,其主要由真空开关、真空罐、真空电动机、热水阀、温度门、气源门、上风口风门、中风口风门、下风口风门等组成。

由图可知,各风道均由风门控制,各风门又由空调功能选择键操纵真空开关以及对应的真空电动机来控制。除控制除霜风门的真空电动机采用双膜片式外,控制其他风门的真空电动机均采用单膜片式。其中,调温键通过温度门拉索21控制温度门14,当调温键置于温度最低点时,空气仅能穿过蒸发器13送到各风门。随着开关向高温方向拨动,温度门逐渐打开,通过蒸发器的部分空气将经加热器15加热后再送到各风门,且当在空调控制板上分别选择OFF、Max、Normal、Bi-level、Vent、Heat和Def时,真空开关4将分别对应地位于1、2、3、4、5、6、7挡,对应的风门和真空电动机的动作如表6-1所示。

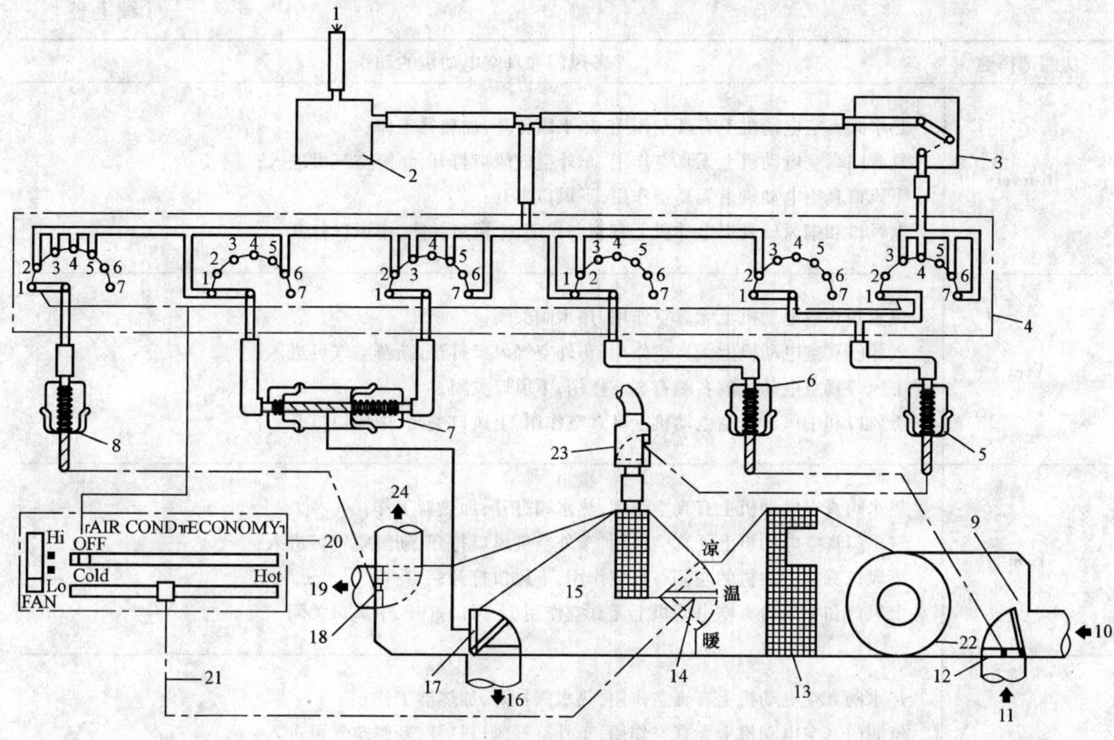

图6-7 手动空调的真空控制系统

1-接进气歧管;2-真空罐;3-热水阀真空切断器(仅当调温键置于最低温度时切断真空);4-真空开关;5-热水阀真空电动机;6-气源门真空电动机;7-下风口真空电动机;8-除霜风口和中风口真空电动机;9-MAX功能时,新鲜空气占20%的气源门开启位置;10-车外空气风口;11-车内循环空气风口;12-气源门;13-蒸发器;14-温度门;15-加热器;16-下风口;17-下风口风门;18-上风口和中风口风门;19-中风口;20-空调控制板;21-温度门拉索;22-风机;23-热水阀;24-上风口

不同挡位下的风门和真空电动机的动作 表6-1

功能选择键	各风门和真空电动机的动作
OFF	热水阀真空电动机上无真空作用,热水阀关闭; 气源门真空电动机上有真空作用,车内循环空气风口关闭; 下风口真空电动机的左侧有真空作用,下风口打开; 上风口和中风口真空电动机上无真空作用,上风口打开,中风口关闭
Max	热水阀真空电动机上无真空作用,热水阀关闭; 气源门真空电动机上有真空作用,气源门处于设定位置,车内、外空气比例为4:1; 下风口真空电动机的右侧有真空作用,下风口关闭; 上风口和中风口真空电动机上有真空作用,上风口关闭,中风口打开
Normal	热水阀真空电动机上有真空作用,热水阀打开,加热器工作; 气源门真空电动机上无真空作用,车外空气风口打开,新鲜空气可进入; 下风口真空电动机的右侧有真空作用,下风口关闭; 上风口和中风口真空电动机上有真空作用,上风口关闭,中风口打开

续上表

功能选择键	各风门和真空电动机的动作
Bi-level	热水阀真空电动机上有真空作用,热水阀打开,加热器工作; 气源门真空电动机上无真空作用,车外空气风口打开,新鲜空气可进入; 下风口真空电动机上无真空作用,下风口半开; 上风口和中风口真空电动机上有真空作用,上风口关闭,中风口打开
Vent	热水阀真空电动机上无真空作用,热水阀关闭; 气源门真空电动机上无真空作用,车外空气风口打开,新鲜空气可进入; 下风口真空电动机的右侧有真空作用,下风口关闭; 上风口和中风口真空电动机上有真空作用,上风口关闭,中风口打开
Heat	热水阀真空电动机上有真空作用,热水阀打开,加热器工作; 气源门真空电动机上无真空作用,车外空气风口打开,新鲜空气可进入; 下风口真空电动机的左侧有真空作用,下风口打开; 上风口和中风口真空电动机上无真空作用,上风口打开,中风口关闭
Def	热水阀真空电动机上有真空作用,热水阀打开,加热器工作; 气源门真空电动机上无真空作用,车外空气风口打开,新鲜空气可进入; 下风口真空电动机的右侧有真空作用,下风口关闭; 上风口和中风口真空电动机上无真空作用,上风口打开,中风口关闭

第二节　自动空调系统

一、概述

自动空调系统采用一般手动空调系统的基本部件,与手动空调系统相比,其主要差别在于自动空调系统能保持预先设置的舒适程度,如同驾驶员选择的那样。它利用传感器确定当前的温度,然后系统能够按需要调节热风或冷风。

自动空调系统的通风采用鼓风机强制通风方式。在通风管路壳体中设置有若干个风门,风门由真空装置或伺服电动机控制,风门的开启、关闭和位置(角度)可控制空气流通路径和方向。各个风门不同的相互对应位置与空调系统工作状态的组合关系,称为"风门模式"。例如地板(热风或冷风吹向乘员的脚和腿)模式、除霜(热风吹向风窗玻璃)模式、水平(热风或冷风吹向水平方向)模式、制冷(吹出冷风)模式、加热(吹出热风)模式和内循环(空气在车室内循环)模式等。

根据风门在通风管路壳体的不同位置及功能,风门主要分成以下三种类型。

1）混合模式风门

混合模式风门控制通风管路壳体内气流的路径，即确定流过加热器芯和流过蒸发器芯气流比例。混合模式风门开度的变化，可以改变车室内温度（制冷或加热）变化的速率。例如当自动空调系统提高车室内温度且已经接近需要的温度时，混合模式风门使通过加热器芯的气流比例减小，通过蒸发器芯（此时制冷装置不工作）的气流比例增大，进而使车室内增加的热量减少，提高温度控制的精度及舒适度。

2）循环模式风门

循环模式风门控制外界（经过净化）空气进入车室内的流量。当车室内空气污浊程度较高时，循环模式风门在执行装置的控制下，改变位置角度，增加引入外界新鲜空气的流量，从而保障乘员的健康。

3）气流方向模式风门

气流方向模式风门简称模式风门，气流方向模式风门控制流出通风管路壳体的气流方向。例如，除霜模式是让气流吹向风窗玻璃；地板模式是让气流吹向乘员的脚及腿部。

自动空调系统通过执行机构调节气流模式风门的位置，以达到适宜的车内温度和保证空气的洁净。有些系统还控制鼓风电动机的转速，使车室内舒适度更符合驾驶员的要求。

自动空调系统通过执行机构调节水阀，在暖风状态下，用以控制发动机冷却液流向加热器芯的流量。水阀传动装置有真空型和电气型两种类型。水阀电气传动机构与风门模式电气传动机构类似，不同之处只是它可逆转，而且只能转90°，它的作用是打开和关闭水阀。水阀安装在加热器管路系统中，它把水提供给加热器芯体。

自动空调系统可以分为半自动空调系统和全自动空调系统两类，两者的主要差别在于是否具有自诊断功能。半自动空调系统没有提供故障代码存储器，全自动空调系统具有监控系统，监控系统的随机存储器（RAM）存储诊断码。其次的差别是二者所用的执行机构形式和传感器数量不同。

虽然两类系统的工作方式有所不同，但它们都设计成按预先设置的舒适程度控制车内的温度与湿度，车内保持的温度与湿度与车外的气候条件无关，车内的湿度保持在45%～55%之间。

二、半自动空调系统

半自动空调系统与手动空调系统的差别不大，其主要不同之处在于半自动空调系统采用程序装置、伺服电动机或控制模块等操纵执行机构。半自动空调系统通过程序装置检测空气温度和气流混合风门位置来达到驾驶员选择的舒适程度。驾驶员需要手动操作控制器总成上的键，选择空调系统的工作模式和鼓风机转速。

大多数半自动空调系统是由以下几个基本部件组合而成的。

1. 控制器总成

控制器总成是驾驶员向空调系统的计算机芯片输入控制数据的设备，控制器总成也称为控制面板。半自动空调系统用的控制器总成与手动空调系统的相似,主要的不同点是,半自动空调系统的控制器总成上有温度刻度或温度值显示,见图6-8。控制器总成装在仪表板上,驾驶员通过它给空调系统输入控制数据,温度调节滑键带动沿线电阻阻值改变。驾驶员操作控制器总成上相应的键,选择工作模式(冷气、暖气、除霜和通风)和鼓风电动机转速。

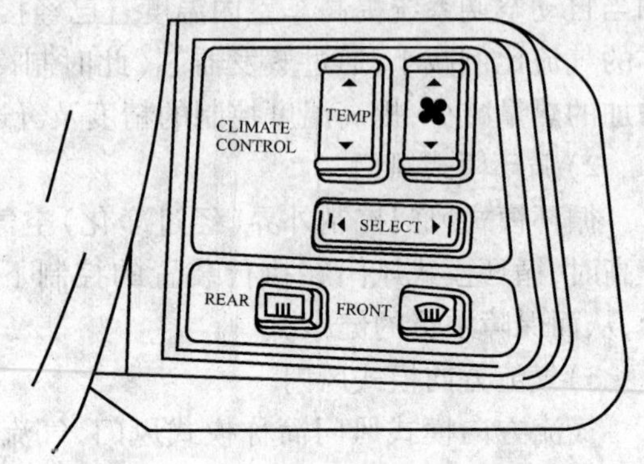

图6-8　手动与半自动空调系统的控制器总成的差别

2. 程序装置

程序装置控制半自动空调系统的鼓风机转速、气流控制风门、真空执行机构,有的生产厂家称它为伺服总成。通过控制器总成上的键,给程序装置输入数据,程序装置通过真空控制至各风道的风门执行机构(气流混合模式风门除外,因为它一般由伺服电动机操纵)。程序装置还接收来自车内温度和外界温度传感器的输入,根据来自传感器和控制器总成的输入数据,程序装置控制制冷压缩机电磁离合器的离、合,暖气加热器供水阀的启、闭,以及使各个风门处于适当工作模式位置等。

3. 传感器

半自动空调系统中传感器类型数量较多,其中比较常见的是车内温度传感器、外界温度传感器和日照强度传感器。

1)车内温度传感器

车内温度传感器是一个负温度系数热敏电阻,它的电阻值随温度而变化。当空气温度低时,传感器具有较高电阻,空气温度高时传感器电阻降低。车内温度传感器有两个接线端子与空调计算机相连。当车内温度传感器电阻发生变化时,其接线端子间的电压也发生变化,空调计算机以此来获得信号。

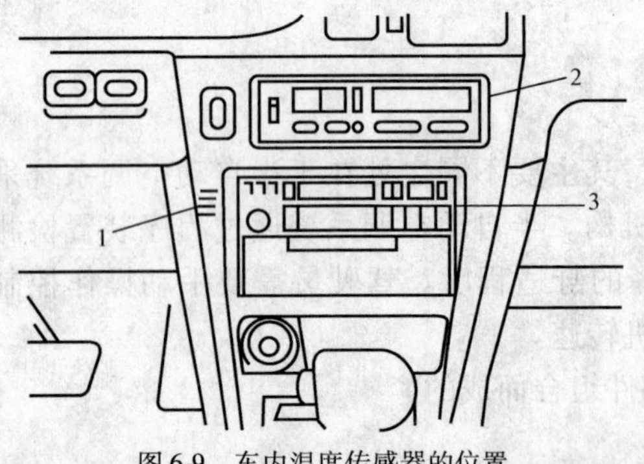

图6-9　车内温度传感器的位置

1-温度传感器栅格;2-空调控制面板;3-音响控制面板

车内温度传感器通常安装在仪表板后面的吸气装置内,见图6-9。吸气装置(见图6-10)是由管路构成的装置,它应吸入需要的车内空气,车内温度传感器置于吸入的气流中。快速流动的空气通过抽风管产生一个很小的真空度,使少量空气流过车内温度传感器及抽风管。有些空调系统吸气装置中安装有一个小的电动风扇(见图6-11),以吸入车内空气流过温度传感器。

2)外界温度传感器

外界温度传感器是一支用来测量车外环境

温度的负温度系数热敏电阻，其外形及安装位置见图 6-12，它的工作原理与车内温度传感器相同，当传感器电阻值随温度发生变化时，其两端的电压也随之变化，空调计算机通过检测传感器两端电压降的变化来获得信号。外界温度传感器通常装在散热器护栅后面，有的外界温度传感器安装在发动机罩锁扣处（见图 6-13）。由于它所处位置可能受发动机温度影响，因此传感器电路中有防止干扰输入的记忆器件。

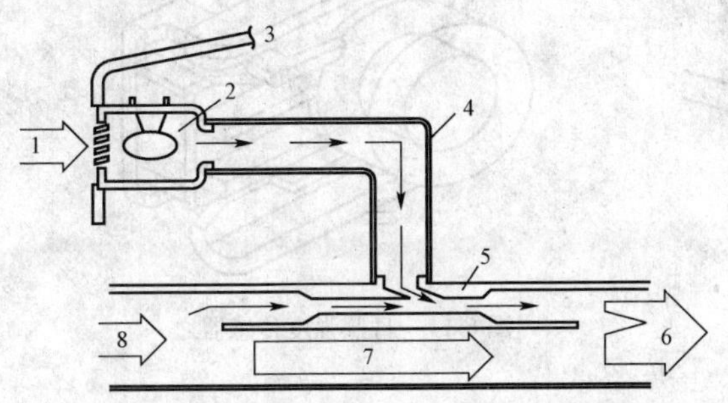

图 6-10 吸气装置

1-车内空气；2-车内温度传感器；3-仪表板；4-吸气管路；5-吸气装置；6-出口；7-主气流；8-入口

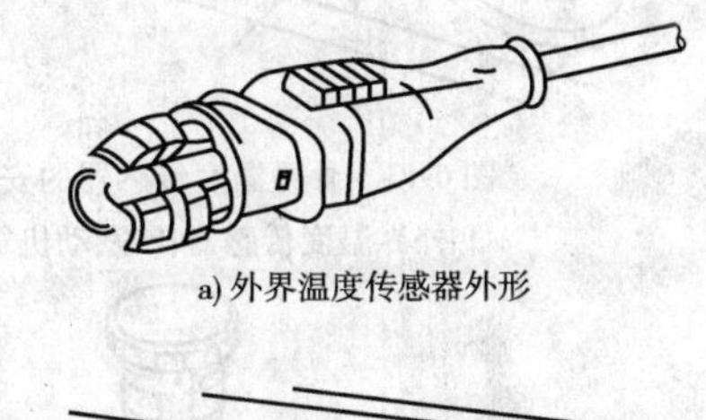

a) 外界温度传感器外形

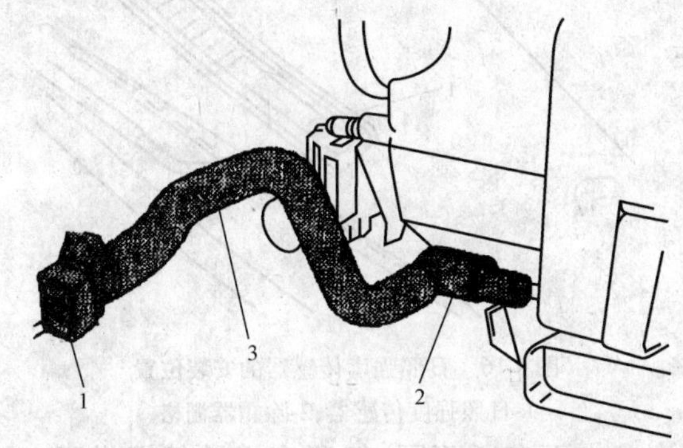

图 6-11 车内温度传感器安装在吸气管内

1-车内温度传感器；2-小电动风扇安装位置；3-吸气管路

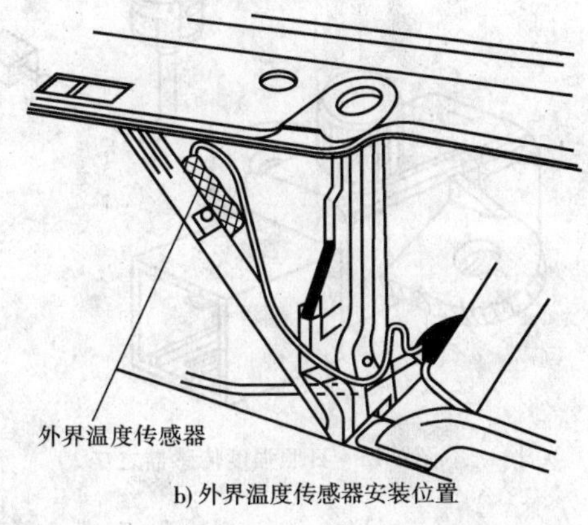

b) 外界温度传感器安装位置

图 6-12 外界温度传感器

3）日照强度传感器

有的半自动空调系统还装有日照强度传感器，它是一支光敏电压二极管，其外观形状见图 6-14 和图 6-15。光敏电压二极管是一种受到辐射能量时产生电压及电流的二极管。由于它接受透过风窗玻璃的阳光照射，因而发出的信号与额外的热源有关。

日照强度传感器要安装在能够感知汽车外阳光强度的地方，一般安装在仪表板顶面，也有一些安装在除霜器栅格上（见图 6-16）。日照强度传感器检测照在传感器上的太阳光能量，并将光信号转变成电压或电流信号送到空调计算机。

三、全自动空调系统

全自动空调系统与半自动空调系统的主要区别在于全自动空调系统具有自诊断功能，

即计算机控制模块设置有检修时访问的故障代码。此外,全自动空调系统能不断地提供变化的鼓风机转速信号,以间隔数秒调节一次的较高频率调整车内温度。

图 6-13　外界温度传感器的安装位置
1-外界温度传感器;2-发动机罩锁扣

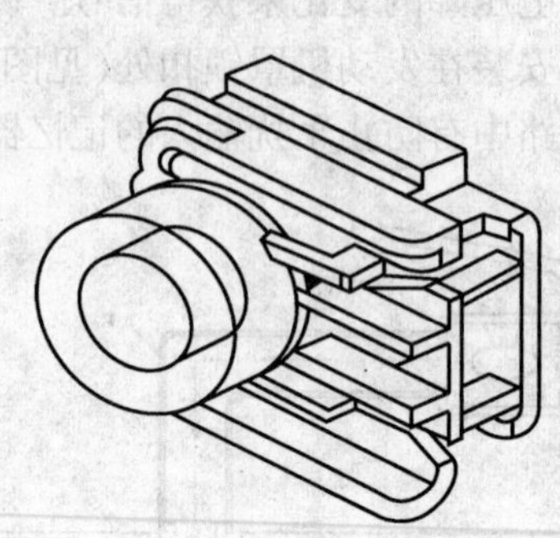

图 6-14　日照强度传感器之一

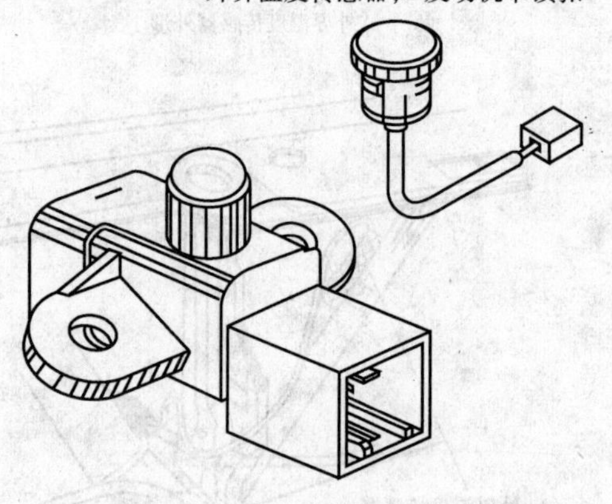

图 6-15　日照强度传感器之二

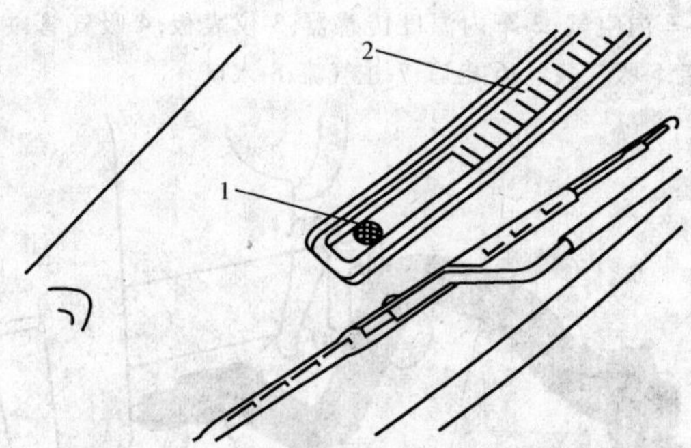

图 6-16　日照强度传感器的安装位置
1-日照强度传感器;2-除霜器栅格

尽管各种全自动空调系统的自动控制在许多方面有所不同,但所有设计都提供了车内温度和湿度控制,而不受车外温度及湿度的影响。通常,在温度为 24 ~27℃,相对湿度为 45% ~50%时,人感觉比较舒适。例如,如果设定温度为 24℃,不管车外的天气情况如何,自动控制系统将自动调节制冷量或制热量,保持车内的温度为 24℃,相对湿度为 45% ~55%。

全自动空调系统还具有自检测试功能,借助一个带有计算机芯片控制的子系统显示出状态信号。这个信号(数字或字母)能告诉维修人员什么部位发生了故障。维修手册中附有如何识别辨认故障标识符(故障代码)的说明。

全自动空调系统的操纵控制部分,由电脑控制单元、传感器以及执行元件组成(见图 6-17),其控制原理如图 6-18 所示。传感器作为信息采集装置,将制冷、车内外温度及其他有关信息输入到电脑控制单元中。电脑控制单元将获得的信息进行分析、处理,经“模/数”转换后以数字形式向执行装置发出控制信号,对车内的温度、湿度及空气的流通按照预选

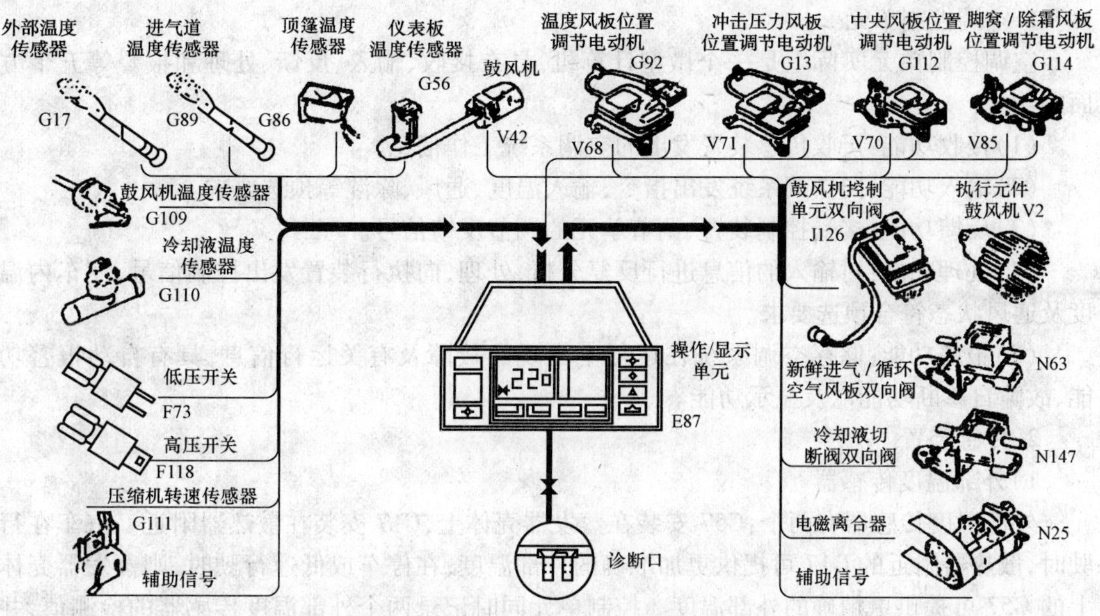

图6-17　全自动空调系统的操控组件

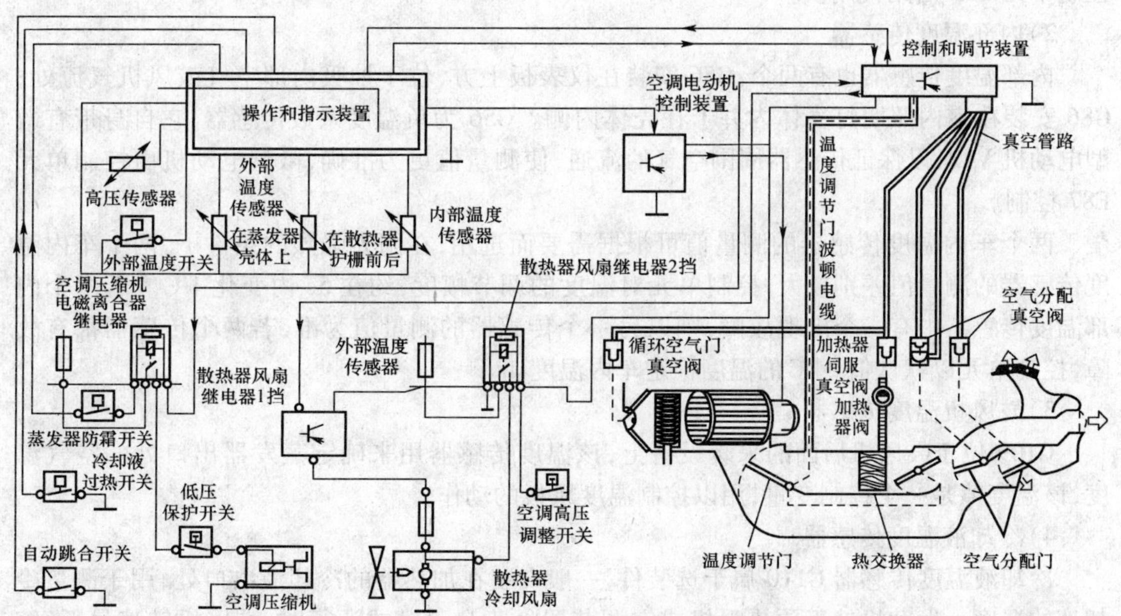

图6-18　自动温度控制原理图

要求进行调节。调节的结果被反馈到电脑控制单元进行比较、分析、处理,然后再传递到执行装置,如此进行反复调节,直至达到预选要求为止。

1. 空调控制单元

空调控制单元实际上是一个微型计算机,具有接收、输入、反馈、处理和报警等五个方面的功能:

(1)接收功能:接收传感装置发出的空调系统工作信息。

(2)输入功能:向空调系统发出指令,输入温度、通风、除湿等预选要求。

(3)反馈功能:接受控制装置、调节单元的调节反馈信号。

(4)处理功能:对输入的信息进行反复分析、处理,向执行装置发出控制信号,使车内温度及通风状态符合预选要求。

(5)报警功能:储存空调系统在运行中出现的故障及有关运行信息,具有自动报警功能、故障自诊断功能以及显示功能。

2. 传感装置

1)外部温度传感器

外部温度传感器有两个:G57 安装在蒸发器壳体上,G17 安装在散热器附近。汽车在行驶时,散热器附近的 G17 可提供更加准确的外部温度;在停车或低速行驶时,则蒸发器壳体上的 G57 可提供更精确的外部温度。控制单元同时记录两个外部温度传感器的检测值,并选用较低的温度值,以保证车在静止和运动时,车内均可获得最佳空气调节。两个外部温度传感器中,若有一个出现故障,则以另一个传感器的测量值为准。若两个都出现故障,则控制单元 E87 启用代用值。

2)内部温度传感器

内部温度传感器也有两个:G56 安装在仪表板上方,位于抽吸内部空气鼓风机气流处;G86 安装在室内照明灯壳体内并卡在壳体内侧。G56 为负温度系数传感器,它自身带有微型电动机 V42,以保证传感器周围空气的流通,使测量值更为准确,微型电动机由控制单元 E87 控制。

两个车内温度传感器的测量值可根据需要而选用,在阳光强烈的条件下,两个车内温度传感器的测量值差别较大,控制单元对温度的调节幅度,约在 5s 内变化 1℃。若两个内部温度传感器中有一个出现故障,则以另一个传感器的测量值为准,若两个传感器都有故障,控制单元以默认值 24℃的温度稳定车内温度。

3)鼓风机温度传感器

G109 位于鼓风机后面的采暖设备上,该温度传感器用来确定蒸发器出口处的空气温度,该温度值是一个控制变量,用以控制温度风板的动作。

4)冷却液温度传感器

冷却液温度传感器 G110 属于选装件,一般安装在加热器的冷却液出口处,用于测量冷却液的温度。发动机处于预热暖机或空调装置处于自动模式运行时,鼓风机转速最低,缩短发动机预热时间,同时阻止冷空气吹入车厢内。无冷却液温度传感器的汽车空调,用一个时间函数代替；只要发动机工作一段时间后，作为热态处理；长时间停车后，被视为室外温度。

5）高压传感器

高压传感器 G65 是一个负温度系数的热敏电阻，属于安全元件，安装在冷凝器和膨胀阀之间。控制单元根据高压传感器获得的压力信息，判断系统温度变化，当系统压力过高时，切断压缩机电磁离合器电源。

6）自动跳合开关

自动跳合开关 F46 装在加速踏板下面，用于爬坡或全速行驶时切断空调离合器，减轻发动机的负荷。一旦全踏下加速踏板，自动跳合开关接通，控制单元将通过电磁离合器继电器 J153 切断空调压缩机电磁离合器，空调压缩机停止工作 12s 后，E87 内的时控元件再次将 J153 接通，压缩机继续工作。

装有自动变速器的车辆，自动变速器控制装置接受一个跳合信号，将根据行驶条件输出挡位信号，换入低挡。同时，控制单元从自动变速器控制装置获得一个信号，电磁离合器 N25 被断开约 10s。

7）冷却液电子热敏开关

冷却液电子热敏开关 F76 用于监测发动机冷却液温度，当冷却液温度达到 120℃时，F76 将信号传递到控制单元，控制单元通过调节装置切断压缩机电磁离合器，降低发动机的负荷，降低冷却液温度。与此同时，散热器冷却风扇加速运转。

其他制冷系统传感装置包括：低压开关 F73、高压开关 F118 等，其结构、原理与手动空调系统相同。

3. 执行装置

执行装置包括控制及调节单元，其中包括压缩机电磁离合器、风扇电动机继电器以及鼓风机等。

1）伺服机构

全自动空调系统的执行装置有两类：一类是真空伺服机构，用于控制气流分布；另一类是带传感器的电动机伺服机构。

（1）真空伺服机构：真空电磁阀将电子信号转换为真空单元的真空信号，控制空气翻板的动作，调节气流分布，见图 6-19。

（2）电动机伺服机构。它使用位置电动机来控制温度调节翻板，以缆索调节温度调节板的位置，电动机的反馈信号电位计随时将相应的位置电阻向控制及调节单元反馈。

2）鼓风机控制单元

鼓风机控制单元 J126 安装在蒸发器外壳上，控制单元根据不同的工况，向鼓风机输出 2～6V 可变电压，以控制鼓风机的转速，鼓风机的速度控制为无级的。鼓风机设有过热保护装置，超出限制温度时保护电路就关闭鼓风机。

为防止冷空气进入车厢内，在冷却液温度低于 50℃时，控制装置应防止鼓风机运转，除非处在除霜运行状况。

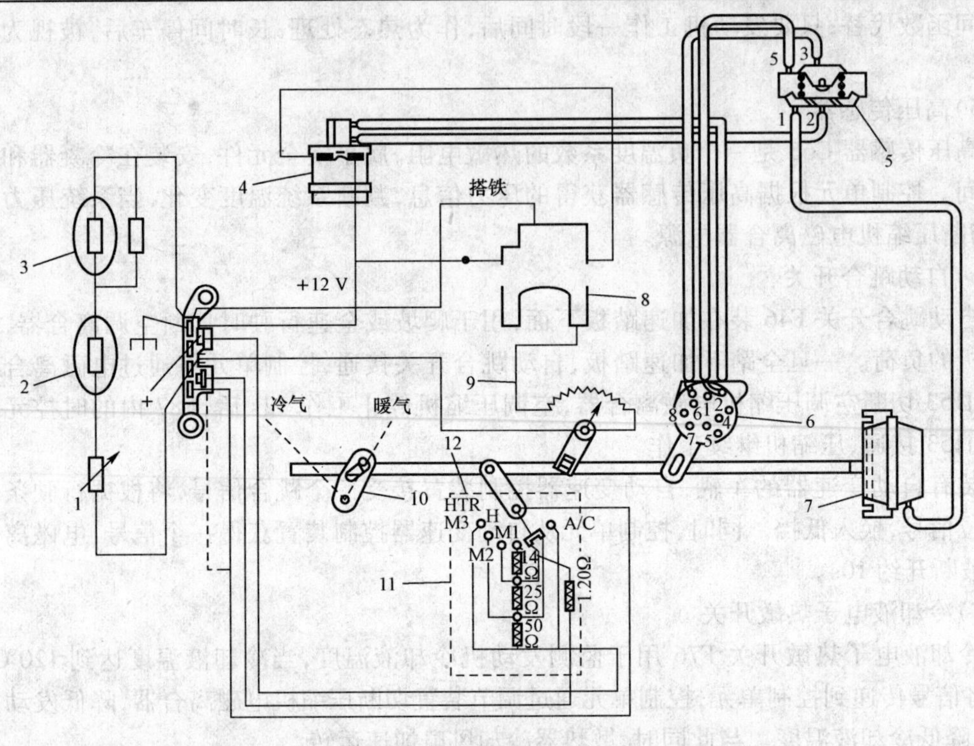

图6-19　温度控制系统

1-温度选择键;2-车内温度传感器;3-外界温度传感器;4-换能器;5-真空止逆阀;6-旋转真空阀;7-真空电动机;8-放大器;9-反馈电位计;10-输出曲柄;11-风机速度线路板开关;12-加热器

3)温度风板位置调节电动机

采用电动机伺服机构的全自动空调系统,其风板位置由各自电动机单独控制。

温度风板位置调节电动机 V68 的调整范围,从“采暖”终端(空气流通过采暖设备的热交换器)到“制冷”终端位置(空气流不通过热交换器),风板位置可以在自诊断的基础上自动调整。V68 带有电位计 G92,G92 可将温度风板的位置用反馈值传给控制单元 E87,E87 根据预选的内部温度,通过调节电动机 V68 来改变温度风板位置,温度风板则以改变冷、热空气的混合,维持车内温度恒定。

4)鼓风机

鼓风机 V2 安装在热交换器前的采暖装置中,转速可以无级调节,鼓风机把实际工作电压值反馈给控制单元 E87,并通过控制调节装置 J126 不断加以修正。

5)冲击压力风板位置调节电动机

冲击压力风板位置调节电动机 V71 安装在蒸发器上,通过轴直接与冲击压力风板相接。汽车的行驶速度对空气的分流能力有很大影响,如果不加控制,车内新鲜空气的流量往往随车速而变化。为了恒定新鲜空气的流量,需安装冲击压力风板位置调节电动机。

根据汽车行驶速度、鼓风机转速和内部温度,控制单元 E87 通过调节电动机 V71,调节冲击压力风板位置,改变吸入管道流动截面积,保证新鲜空气流量的恒定。电动机 V71 的终端位置是自适应的,可在自诊断基础上自行修正调节。

6)中央风板位置调节电动机

中央风板位置调节电动机 V70 安装在采暖设备的支座上。用于仪表板或脚窝/除霜出风口的空气分配。根据控制单元 E87 的指令,电动机 V70 操纵中央风板,使空气分流从"底部"终端位置(空气流向脚窝/除霜风板)到"上部"终端位置(空气流向仪表板出风口)调整。电动机 V70 带有电位计 G112,可将相应的风板位置信号反馈给控制单元 E87,在自诊断基础上自行修正。

7)脚窝/除霜风板位置调节电动机 V85

控制脚窝/除霜风板的位置电动机 V85 安装在采暖设备的支座上。脚窝/除霜风板用于脚窝或车窗玻璃出风口、除霜喷口的空气分配,与中央风板位置电动机一样,带有一电位计 G114,G114 将风板位置反馈给 E87。电动机 V85 使空气分流从"底部"终端位置(空气流向脚窝出风口)到"上部"终端位置(空气分流到仪表除霜风口)自动调整。

8)冷却液切断阀的双向阀

双向阀 N147 位于行驶方向采暖设备的右侧,冷却液切断阀位于其左侧。双向阀 N147 是一真空电磁阀,根据控制单元的指令,通过真空伺服机构控制冷却液切断阀。双向阀工作时,冷却液切断阀处于关闭状态,阻止冷却液进入采暖设备的热交换器,提高了制冷效果。

9)新鲜进气/循环空气风板的双向阀

双向阀 N63 安装在蒸发器上。它根据控制单元的指令,调整新鲜空气风板和循环空气风板。如果需要内部循环空气时,新鲜进气风板关闭,打开循环空气风板,该状态能实现快速降温,避免灰尘进入车厢,但不能互换空气,无法补充氧气,因而不宜长期运行。

4.空调压缩机及其控制

空调压缩机的接通或断开由电磁离合器 N25 来控制,而电磁离合器受控制单元的控制。空调压缩机停止工作,并不一定存在故障,在下列情况下压缩机会断开:

(1)制冷回路的压力太高,高压开关 F118 断开;

(2)制冷回路的压力太低,低压开关 F73 断开;

(3)冷却液温度太高;

(4)鼓风机温度低于 -3℃;

(5)外部温度低于 2℃;

(6)自动跳合功能工作;

(7)空调压缩机手动关闭;

(8)空调装置通过鼓风机转速"负键"关掉;

(9)电源电压低于要求;

(10)无发动机转速信号;

(11)空调压缩机被发动机控制;

(12)皮带严重打滑;

(13)空调压缩机过热。

由此可见,即使汽车空调系统技术状况良好,不存在故障,但由于受发动机、自动变速器、电器等控制系统或者环境因素影响,空调系统也会停止工作,这是系统赋予的保护措施,在维修时一定要仔细加以甄别。

第三节 微机控制空调系统

一、概述

微机控制自动空调系统,不仅能按照乘员的需要送出温度和湿度最适宜的空气,而且可以根据需要自动调节风速、风量,还极大地简化了驾驶员的操作,主要用在高级乘用车上。

微机控制汽车空调系统一般具有如下五种功能。

(1)空调控制。包括温度自动控制、风量控制、运转方式的自动控制、换气量控制等,满足乘员对空调舒适性的要求。

(2)节能控制。即压缩机运转工况的控制、换气量的最佳控制以及随温度变化的换气切换、自动转入经济运行、根据车内外温度自动切断压缩机电源等的控制。

(3)故障诊断储存。空调系统发生故障,ECU 将故障部位用代码的形式存储起来,在需要修理时能指示故障的部位。

(4)故障、安全报警。包括制冷剂不足报警、制冷压力高压或低压报警、离合器打滑报警、各种控制器件的故障判断报警,并对故障判断等报警直到修复为止。

(5)显示。包括显示设定的温度、控制温度、控制方式、运转方式的状况。

二、微机控制自动空调系统组成

图 6-20 所示为微机控制汽车空调系统的组成,主要由传感器、微机和执行器三部分组成。

1. 传感器

传感器的作用是将各种物理信号转换成电信号并输送给微机。系统中包括了能反映车内外温度、蒸发器温度、加热器温度及太阳辐射等情况的各种温度传感器。

2. 微机

此处的微机包括主计算机和辅助计算机。其中,主计算机的功能是采集各种传感器输入的信号,进行计算、分析、判断以及记忆,并发出各种指令,驱动相应的执行器,来控制空调系统对温度和各种参数的调节。辅助计算机实质上是一个软件系统,主要起到计算的功能。

3. 执行器

执行器的作用是接受微机指令,并进行相应的动作,如通过真空驱动器改变各风门的位置，改变风机转速、调节风量的大小等来实现车内的恒温控制。

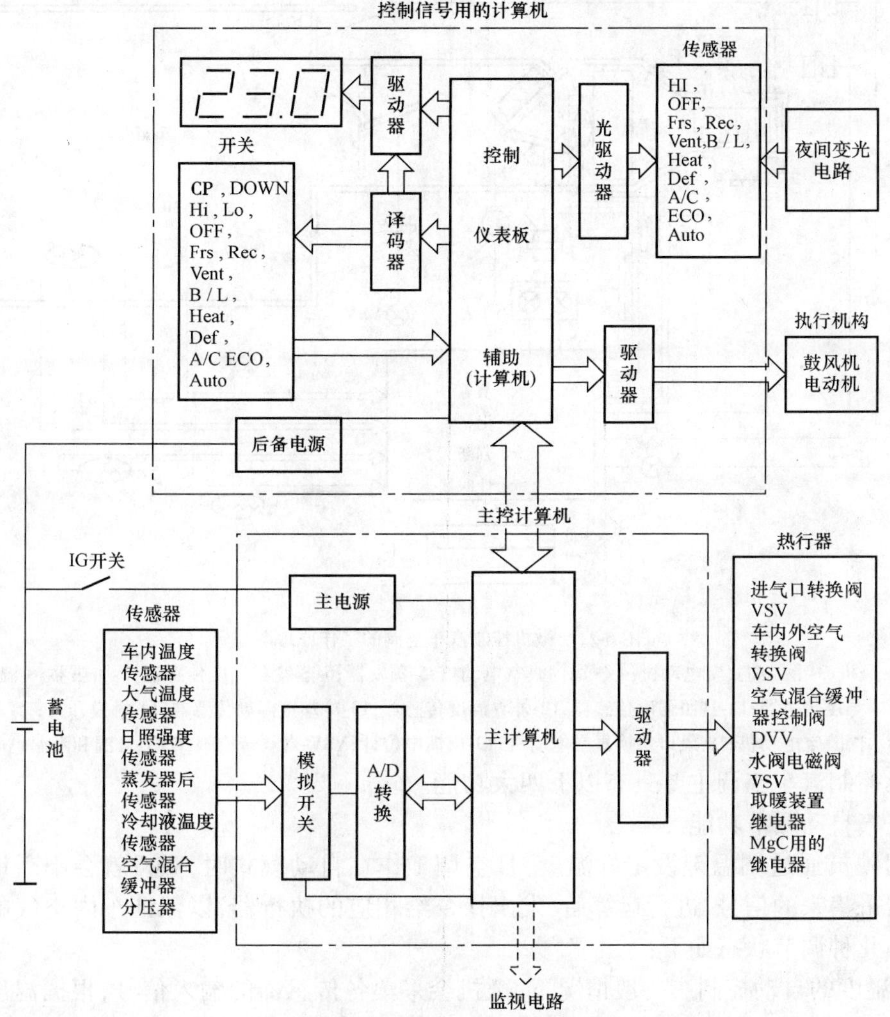

图 6-20　微机控制汽车空调系统的组成

三、微机控制自动空调系统的工作原理

微机控制汽车空调的工作原理如图 6-21 所示。该系统在工作时始终满足如下的温度平衡方程式：

$$K = A + B + C$$

式中：K——与驾驶员设定温度对应的调温键电阻值，Ω；

A——车内温度对应的电阻值，Ω；

B——车外环境温度对应的电阻值，Ω；

C——日照辐射强度对应的电阻值，Ω。

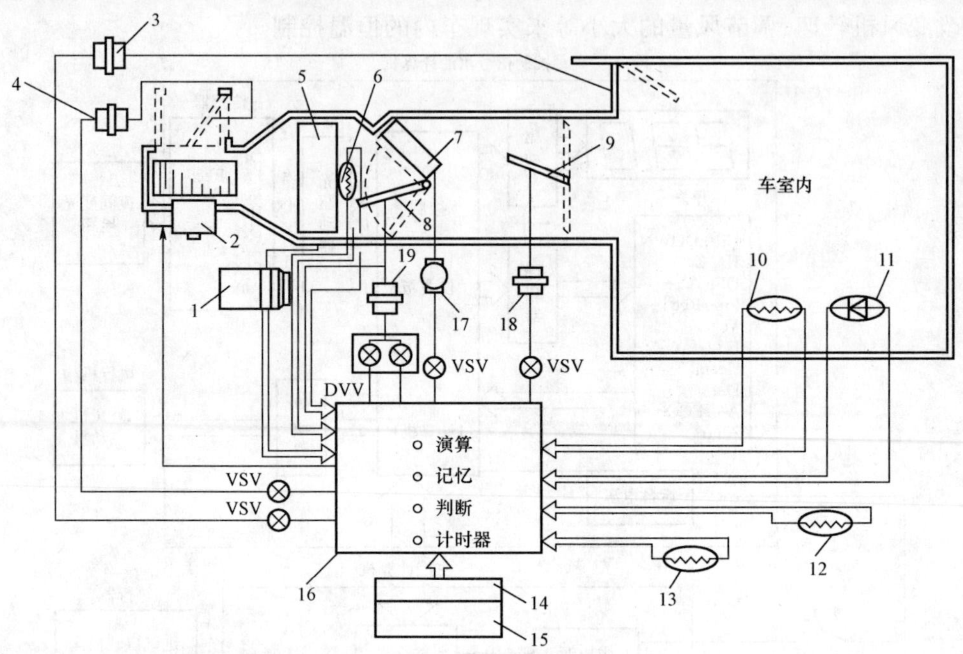

图 6-21　微机控制汽车空调的工作原理图

1-压缩机;2-风机;3-上风门真空电动机;4-气源门真空电动机;5-蒸发器;6-蒸发器温度传感器;7-加热器;8-温度门;9-出风口;10-车内温度传感器;11-日照强度传感器;12-外界温度传感器;13-冷却液温度传感器;14-触摸开关;15-调温键;16-微机;17-热水阀真空电动机;18-风口切换真空电动机;19-反馈电位计;VSV-真空转换阀;DVV-升温和降温电磁阀

微机控制汽车空调主要具有以下四大功能。

1. 空气自动调节功能

当驾驶员通过调温键设定好温度,且空调工作在自动模式时,微机就会不断地检测各种传感器采集来的信号,进行运算后,发出指令给相应的执行器,以保证车内空气的最佳调节状态。几种调节状态如下:

(1)温度的自动控制。一般情况下,微机会采集各传感器的输入信号,根据温度平衡方程驱动 DVV 阀动作,调节温度门的位置,以调配出温度适宜的风来。但当车内的热负荷由于各种原因,如车外环境温度的升高、日照强度增加等而持续增大,使得车内温度在制冷系统工作的情况下持续回升时,微机会通过延长压缩机的工作时间和提高风机转速的方法,来改善车内的温度变化。

(2)换气量的自动控制。当车内温度明显偏高时,微机会自动控制气源门真空驱动器以关闭气源门,当车内温度迅速下降至设定值时,再打开气源门,按一定的比例引入车外的新鲜空气。

(3)送风模式的自动控制。当汽车空调工作在不同模式时,微机会驱动风口切换真空驱动器、上风门真空驱动器,以开启或关闭对应的风门。如制冷时冷风一般从较高的风口吹出(如中风口),取暖时暖风从较低风口吹出(如下风口),除霜时则从除霜口或上风口吹出。

(4)送风量的自动控制。一般情况下,当送风温度降低时,自动减少送风量;反之,则自动增加送风量。在冬季,会适当减小送风量,避免使人感觉不舒适;而当空调由于发动机冷却液温度过低不能充分供暖时,甚至会中止送风,直至温度正常后再送风。

2. 节能功能

(1)压缩机和加热器的自动控制。根据车外环境温度的高低,自动让压缩机或加热器停止工作。如当车外环境温度低于10℃时,微机会自动让压缩机停止工作,并引入车外的新鲜空气;当车外环境温度高于30℃时,微机会驱动热水阀真空驱动器以关闭热水阀,且鼓风机高速运转,以降低车内温度。

(2)经济运行方式的自动转入。当车外温度与设定温度较为接近时,微机会让压缩机工作的时间尽可能短,甚至只是通过提高风机转速的方法来保持车内温度的恒定。

(3)随温度变化的换气切换。当车外环境温度高于35℃时,微机会控制气源门真空驱动器以关闭气源门,只进行定期的换气而已。

3. 显示功能

能显示设定的温度、车外环境温度、空调的运行方式和控制方式等。

4. 故障报警和诊断功能

当系统出现故障时自动报警,以提醒驾驶员,并能存储故障,方便维修人员的检修。

第七章　汽车空调的正确使用与检查维护

汽车空调的正确使用与适时的检查维护对于保证和延长汽车空调寿命都具有重要意义。本章即从这两方面入手，向读者介绍如何更好地使用汽车空调，最大限度地发挥其性能、延长其使用寿命。

第一节　汽车空调的正确使用

一、注意事项

1. 确保系统中不混入水汽、空气和脏物

如果空气、水汽和脏物混入制冷系统，不仅会影响制冷效率，有时会使制冷设备损坏，其影响见表7-1。例如压缩机的吸气管，如果接头没有锁紧，由于吸气管内是负压，其压力小于外界大气压，外界的空气就会进入系统，于是水汽和脏物也会随之而入。此外，在充注制冷剂时如果操作不当，也可能使空气进入系统，空气中的氧气非常活跃，它会和润滑油发生反应，从而影响制冷系统的正常运行。

制冷系统中的异物及其影响　　表7-1

制冷系统中的异物	影　响
水汽	压缩机气门结冰；膨胀阀紧闭不开；和制冷剂反应生成盐酸和硝酸等；腐蚀生锈
空气	造成高温高压；制冷剂不稳定；润滑油变质；轴承易损坏
脏物	堵住滤网；变成酸性物质；腐蚀零件
其他油类	形成蜡或渣，堵住滤网；润滑不好；使润滑油变质
金属屑	卡住或粘住所有的活动零件
酒精	腐蚀锌和铝；铜片起麻点；使制冷剂变质；影响制冷效果，冷气不冷

1）不能让水汽进入系统

水在0℃会结冰，如果压缩机气门结了冰，压缩机就不能正常工作；如果膨胀阀结了冰，膨胀阀则不能打开，失去作用。另外，水和制冷剂起化学作用，会生成盐酸和硝酸等多种酸类。系统内水分愈多，形成腐蚀性酸液的浓度愈高，腐蚀性愈强，会造成零件严重腐蚀、生锈。

此外，润滑油如果遇到水，会变质生成胶状物，导致压缩机的活塞、活塞环和轴承等主要零件损坏，破坏压缩机的正常工作。为了避免以上情况的发生，可采取以下预防措施：

(1)尽量不让空气进入制冷系统中，因为空气中含有水分。

(2)润滑油要经常加盖。

(3)在周围环境有水分或在露天、下雨等情况下,绝对不能修理制冷装置。修理制冷装置时,如果压缩机等部件的内部暴露在大气中,必须用真空泵抽真空。

2)不能让空气进入系统

空气具有很大的弹性,如果空气存留在压缩机的管道中,压缩机就不能顺利泵动制冷剂,导致压缩机作无用功,会造成压缩机过热等不良后果。同时,压缩机里的润滑油吸收了空气,空气中的氧会和润滑油发生化学变化,形成胶状物质,使润滑油变质,易使压缩机轴承磨损,影响压缩机寿命。

润滑油中如果渗入了空气,当润滑油跟制冷剂离开压缩机到蒸发器之后,由于空气有弹性,致使润滑油不能跟制冷剂一起回到压缩机。这样,润滑油只出不进,使压缩机里出现严重缺少润滑油的现象,压缩机易损坏。预防措施如下:

(1)润滑油要加盖。

(2)管子接头一定要锁紧,要用专门的管夹。

(3)必要时要抽真空,压缩机装好后,需用真空泵抽出里面空气。抽完真空后,要停几分钟,查看真空吸力是否有变化,用此法检查整个系统是否漏气。如不漏气,就说明空气和水汽没有侵入。

3)不能让脏物进入系统

如果脏物进入了系统,容易使制冷剂和润滑油变质,腐蚀零件,而且容易引起堵塞。预防措施是:

(1)不让空气进入制冷装置。

(2)一定要保持修理工具的清洁。

2. 防止腐蚀

要防止制冷装置生锈及化学变化的侵蚀,这些现象会使气门、活塞、活塞环、轴承等受到腐蚀,若遇到了高温、高压,腐蚀会加剧。

3. 防止高温高压

在正常的运转情况下,压缩机的温度是不会高的。如果冷凝器堵塞,压缩机的温度会越来越高,温度高使气体发生膨胀,产生高压,高温和高压两个因素会互为因果,形成恶性循环。此外,如果冷凝器由于某种原因通风不好,热量散不出去,也会增加压缩机的负荷,使压缩机温度升高。

高温会使制冷剂橡胶软管变脆,压缩机磨损加剧,使腐蚀机器的化学变化加速,机器容易损坏。同时,高温的气体压力变大,由高温引起变脆的软管很容易爆破。由于压缩机内部压力超过正常范围,压缩机的气门容易产生变形而影响密封。

4. 保护好控制系统

制冷系统中的风管、控制风向的阀门、电磁离合器等,每一零部件的失灵,都会影响制冷装置的正常运转。所以控制系统的风管、开关等部件都要保护好,才能使制冷装置正常工作。

二、正确使用

1. 非独立式空调的正确使用

对于非独立式汽车空调,其操作使用是比较简便的,但能否正确使用,对空调的性能和寿命、发动机的工作稳定及功耗都有很大影响。为此,使用空调时应注意以下几点。

(1)起动发动机时,空调开关应处于关闭位置,发动机熄火后,也应关闭空调,以免蓄电池电量耗竭。

(2)夏日应避免直接在阳光下停车暴晒,尽可能把车停在树荫下。在长时间停车后车厢内温度很高的情况下,应先开窗通风,用风扇将车内热空气赶出车厢,再开空调,开空调后车厢门窗应关闭,以降低热负荷。

(3)不使用空调的季节,应经常开动压缩机,避免压缩机轴封处因油干而泄漏,也避免转轴因油干而咬死。一般一个月应运转 1 ~2 次,每次 10min 左右。冬季气温过低时,可将保护开关电线短路,待维护运行完毕,再将电路恢复原样。

(4)长距离上坡行驶,应暂时关闭空调,以免水箱开锅。超车时,若本车空调无超速自动停转装置,则应关闭空调。

(5)使用空调时,若风机开在低速挡,则冷气温度开关不宜调得过低。否则,易使蒸发器结霜,产生风阻,而且容易出现压缩机液击现象。

(6)在空调运行时,若听到空调装置有异常响声,如压缩机响、风机响、管子爆裂等,应立即关闭空调,并及时请相关维修人员检修。

2. 独立式空调的正确使用

对于安装独立式空调的汽车,应严格按使用说明书的规定启动和运行空调,因为这类空调通过遥控装置控制独立发动机的起动和运行,起动方法要比非独立式空调复杂。

一般使用时的注意事项与非独立式大体相同,但由于独立发动机有时有单独的油箱,因而还要经常注意检查油箱的储油情况,并要检查发动机水温、油压等情况。

第二节　汽车空调的检查维护

一、主要检查内容和方法

1. 主要检查和维护内容

汽车空调制冷系统的维修必须由经过培训的专业人员进行,但空调系统平时的常规检查和一般性维护(指不打开制冷系统),则可由驾驶员和一般汽车维修人员进行。为了保证空调系统正常运行,在没有制冷测试仪的情况下,可进行下列检查工作:

(1)制冷剂是否存在泄漏;

(2)制冷量是否正常;

(3)各控制元件工作是否正常,电路是否能接通;

(4)冷凝器是否通畅,有没有明显污垢、杂物;

(5)制冷软管是否正常,各连接处连接是否牢靠;

(6)压缩机皮带张力是否正常;

(7)系统运行时是否有异常响声和气味。

检查时应将汽车停放在通风良好的场地上,如果需要开动压缩机,则应保持压缩机转速为2000r/min左右,空调风机开最高速,车内空气为内循环。制冷的高压部分温度是很高的,注意不要烫伤,检查时汽车附近不能有明火。

2. 主要检查方法

汽车空调系统主要检查方法包括:用手感检查各部分温度是否正常、用肉眼检查泄漏部位及表面情况、从窗玻璃判断系统状况、用断开和接合电路方法检查电器部件、用耳听和鼻嗅的方法检查是否有异常响声和气味等。

1)用手感检查温度

用手触摸空调系统管路及各部件,检查表面温度。正常情况下,低压管路是低温状态,高压管路是高温状态。

(1)高压区:从压缩机出口→冷凝器→储液干燥器→膨胀阀进口处,这一部分是制冷系统的高压区,这部分部件应该先烫后热,温度是很高的,手摸时应特别小心,避免被烫伤。如果在其中某一部分(例如在冷凝器表面)发现有特别热的部位,则说明此部分有问题,散热不好。如果某一部位(如膨胀阀入口处)特别凉或者结霜,也说明此部分有问题,可能是堵塞。储液干燥器进出口之间若有明显温差,则说明此处有堵塞,或者制冷剂量不正常。

(2)低压区:从膨胀阀出口→蒸发器→压缩机进口处,这部分低压区部件表面应该是冰凉的,但膨胀阀处不应发生霜冻现象。

(3)压缩机高低压侧:高低压侧之间应该有明显温差,若没有则说明几乎没有制冷剂,系统有明显泄漏。

2)用肉眼检查渗漏部位

所有连接部位或冷凝器表面一旦出现油渍,一般都说明此处有制冷剂渗漏。但压缩机前轴处漏油,有可能是轴承漏油,应区别对待。一旦发现渗漏,应尽快采取措施修理,也可用较浓的肥皂水涂在可疑之处,观察是否有气泡现象。

重点检查渗漏的部位是:

(1)各个管道接头及阀门连接处;

(2)全部软管,尤其在管接头附近察看是否有鼓泡、裂纹、油渍;

(3)压缩机轴封、前后盖板、密封垫、检修阀等处;

(4)冷凝器表面被刮坏、压扁、碰伤处;

(5)蒸发器表面被刮坏、压扁、碰伤处;

(6)膨胀阀的进出口连接处、膜盒周边焊接处以及感温包与膜盒焊接处;

(7)储液干燥器的易熔安全塞、视液窗、高低压阀连接处;

(8)歧管压力表(如果安装的话)的连接头、手动阀及软管处。

3)从视液窗判断系统工况

视液窗大多安放在储液干燥器上,个别也安放在从储液器到膨胀阀之间或冷凝器到储液器之间的管路上。从视液窗判断工况要在发动机运转、空调工作时才能进行。从视液窗中看到的工质情况如图 7-1 所示。

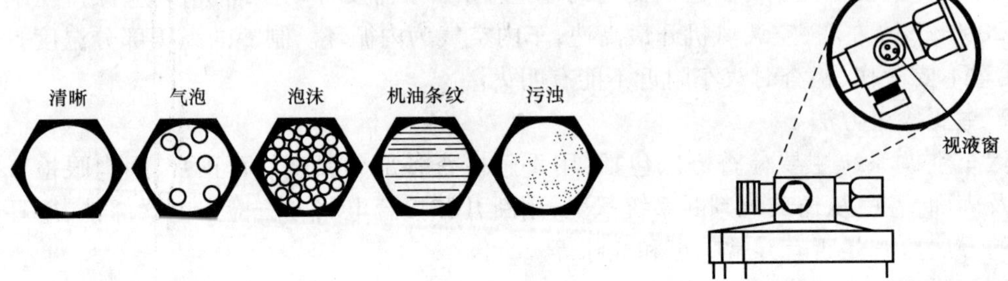

图 7-1 视液窗迹象

(1)清晰、无气泡,说明制冷剂适量。过多或完全漏光,可用交替开、关空调机的办法检查。若开、关空调机的瞬间制冷剂起泡沫,接着就变澄清,说明制冷剂适量;如果开、关空调机,从玻璃窗内看不到动静,而且出风口不冷,压缩机进出口之间没有温差,说明制冷剂漏光;若出风口不够冷,而且关闭压缩机后无气泡、无流动,说明制冷剂过多。

(2)偶尔出现气泡,并且时而伴有膨胀阀结霜,说明系统中有水分;若无膨胀阀结霜现象,可能是制冷剂略少或有空气。

(3)有气泡且泡沫不断流过,说明制冷剂不足。如果泡沫很多,可能有空气。若判断为制冷剂不足,则要查明原因,不要随便补充制冷剂。由于胶管一年可能有 100 ~ 200g 的制冷剂自然泄漏,若是使用两年后方发现制冷剂不足可以判断为胶管自然泄漏。

(4)有长串油纹,观察孔的玻璃上有条纹状的油渍,说明润滑油量过多。此时应想办法从系统内释放一些润滑油,再加入适量的制冷剂。若玻璃上留下的油渍是黑色的或有其他杂物,则说明系统内的润滑油已变质、污浊,必须清洗制冷系统。

二、各制冷部件及控制机构的检查

1. 检查压缩机

起动压缩机,进行下列检查:

(1)如果听到异常响声,说明压缩机的轴承、阀片、活塞环或其他部件有可能损坏,或润滑油量过少。

(2)用手摸压缩机缸体(高压侧很烫要小心),如果进出口两端有明显温差,说明工作正常;如果温差不明显,可能制冷剂泄漏或阀片密封不严。

(3)如果有剧烈振动,可能是皮带太紧、皮带轮偏斜、电磁离合器过松或制冷剂过多。

2. 检查换热器表面并进行清洗

(1)检查蒸发器通道及冷凝器表面,以及冷凝器与发动机箱之间是否有碎片、杂物、泥污，要注意清理，小心清洗。

(2)冷凝器可用软长毛刷蘸水轻轻刷洗，但不要用蒸气冲洗。换热器表面，尤其是冷凝器表面要经常清洗。

(3)检查冷凝器表面是否有脱漆现象，注意及时补漆，以免锈蚀。

(4)蒸发器表面不能用水清洗，可用压缩机空气冲洗，如果翅片弯曲，可用尖嘴钳小心扳直。

3. 检查储液干燥器

(1)用手摸储液干燥器进出管，并观察视液窗，如果进口很烫，而且出口管温度接近气温，从视液窗中看不到或很少有制冷剂流过，或者制冷剂很混浊、有杂质，则可能储液器中的滤网堵了，或是干燥剂散了并堵住出口。

(2)检查易熔塞是否熔化，各接头是否有油迹。

(3)检查视液窗是否有裂纹，周围是否有油迹。

4. 检查制冷软管

看软管是否有裂纹、鼓包、油迹，是否老化，是否会碰到尖物、热源或运动部件。

5. 检查电磁离合器及低温保护开关

断开和接通电路，检查电磁离合器及低温保护开关是否正常工作。

(1)小心断开电磁离合器电源，此时压缩机会停止转动，再接上电源，压缩机应立即转动，这样短时间接合试验几次，以证明离合器工作正常。

(2)天冷时，若压缩机不能起动，可能是由于低温保护开关或低压保护开关起作用，可将保护开关短路或将蓄电池连接线直接连到电磁离合器(连接时间不能超过5s)。若压缩机仍不转动，则说明离合器有故障。

(3)在低温保护开关规定的气温以下仍能正常起动压缩机，则说明低温保护开关有故障。

(4)若有焦味，可能是电磁离合器烧坏。

6. 检查车速控制机构

首先确认该车空调系统中有哪几种车速控制机构，然后进行检查。

(1)低速保护(怠速继电器)。确认怠速保护的转速限值，首先将发动机在高于此限值上运转，确认压缩机工作正常，然后让发动机降速至限定值以下，若压缩机自动停转，则说明怠速继电器工作正常。否则要调整怠速继电器限定值或调整发动机怠速转速。

(2)高速保护(超车继电器)。令发动机正常运转，然后短时间让发动机高速运动(模拟超车)几秒钟，观察压缩机能否自动停转，并能否在几秒钟后又恢复正常。若有故障，则检查线路是否有松脱等现象，对症修理。

(3)怠速稳定(怠速提升装置)。起动发动机，不开空调保持怠速运动，测定怠速转速，一般应在600～700r/min左右，然后开空调，检查发动机转速是否提高(应自动提升至900～1000r/min左右)及怠速工况是否稳定。若过高或过低，则调整真空促动器的调整螺钉或拉杆位置；若发动机转速不提高，则检查线路是否正常，真空源是否正常，真空管路是否漏气、压扁等。

7. 检查感温包保温层

检查膨胀阀感温包与蒸发器出口管路是否贴紧,隔热保护层是否包扎牢固。

8. 检查换热器壳体

检查蒸发器壳体有无缝隙,冷凝器导风罩是否完好,冷凝器与水箱之间距离是否合理,蒸发器箱体内是否有杂质。

9. 检查电线连接

检查电线接头是否正常,连接是否可靠。

10. 检查压缩机皮带盘及连接皮带

(1)检查皮带张紧力是否适宜,表面是否完好,配对的皮带盘是否在同一平面。皮带新装上时正好,运转一段时间会伸长,因此需要再次张紧。皮带过紧会使皮带磨损,并导致有关总成的轴承损坏,过松则使转速降低,制冷量、冷却风扇风量不足。

(2)若用一般三角皮带,新装上的皮带张紧力应为 40 ~ 50N,运转后张紧力应为 25N 左右。

(3)齿形皮带的张紧力若不足,将会降低齿形带的可靠性。但张紧力过大皮带会发出啸声,一般调整在 15 ~ 18N 比较合适。

调整齿形皮带张紧力的办法是使齿形皮带张紧直到运转时发出啸声,然后逐渐减小张紧力直到啸声消失为止。

(4)保证皮带在一直线运转是非常重要的,可用加减垫片的方法调整轴向位置。

11. 检查风机

检查风机工作时是否有异常声响,是否有异物塞住叶轮,是否碰到其他部件,尤其要检查冷凝器风扇电动机的轴承是否缺油、咬住,压缩机运转时,冷凝器辅助风扇是否同步转动。

12. 定期检查压缩机油面

压缩机有视油镜的,察看油面是否在线以上。在侧面有放油塞的,可略松开放油塞,如果有油流出就是油量正好;若没有油流出,则需要添加润滑油。如果有油尺的,根据说明书规定用油尺检查。

第八章　汽车空调系统维修工具与部件检修

本章首先介绍汽车空调系统的一般检修知识，其内容包括汽车空调系统常用检测维修设备工具，制冷剂的充放以及冷冻润滑油的加注，然后讲解汽车空调系统几个主要部件的检修方法。

第一节　汽车空调常用检测维修工具

一、专用成套维修工具

专用成套维修工具是把汽车制冷系统维修时需要的专用工具组装在一个工具箱内。从图 8-1 中可以看出，专用成套维修工具中包括歧管压力表组、漏气检测仪、制冷剂罐注入阀、制冷剂管割刀、管夹、扩口工具等。这些专用工具组装在工具箱内，便于携带和保管，特别适用于制冷系统的快修工作。

二、检漏设备

在拆卸或者检修汽车空调系统管路、更换零部件之后，都要进行制冷剂的检漏，常用检漏设备包括卤素检漏灯和电子检漏仪两种。

1. 卤素检漏灯

如图 8-2 所示为卤素检漏灯结构，它是一种丙烷（或酒精）燃烧喷灯，它利用制冷剂气体进入安装在喷灯的吸入管会使喷灯的火焰颜色改变这一特性，来判断系统的泄漏部位和泄漏程度。当系统泄漏处有制冷剂进入喷灯的吸入管时，火焰颜色会发生以下变化：泄漏量少时，火焰呈浅绿色；泄漏量多时，火焰呈浅蓝色；泄漏量很多时，火焰呈紫色。

卤素检漏灯的操作步骤如下：

（1）向检漏灯本体和检漏灯上加液态丙烷或无水酒精；

（2）将划着的火柴插入检漏灯点火孔内，接着逆时针方向慢慢旋转调节把手，让丙烷气体溢出，遇火就能点燃；

（3）尽量将燃烧的火焰调节到最小，火焰越小，对制冷剂泄漏反应越灵敏；

（4）把吸入管末端靠近有可能泄漏的部位；

（5）细心观察火焰颜色，判断出制冷系统泄漏部位和泄漏程度。

若没有泄漏发生，在空气中不存在氟利昂蒸气时，火焰则是无色的；当出现较轻微的泄漏时，吸入管将泄漏的氟利昂蒸气吸入到喷灯燃烧筒内，会在 600～700℃ 温度的燃烧区内发生氟利昂分解，形成氯化氢和氟化氢，这些气体在接触到烧红的铜时，会把火焰颜色变成绿色并增加火焰高度。因此,可从卤素检漏灯火焰颜色来判断制冷剂泄漏量。

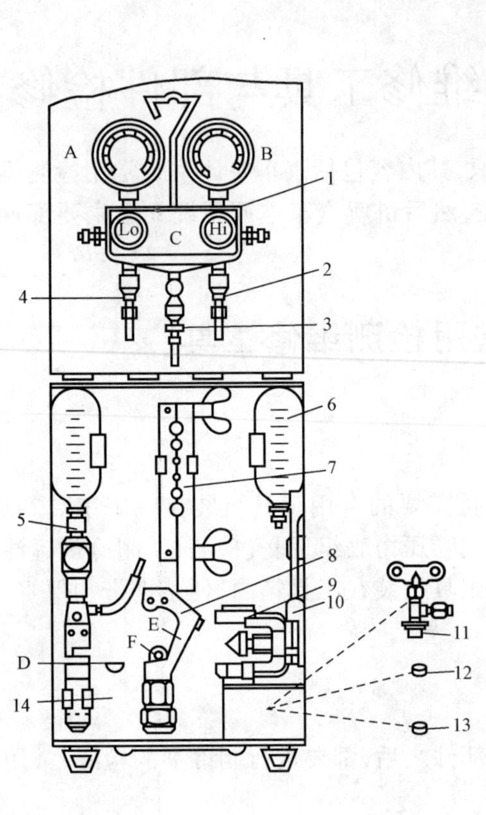

图 8-1　汽车空调专用成套维修工具

1-歧管压力表组(包括 A ~ C);2-注入接头(红色);3-注入接头(绿色);4-注入接头(蓝色);5-漏气检测仪(含 D);6 储气瓶;7-管夹;8-制冷剂管割刀;9-扩口工具;10-检修阀扳手;11-制冷剂罐注入阀;12-注入软管衬垫;13-检修阀衬垫;14-工具箱;A-低压表;B-高压表;C-压力表座;D-反应板;E-铰刀;F-刀片

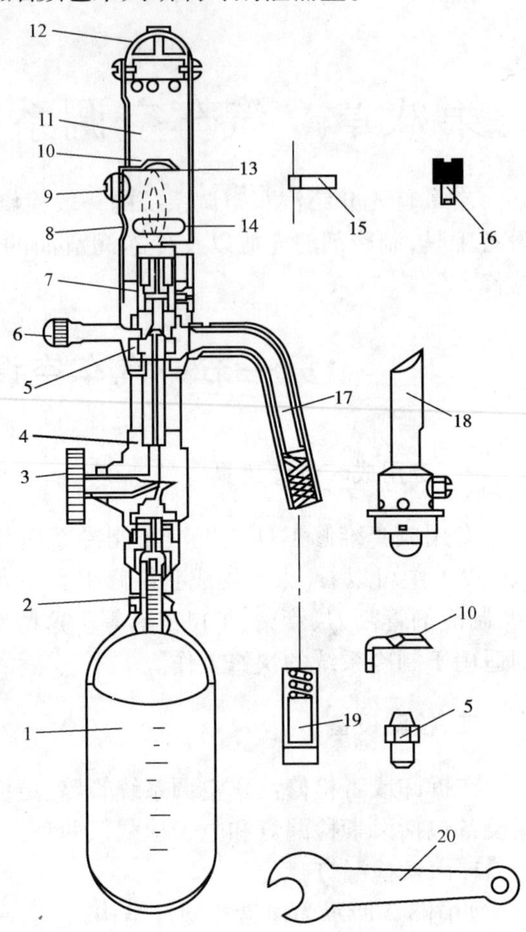

图 8-2　卤素检漏灯结构

1-检漏灯储气瓶;2、5-喷嘴;3-调节把手;4-检漏灯主体;6-燃烧筒支架;7-火焰分隔器;8-点火孔;9-反应板螺钉;10-反应板;11-燃烧筒;12-燃烧筒盖;13-火焰长度(上限);14-火焰长度(下限);15-喷嘴清洁器;16、20-扳手;17-吸入管;18-栓盖;19-滤清器

2. 电子检漏仪

电子检漏仪的使用见图 8-3。将电子测漏仪 1 的电源插头 2 插在电源上,将测头 3 放在距测试点 3mm 处缓慢移动(30mm/s),如果发出鸣叫声,说明该处有泄漏。制冷管路的管接头有泄漏时,应更换 O 形环。

三、歧管压力表组

歧管压力表组也称歧管压力计,是维修汽车空调系统不可缺少的仪表。它不仅用于制冷系统抽真空、加注制冷剂和添加冷冻润滑油，而且还用于空调系统的故障检查及排除。由图8-4可以看出，它主要由低压表、高压表、高压手动阀、低压手动阀、阀体和3只软管接头组合而成。其中低压表用于检测系统低压侧压力，既可用于显示压力，也可用于显示真空度，高压表则用于检测系统高压侧的压力。歧管压力表组工作原理及使用注意事项如下。

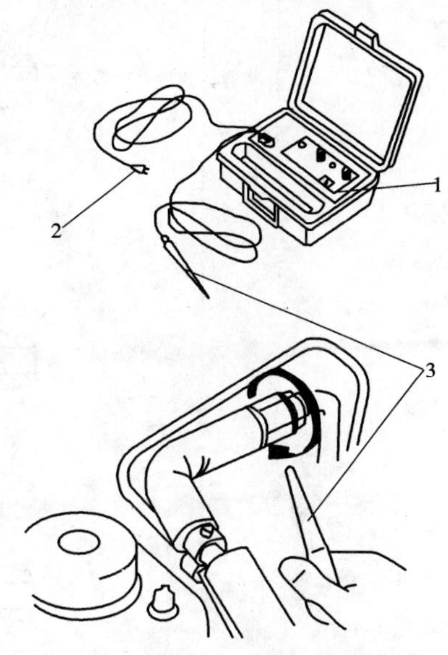

图8-3　用电子检漏仪检查
1-电子检(测)漏仪;2-电源插头;3-测头

1. 工作原理

(1)当高压手动阀和低压手动阀同时全开时，全部管道连通。此时，接上真空泵，便可以对系统进行抽真空。

(2)低压和高压手动阀同时关闭，则可以进行高压侧和低压侧的压力检查。

(3)高压手动阀关闭，低压手动阀打开，则可以由低压侧注入气态制冷剂。

(4)低压手动阀关闭，高压手动阀打开，则可以由高压侧注入液态制冷剂。

歧管压力表组上的注入软管采用3种颜色，各注入软管的用法如下：一般蓝色软管连接低压侧的检修阀(即压缩机的吸入侧检修阀，一般用“S”标记)；绿色软管连接真空泵或制冷剂罐；红色软管连接高压侧的检修阀(即压缩机的排出侧检修阀，一般用“D”标记)。

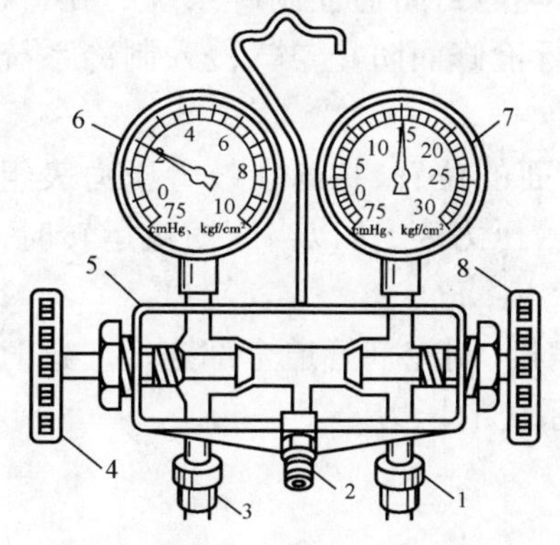

图8-4　歧管压力表组
1-高压接头;2-制冷剂罐或真空泵吸入口接头;3-低压接头;4-低压手动阀;5-阀体;6-低压表;7-高压表;8-高压手动阀

2. 使用注意事项

(1)压力表软管与接头连接时只许用手拧紧，不准使用工具。

(2)不用压力表时，软管要与连头连起来，防止灰尘、杂物或水分进入管内。

(3)使用时要把管内的空气排净。

(4)该表是一种精密仪表，应当细心维护，以保持仪表及软管接头清洁，并应轻拿轻放。

四、检修阀

1. 高、低压检修阀

独立式空调的压缩机一般都装有高压检修阀和低压检修阀，其结构相似，功能是当柱塞处在不同位置时，对制冷系统加注或排空制冷剂，抽真空时，此阀接上歧管压力表组还可以检测系统的压力等。其工作原理如图8-5所示。

从图8-5中可以看出，通过改变柱塞的位置，可以构成前封闭、后封闭和中间位置3种通路形式。

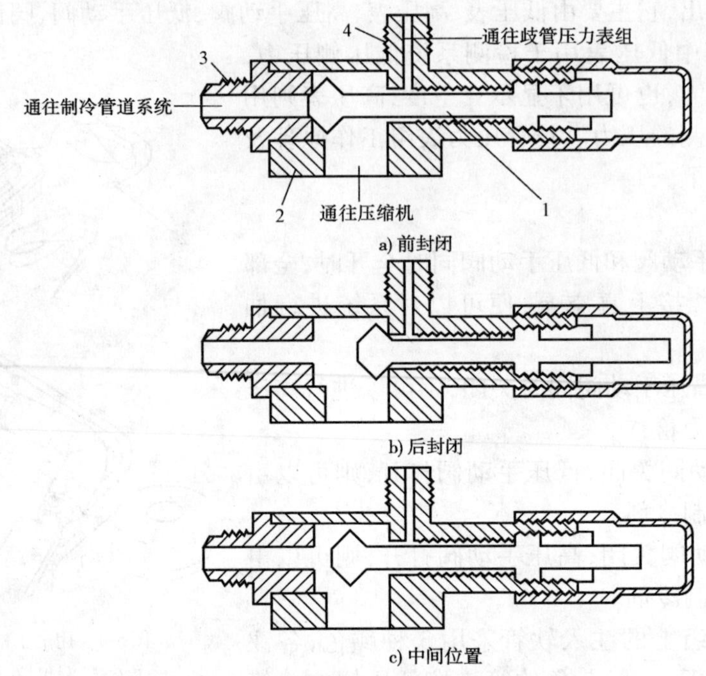

图 8-5　检修阀(柱塞型)

1-阀芯;2、3、4-接头

(1)前封闭:此时顺时针转动柱塞使其处于最前位置,使之封闭通往制冷系统的孔口,将压缩机与制冷管路分隔开,这时便可以将压缩机拆下进行检修而防止空气侵入制冷系统的管道。

(2)后封闭:此时逆时针方向转动柱塞,使其处于最后面的位置,将通往歧管压力表组的通道封闭。这时,制冷剂可进出压缩机,但不能通往歧管压力表,所以当压缩机运转时,高、低压两侧的检修阀都应调至这个位置。

(3)中间位置:柱塞处于中间位置,歧管压力表组、压缩机、制冷剂管道全部连通。这时既可加注制冷剂,又可抽真空或用歧管压力表组检查制冷系统的压力。

2. 阀芯型检修阀

非独立式小型压缩机一般使用阀芯型检修阀,其结构如图 8-6 所示。它用弯曲度为 45°的输送软管接头中的顶销控制阀的开闭,其原理为将接头螺母用手拧紧后,顶销便把阀芯 4 推离阀座,制冷剂进入检测软管。拧开螺母,阀芯便自动关闭。

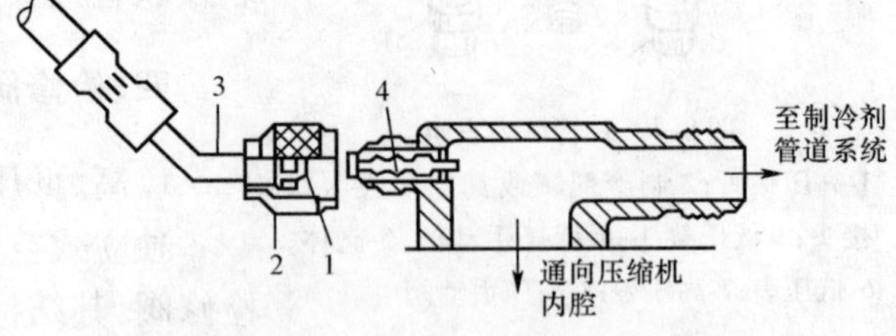

图 8-6　阀芯型检修阀

1-顶销;2-螺母;3-输送软管;4-阀芯

五、真空泵

在安装、检修汽车空调制冷系统时，必定会有一定量的空气进入系统中，空气中含有一定量的水蒸气，这将对系统造成下列不利影响：膨胀阀冰堵、冷凝压力升高、系统零部件腐蚀。由此可见，对系统检修后，在未加注制冷剂前，对系统抽真空是十分重要的。真空泵便具有这个功能。

真空泵（见图 8-7）的工作原理是工作时在离心力和内部弹簧的张力作用下，刮片紧贴在定子的缸壁上，并将其分隔成吸气腔和压缩腔。转子旋转时进气腔容积逐渐增大，腔内压力下降，从而吸入气体。与此同时，压缩腔容积逐渐减小，压力升高，气体从排气阀排到大气中。这样不断循环，便可以把容器内的空气抽出，从而达到抽真空的目的。

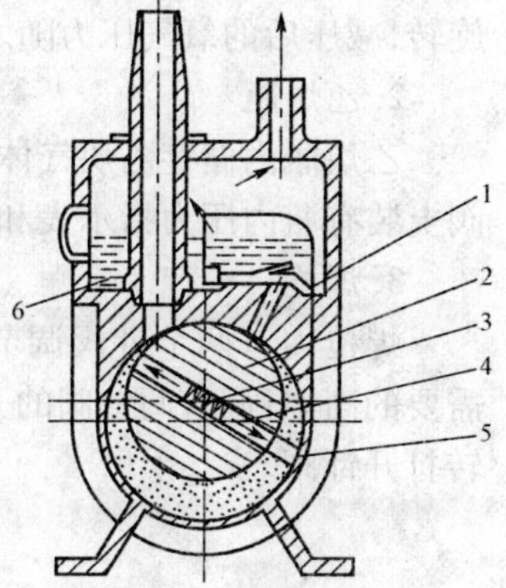

图 8-7　真空泵结构

1-排气阀；2-转子；3-弹簧；4-刮片；5-定子；6-润滑油

六、气焊设备

汽车空调维修过程中，经常用到气焊设备。气焊采用的可燃气体一般是乙炔，助燃气体是氧气。气焊设备主要由氧气瓶、乙炔瓶、氧气减压阀、乙炔减压阀、氧气连接管、乙炔连接管、焊枪等部件组成，其结构如图 8-8 所示。

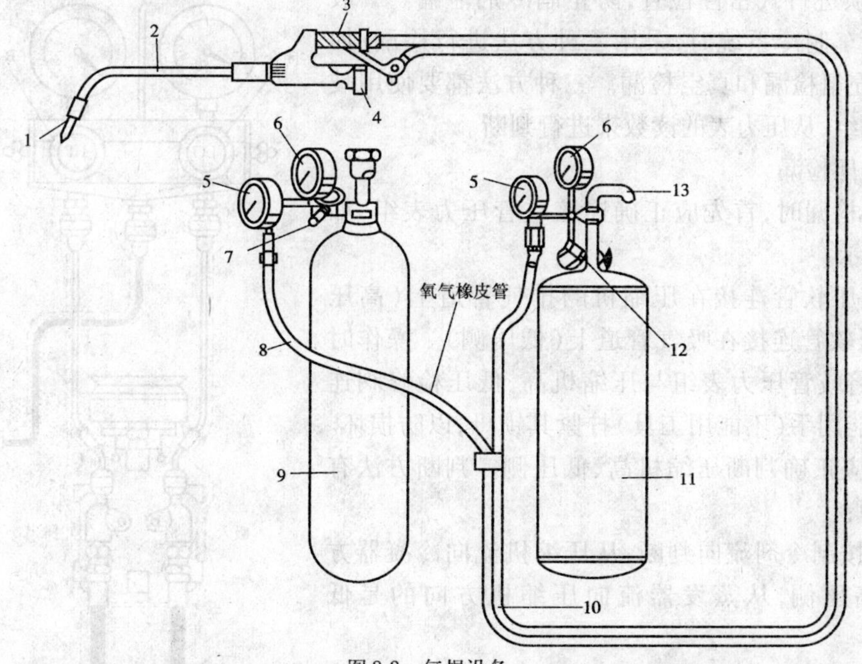

图 8-8　气焊设备

1-火嘴；2-焊枪；3-调节手柄；4-氧气调节阀；5-低压表；6-高压表；7-氧气压力调节器；8-氧气橡皮管；9-氧气瓶；10-乙炔橡皮管；11-乙炔瓶；12-乙炔压力调节器；13-瓶阀扳手

1. 氧气瓶

氧气瓶内储存高压氧气,其最大表压力为 15MPa,因瓶内压力过高,使用时应安装氧气减压阀,减压阀上装有两块压力表,一块指示瓶内压力,另一块指示调整后的氧气压力。减压阀上装有调节手柄,将手柄顺时针旋转,减压后的氧气压力就随之升高。将手柄逆时针旋转,减压后的氧气压力随之降低。

2. 乙炔瓶

乙炔瓶内储存乙炔气体,最大表压力为 2.5MPa,当使用乙炔气体时,须安装减压阀,其阀上装有瓶内压力指示表和减压后乙炔气体压力指示表,使用方法与氧气减压阀相同。

3. 焊枪

焊枪内有两个针阀调节开关,通过调节开关可使氧气和乙炔按比例混合,点燃后产生需要的高温,调节两针阀的开启度,即可调整火焰的大小。顺时针旋转关闭针阀,逆时针旋转打开针阀。

第二节　制冷剂的充放

一、制冷系统的检漏

每当检修或拆装制冷系统管道或更换零部件之后,都必须进行气密性检查,防止制冷剂泄漏。一般在维修汽车制冷系统时,采用三种方法进行检漏:加压检漏、充氟检漏和真空检漏。三种方法都要使用歧管压力表组,从压力表的读数来进行判断。

1. 加压检漏

加压检漏时,首先应正确连接歧管压力表组,如图 8-9 所示。

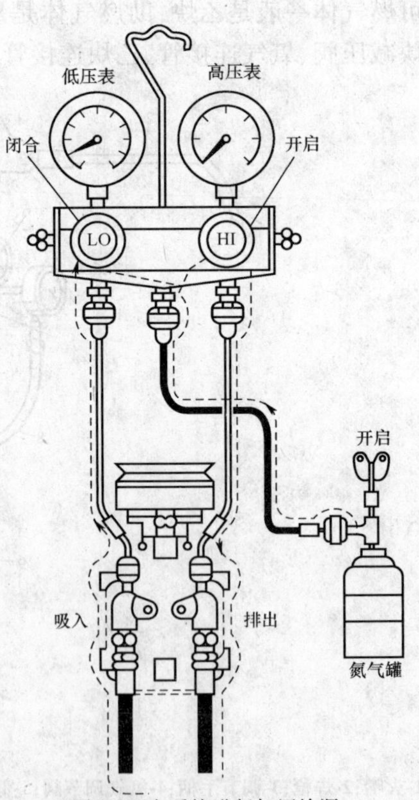

图 8-9　向系统进行加压检漏

将高压软管连接在压缩机的排气管道上(高压侧),低压软管连接在吸气管道上(低压侧)。操作时应注意,将歧管压力表组与压缩机高、低压检修阀连接时,只能用手(不能用工具)拧紧其锁母,以防损坏。另外,还应正确判断压缩机高、低压侧。判断方法有以下三种:

(1)按制冷剂流向判断:从压缩机流向冷凝器方向的是高压侧,从蒸发器流向压缩机方向的是低压侧;

(2)按管道的冷热判断:将压缩机工作几分钟后停止运转,用手触摸压缩机向外连接的管道,热的为

高压侧,冷的是低压侧;

(3)按制冷剂管道粗细判断:与粗管道连接的检修阀是压缩机低压吸入阀,与细管道连接的检修阀是压缩机的高压排出阀。

在正确把软管连接到压缩机的高、低压的检修阀之后,打开高、低压检修阀,向系统中充入干燥氮气。如果没有氮气也可用干燥的压缩空气代替氮气,压力一般应在 15×10^5Pa 左右。然后停止充气,24h 后压力应无明显下降。

用肥皂水涂在系统各管路接头处进行检漏,特别应重点检查压缩机、冷凝器、储液干燥器、膨胀阀和蒸发器进、出口处的管路接头。

大客车(独立驱动)制冷系统的检漏,应分两步进行:低压部分(储液器出口到压缩机吸入阀)需加压至 8×10^5Pa,高压部分(压缩机到储液器出口前)需加压至 $20\sim25\times10^5$Pa;对高、低压两部分要分别进行检查。

2. 充氟检漏

加压检漏的方法较可靠,但时间太长,而且对所有的接头处涂肥皂水检查,工作量大。

充氟检漏就是在图 8-9 所示接管的基础上,不是向系统充注氮气而是氟利昂蒸气,使系统中压力高达 3.5×10^5Pa,然后用卤素灯检漏仪检漏。

重点检查以下部分:

(1)刚拆装或维修过的制冷部件的连接部位;

(2)压缩机上的轴封、密封垫和维修阀;

(3)冷凝器和蒸发器被碰划过的部位;

(4)软管易摩擦的部位;

(5)系统的各个连接部位。

充氟时一定要注意,使系统的压力低于氟利昂蒸气瓶中的压力,以防空气倒流到氟利昂蒸气瓶,影响氟利昂纯度。

3. 真空检漏

若系统内的气体抽不完或无法达到规定的真空度,这说明仍有泄漏的现象,应进一步检查。

二、系统抽真空

汽车制冷系统修理完之后,由于接触了空气,必须用真空泵抽真空。系统里变成真空之后,降低了水的沸点,水在较低温度下就会蒸发,以蒸汽的形式被抽出。

抽真空之前,应进行泄漏检查。抽真空也能进一步检查系统在真空情况下的气密性。抽真空的具体步骤如下:

(1)按图 8-10 所示,把制冷系统、歧管压力表以及真空泵连接好,压缩机高、低压检修阀处于微开位置,歧管压力表座上高、低压手动阀处于闭合位置,拆除真空泵吸、排气口护盖,表座上的中间软管和真空泵进口相连接。

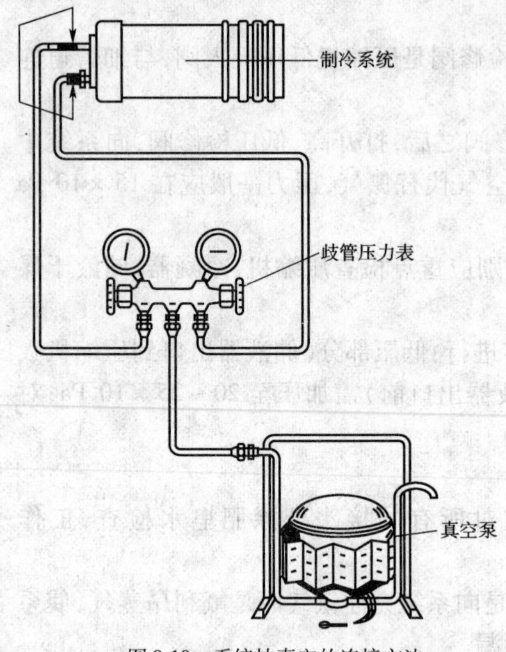

图 8-10　系统抽真空的连接方法

(2)打开歧管压力表的高、低压手动阀,启动真空泵、观察低压表(连程表)针,应该有真空显示。

(3)操作 5min 后低压表(连程表)应达到 33.6kPa(绝对压力),高压表表针应略低于零刻度,如果高压表针没有低于零刻度,表明系统内有堵塞,应停止操作,修理故障后再抽真空。

(4)真空泵工作 15min 后观察压力表,如果系统无泄漏,低压值应达到 20.05 ~ 13.28kPa 的绝对压力,如果达不到此数值,应关闭低压侧手动阀。观察低压表(连程表)表针,如果表针上升,说明真空有损失,要检查泄漏点,进行检修后才能继续抽真空。这一步也就是真空检漏法。

(5)抽真空总的时间不应少于 30min,然后关闭低压手动阀,就可以向系统中充注制冷剂了。

三、制冷剂的充注

制冷系统抽真空完毕并经检漏确定制冷系统不存在泄漏部位后,即可向制冷系统充注制冷剂。充注前,应先弄清注入制冷剂的类型和数量,充注量过多或过少都会影响空调制冷效果。压缩机的铭牌上一般都标有所用制冷剂的种类及其充注量。

充注制冷剂的方法有两种,一种是从压缩机排气阀(高压阀)的旁通孔(多用通道)充注,称为高压端充注,充入的是制冷剂液体。其特点是安全、快速,适用于制冷系统的第一次充注,即经检漏、抽真空后的系统充注。但使用该方法时必须注意,充注时不可起动发动机(即保持压缩机停转),且制冷剂罐要求倒立。另一种是从压缩机吸气阀(低压阀)的旁通孔(多用通道)充注,称为低压端充注,充入的是制冷剂气体,其特点是充注速度慢,可在系统补充制冷剂的情况下使用。

1. 高压端充注液态制冷剂

通过高压端向制冷系统充注液态制冷剂的操作步骤如下:

(1)当系统抽完真空之后,关闭歧管压力表上的高、低压手动阀。

(2)将中间软管的一端与制冷剂罐注入阀的接头连接起来,如图 8-11 所示,打开制冷剂罐开启阀,再拧开歧管压力表软管一端的螺母,让气体溢出几分钟,把空气赶走,然后再拧紧螺母。

(3)拧开高压侧手动阀至全开位置,将制冷剂罐倒立,以便从高压侧充注液态制冷剂。

(4)从高压侧注入规定量的液态制冷剂后关闭制冷剂罐注入阀及压力表上的手动高压阀,然后将仪表卸下。特别要注意,从高压侧向系统充注制冷剂时,不能起动发动机(即保持压缩机停转),更不可拧开歧管压力表上的手动低压阀,以防产生液击。

2. 低压端充注气态制冷剂

通过歧管压力表上的手动低压阀可向制冷系统的低压侧充注气态制冷剂,具体操作步骤如下:

(1)按图 8-12 所示,将歧管压力表与压缩机和制冷剂罐连接好。

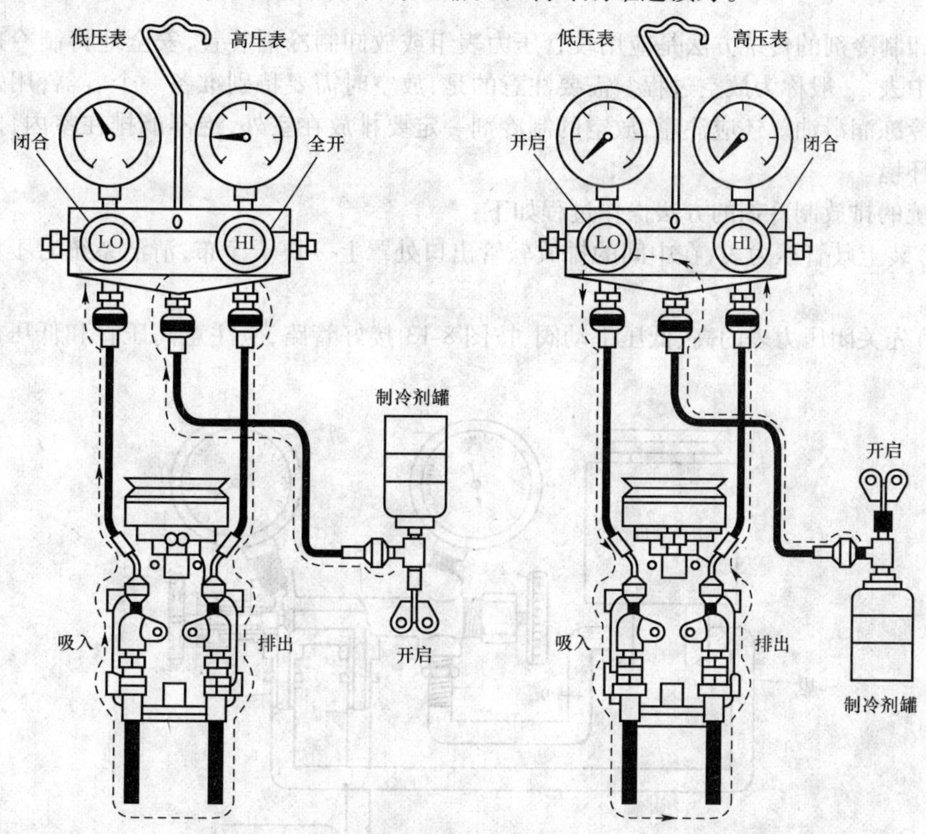

图 8-11　从高压端充注液态制冷剂　　图 8-12　从低压端充注气态制冷剂

(2)打开制冷剂罐,拧松中间注入软管在歧管压力表上的螺母,直到听见有制冷剂蒸气流动的声音,然后拧紧螺母,其目的是将注入软管中的空气赶走。

(3)打开手动低压阀,让制冷剂进入制冷系统。当系统的压力值达到 0.4MPa 时,关闭手动低压阀。

(4)起动发动机,将空调开关接通,并将风机开关和温控开关都调至最大。

(5)再打开歧管压力表上的手动低压阀,让制冷剂继续进入制冷系统,直至充注量达到规定值。

(6)在向系统中充注规定量制冷剂之后,从视液窗处观察,确认系统内无气泡、无过量制冷剂。随后将发动机转速调至 2000r/min,冷风机风量开到最高挡。若气温在 30 ~ 35℃,系统内低压侧压力应为 147 ~ 192kPa,高压侧压力应为 1370 ~ 1670kPa。

(7)充注完毕后,关闭歧管压力表上的手动低压阀,关闭装在制冷剂罐上的注入阀,使发动机停止运转。将歧管压力表从压缩机上卸下,卸下时动作要迅速,以免过多制冷剂泄出。

四、制冷剂的放卸

放卸制冷剂的传统方法是应用歧管压力表组或放卸制冷剂装置,安全地将制冷剂排放到大气中去,一般称为放空过程。需要注意的是,放空时需要特别准备一个容器,用来收集带出的冷冻润滑油。还应注意,放空的制冷剂一定要排放在室外,绝不能排在室内,以免污染工作环境。

传统的排放制冷剂的方法操作过程如下:

(1)装上歧管压力表,在中间的排放软管出口处罩上一块干净布,清洁系统时不要起动发动机。

(2)先关闭压力表的高、低压手动阀,按图 8-13 接好管路,应注意高压管和低压管的连接方法。

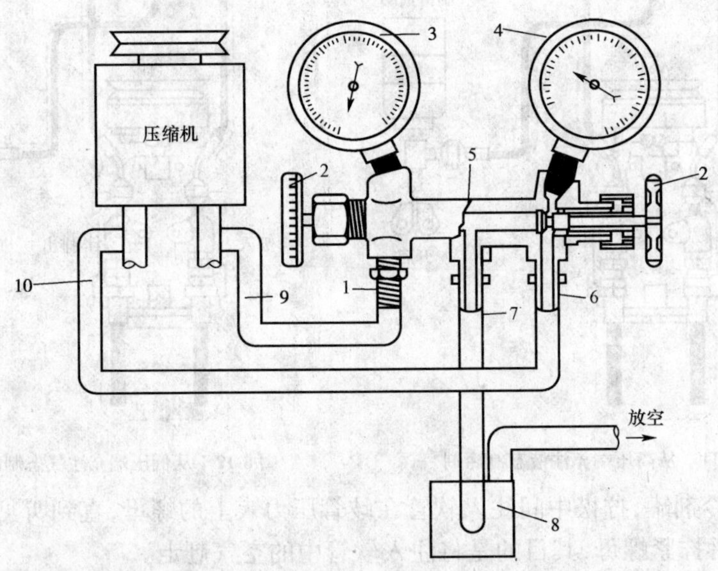

图 8-13　制冷系统放空

1-高压管;2-手阀;3-高压表;4-低压表;5-表阀;6-低压管;7-中间管;8-集油器;9-排气口;10-进气口

(3)如果压缩机上有检修手柄阀,则应先将手柄阀置于中间位置。

(4)慢慢打开低压手动阀(不要让其开得太快和太大,否则大量的冷冻润滑油将随着制冷剂流出),在缓慢放卸制冷剂时,将有少量冷冻润滑油随制冷剂流出,应用集油器将其收集(但最好不要让油流出来,以减少麻烦)。

(5)当低压表的读数降到 345kPa 时,再慢慢打开高压手动阀(注意开度不要太大)。如果此时冷冻润滑油流出较多,则说明放卸速度太快,应关小高、低压手动阀。

(6)当压力表的读数下降到0kPa时,放卸结束,此时应关紧表阀上的阀门。

(7)测量一下收集到的冷冻润滑油。如果油量超过14.2g,则应加入新的等量的冷冻润滑油;如果少于14.2g,则不需添加。

五、制冷剂的更换

制冷剂的更换,一般是指用R134a替换R12,通常按照制造厂商提供的说明书的程序进行。根据汽车型号、生产时间的不同,制冷剂更换程序、方法和材料有相当大的变化。

1.更换的基本程序

制冷剂更换的基本程序因车型不同而不同,但基本的操作类似,主要有以下几个基本操作:

(1)回收系统制冷剂;

(2)更换必要的部件和冷冻润滑油;

(3)冲洗系统内部;

(4)系统检漏;

(5)系统抽真空、除湿;

(6)充灌新型制冷剂并进行性能测试。

2.一般需更换的部件及材料

1)储液器

有的汽车空调系统,在制冷剂高压区域中设置了储液器。它对制冷剂起着缓冲作用:当压力较高时,储液器能够提供制冷剂的液态储存空间,防止了压力过高;当系统内的制冷剂出现少量的流失时,储液器内的制冷剂能够维持系统的正常制冷量。储液干燥器也有这种缓冲作用,但是储液干燥器还有保证进入节流装置的制冷剂为液态的作用,而一般的储液器没有后者的作用。

在R12的系统中,储液器一般使用特定的干燥剂XH5,这种干燥剂与R134a制冷剂不兼容,在R134a系统中干燥剂为XH7或XH9。通用汽车公司与福特汽车公司生产的车可以不用更换储液器型号,因为其使用的干燥剂为XH7和XH9,两者均能与R12、R134a相容。

2)O形圈与密封垫

由氯醇橡胶制成的密封O形圈专用于R12系统,与R134a不兼容,当更换系统制冷剂时,应更换O形圈。用于R134a系统的O形圈,由氯丁橡胶材料制成,同样适用于R12系统,也就是说,氯丁橡胶O形圈及密封垫与R12、R134a系统相容。

3)储液干燥器或集液器

储液干燥器或集液器中的干燥剂,用于R12系统中的一般是XH5干燥剂,该干燥剂与R134a不兼容。为确保安全,在更换制冷剂时,应更换储液干燥器或集液器(一个系统大多只有一个集液器或一个储液干燥器,而不是两者都有),并保证其内部的干燥剂符合要求,用于R134a系统的XH7或XH9干燥剂则同样适用于R12系统。

4)冷冻润滑油

R12 制冷剂系统内的冷冻润滑油是一种标记为"YN－9"的矿物油;用于 R134a(往复式压缩机)系统的是聚烯烃乙二醇油,标记为"YN－12",制冷剂为 R134a、但压缩机类型不同的系统,还有其他类型的聚烯烃乙二醇冷冻润滑油作为系统的专用油。冷冻润滑油混用会引起空调系统的严重损坏。

冷冻润滑油都具有吸湿性,而湿气会对空调系统有很大损害。必须注意聚烯烃乙二醇的吸湿能力比矿物油高十倍(一般价格也要高十倍),因此最好购买小包装聚烯烃乙二醇冷冻润滑油。必须使用空调系统指定型号的冷冻润滑油,保证储存冷冻润滑油容器的密封良好,用完后立即盖紧容器上的盖。

5)压力开关

在更换制冷剂过程中,压力开关(高压、低压)一般全需更换,离合器循环压力开关也需更换。因为在 R134a 系统中,制冷剂工作压力高于 R12 系统。离合器循环开关的循环压力也需标定得高一些。同时,高压传感器、温度控制传感器也需调整参数。

对压缩机、冷凝器、蒸发器、节流装置(膨胀阀或孔管)及管路,在无失效、无泄漏、无堵塞的情况下,一般不会由于替换工质而更换。

3. 系统部件冲洗

系统部件的冲洗是通过外界动力(真空泵或压缩机),对系统的压缩机、蒸发器、冷凝器和管路等部件进行单独的冲洗,见图 8-14。在更换制冷剂或者出现其他物质进入系统时,应进行个别部件冲洗,注意储液干燥器、集液器需更换。清洗用溶剂应使用生产厂家推荐的溶剂,不能将制冷剂和氯甲酸甲酯用于冲洗。在冲洗完系统之后,为需润滑的所有部件进行润滑。

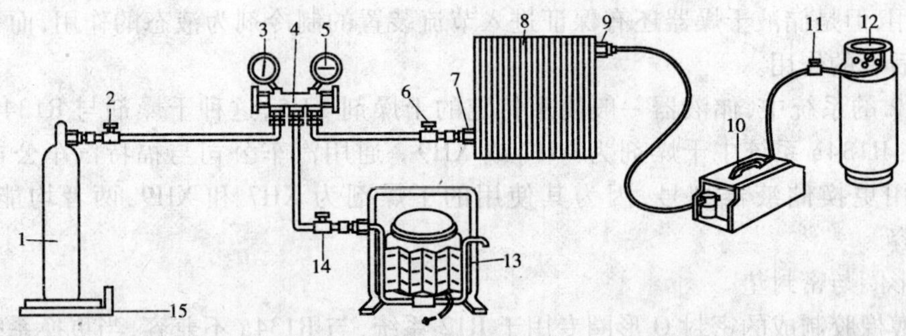

图 8-14　系统部件的冲洗

1-清洗溶剂容器;2、6、11、14-截止阀;3-低压表;4-歧管压力表组;5-高压表;7、9-管接头;8-冷凝器或蒸发器;10-回收装置;12-回收容器;13-真空泵;15-衡器

六、加注冷冻润滑油

汽车制冷系统在一般情况下,冷冻润滑油的消耗量很少,可以每两年更换一次,每次加入规定的数量。添加时一定要保证是同一牌号的冷冻润滑油,因为同时使用不同牌号的冷

冻润滑油会生成沉淀物。

制冷系统如果制冷剂泄漏速度很慢，对冷冻润滑油泄漏影响不大。制冷剂如果泄漏速度很快，冷冻润滑油也会随之很快泄漏。

如果压缩机里冷冻润滑油过少，压缩机会过热，甚至发生卡缸现象。如果系统内冷冻润滑油过多，膨胀阀、蒸发器会发生故障，因此，压缩机里必须保持正常的存油量。压缩机冷冻润滑油油量的检查一般有以下两种方法。

(1)观察视液窗法：通过压缩机上安装的视液窗，可观察压缩机润滑油量。如压缩机冷冻润滑油油面达到视液窗高度的80%位置，一般认为是合适的。如果油面在此界限之上，应引出多余的冷冻润滑油；如果油面在此界限之下，则应添加冷冻润滑油。

(2)观察量油尺法：未装视液窗的压缩机，可用量油尺检查其油量。这种压缩机有的只有一个油塞，油塞下面有的装有油尺。有的油塞没有油尺，需另外用专用油尺插入检查，观察油面位置是否在规定的上、下限之间。

若检查发现油量偏少，则需加注冷冻润滑油。加注冷冻润滑油有两种方法：

(1)直接加入法(如图8-15所示)的操作步骤如下：

①卸下加油塞，注入规定型号的冷冻润滑油；

②通过加油塞孔观察，旋转离合器前板，使活塞连杆正好在加油塞孔中央位置；

③把油尺插到活塞连杆的右边，直至油尺端部碰到压缩机壳体为止；

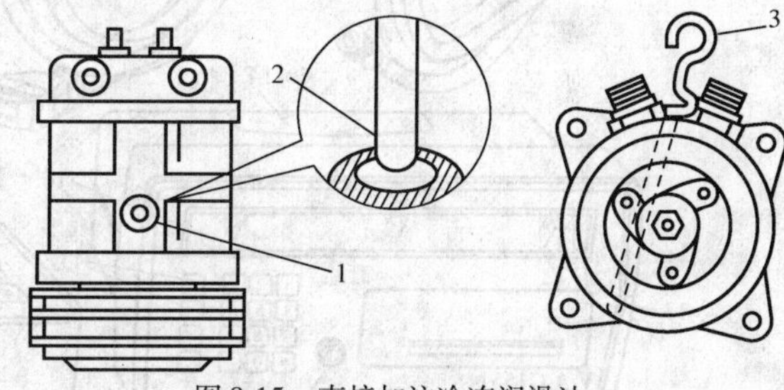

图8-15　直接加注冷冻润滑油

1-加油塞；2-活塞连杆；3-油尺

④取出油尺，检查冷冻润滑油的刻度数(沟纹)，应该在油尺的4～6格之间。

(2)真空吸入法。如图8-16所示，先将制冷系统抽真空到0.02×10^5Pa，然后开始加注冷冻润滑油，步骤如下：

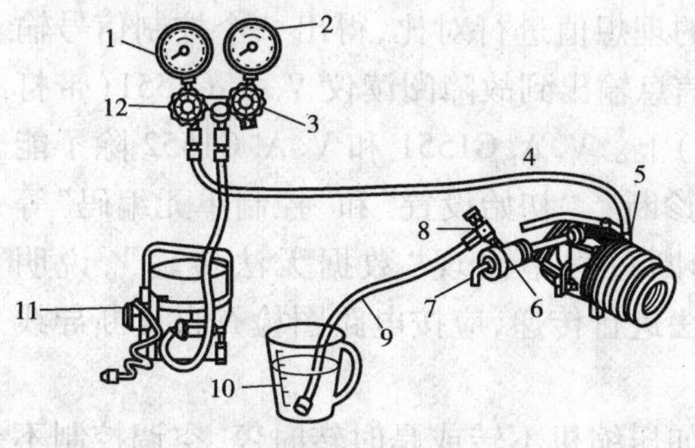

图8-16　抽真空加注冷冻润滑油

1-低压表；2-高压表；3-高压手动阀；4-低压侧软管；5-回气口；6-排气口；7-高压管略；8-辅助阀；9-高压侧软管；10-油杯；11-真空泵；12-低压手动阀

①关闭高压手动阀，关闭辅助阀；

②把高压侧软管从歧管压力表上拆下，插入油杯内；

③打开辅助阀，使冷冻润滑油从油杯吸入制冷系统；

④当油杯中的冷冻润滑油快被抽空时，立即关闭辅助阀，以免系统中吸入空气；

⑤把高压侧软管接头拧在歧管压力表上，打开高压手动阀，起动真空泵，将高压侧软管抽真空。然后再打开辅助阀，为系统抽真空至0.02×10^5Pa，然后再加抽15min，以便排除随油进入系统里的空气。此时，冷冻润滑油在高压侧，待系

统运转后,冷冻润滑油返回压缩机。

七、故障自诊断仪器设备

对于全自动空调装置,除了使用常规方法诊断故障外,还要使用专门的仪器和设备进行自诊断。帕萨特、桑塔纳、奥迪汽车均可使用 V. A. G1551、V. A. G1552 和 V. A. S5051(见图 8-17、图 8-18)等仪器诊断故障;别克汽车使用 Tech2 来诊断故障。当故障诊断出来后,再使用专门的设备和工具对空调装置进行维护和修理。

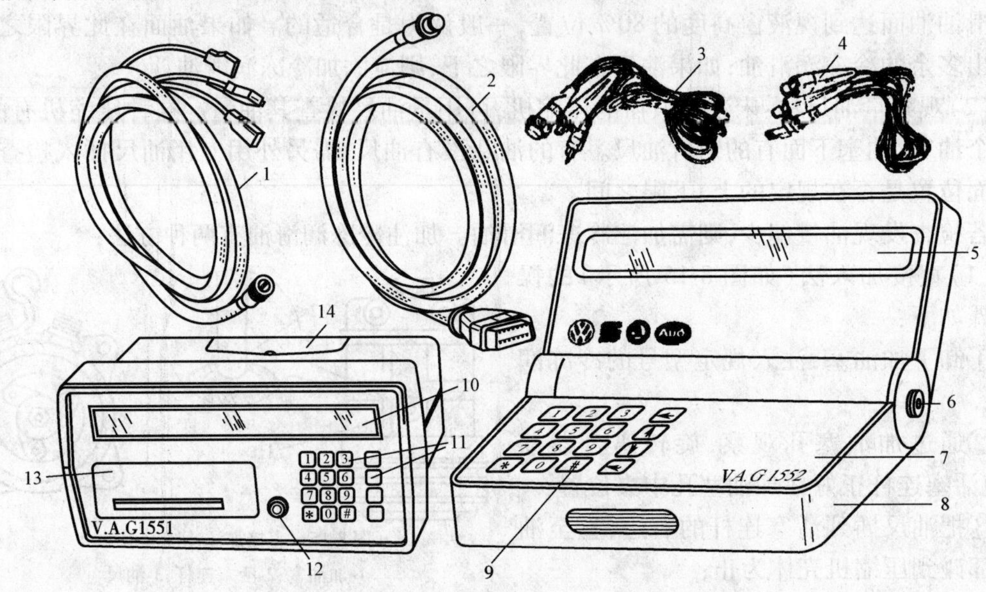

图 8-17 故障阅读仪 V. A. G1551 和故障测试仪 V. A. G1552

1-V. A. G1551/1;2-V. A. G1551/3;3-V. A. G1550/2;4-V. A. G1550/1;5、10-显示屏幕;6-轴;7-面板;8-机身;9、11-按钮;12-插孔;13-打印机;14-后盖

制冷控制器能将各个电子传感器信号与存储的理想值进行对比,得出一个控制信号输出给执行元件,还能存储系统中的故障,并将这些信息输出到故障阅读仪 V. A. G1551(带打印功能)和故障测试仪 V. A. G1552(不带打印功能)上。V. A. G1551 和 V. A. G1552 除了能“查询和清除故障存储器”外,还能进行“执行元件诊断”、“初始设置”和“控制单元编码”等一系列测试和诊断工作。如果在诊断开始或诊断过程中出现“数据无法传输”,说明 V. A. G1551与控制和显示单元 E87 之间的数据无法进行传递,应按电路图检查自诊断导线的连接。

如果检查不出故障,但系统仍不能正常工作(如压缩机不转或是时转时停、空调控制不良、新鲜空气鼓风机转速无法控制等),应进行“08-读测试数据组”和“03-执行元件诊断”,并检查制冷效果。

如果接通点火开关,但 E87 没有识别出“点火开关关闭时间间隔信号”,那么 E87 就认为停车时间已超过 4h,且发动机温度与环境温度相同。这将导致在加热状态时,尽管发动

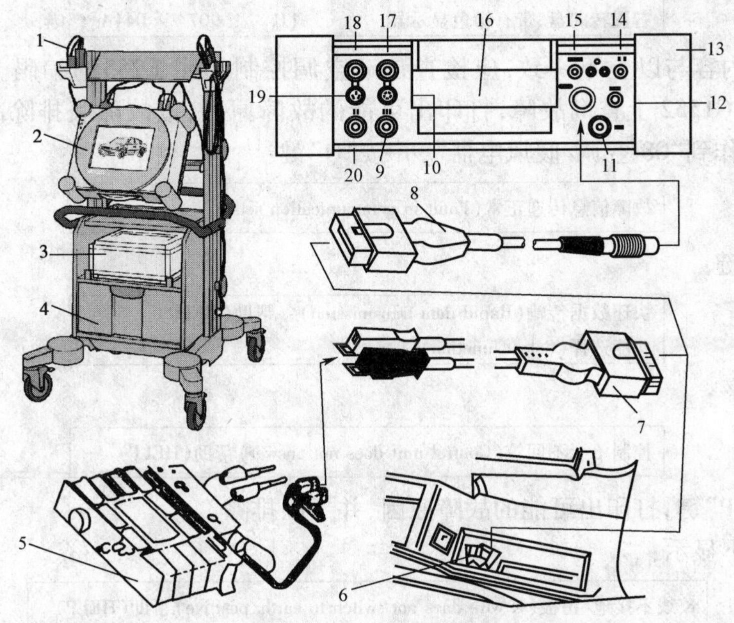

图 8-18　车辆诊断、测试和信息系统 V. A. S5051

1-测试导线；2-测试仪；3-打印机；4-小车；5-控制单元；6-16 针诊断插座；7-诊断适配器 V. A. S5051/2；8-3m 诊断线 V. A. S5051/1；9-备用输入信号插座；10-KV 传感器测试线 V. A. S5051/17 插座；11-熔断丝；12-安全测试线V. A. S5051/7 插座；13-测试仪背面；14-测电流线 V. A. S5051/7 插座；15-U/R/D 测试线插座；16-手柄；17-DSO(2)测试线 V. A. S5051/8 插座；18-DSO(1)测试线 V. A. S5051/8 插座；19-触发钳 V. A. S5051/8 插座；20-电流钳 V. A. S5051/9 插座

机已达到工作温度，但新鲜空气鼓风机仍延迟一段时间才启动。同时，仪表板内的温度指示器 G106 也可能显示错误的外部温度。

如果接通点火开关后，E87 上的两个显示区不亮，检查 E87 的 58d 接线柱的供电；如果 E87 上的按钮不亮，检查 E87 的 58s 接线柱的供电，并都要进行“08-读测试数据组”和“电气检测”。

1. 全自动空调自诊断

(1)查询空调控制单元 J 255的系统名、软件版本和编码。连接诊断仪，将 V. A. G1551 操作到“08-空调/暖风电器”，按“Q”键：

如奥迪 A6：

4B0　820　043　X　A6　自动空调(Klimavollautomat)　D××
编码(Codierung)　×××××服务站(WSC)ZZZZZ

如帕萨特 B5：

3B1　907　044A　Climatromic　(系统名)S××(软件版本)
编码(Coding)02000　WSC×××××(维修站编码)

帕萨特 B5：

左置转向盘、带有蓝色显示器	3B1	907	044 A
右置转向盘、带有绿色显示器	1J1	907	044 A

若显示的内容与以上不一致,应检查自动空调控制单元 J 255 的编码。然后在 V. A. G1551 或 V. A. G1552 上查询故障,打印出可能的故障原因,按故障表排除故障。然后,将 V. A. G1551 操作到"08-空调/暖风电器",并按"Q"键:

故障信息传递正常(Fault in communication set-up)

按下"→"键:

快速数据传输(Rapid data transmission)　帮助(HELP) 功能选择(Select function) × ×

如果出现:

控制单元不回答(Control unit does not answer)帮助(HELP)

应按"HELP"键,打印出可能的故障原因,并予以排除。

若出现如下显示:

K 线不接地/正极(K wire does not switch to earth/positive)帮助(HELP)

应检查诊断插头及其连接线。

(2)查询和清除故障存储器,步骤如下:

①查询故障存储器。在以上状态下,按下"0"键,选择"02-查询故障存储器"功能:

快速数据传输(Rapid data transmission)　Q 02-查询故障存储器(02-Interrogate fault memory)

按"Q"键:

认出 × 故障(× Fault recognized!)　→

按"→"键,逐个显示并打印出故障,在显示打印出最后一个故障后,再按下"→"键,关闭点火开关。按照故障表将这些故障排除,最后还要查询一次故障存储器。

若出现以下显示:

未发现故障(No fault recognized)!

虽然未发现故障,但离合器仍不吸合,应进行"0-读测试数据组"或"03-执行元件诊断"。

②清除故障存储器。将故障排除后,应清除故障存储器。在"选择功能 XX"下,按"0 和 5"键,选择"05-清除故障存储器":

快速数据传输(Rapid data transmission)　Q 05-清除故障存储器(Erase fault memory)

按"Q"键:

快速数据传输(Rapid data transmission) 故障存储器已清除(Fault memory was not interrogated)→

按"→"键：

快速数据传输(Rapid data transmission)　帮助(HELP) 选择功能(Select function) ××

如果有如下显示：

快速数据传输(Rapid data transmission)　→ 故障存储器不能清除(Fault memory was not interrogated)

应检查点火开关是否关闭或发动机转速是否超过4000r/min，如果都正常，再试一遍。

(3)初始设置。将 V. A. G1551 操作到"功能选择"。按"0 和 4"键：

快速数据传输(Rapid data transmission)　Q 08-初始设置(08-Initiate basic setting)

按"Q"键：

初始设置(Initiate basic setting)　帮助(HELP) 输入显示组号(Input display group number) ×××

温度活门伺服电动机 V68、中央活门伺服电动机 V70、脚部/除霜活门伺服电动机 V85、通风活门伺服电动机 V71 等元件被激活并存入其最终位置。

对于帕萨特 B5，按"0、0 和 0"键：

初始设置 1(system in basic setting 0) ×　×　×　×

以下元件被激活并存入其最终位置：温度活门伺服电动机 V68、中央活门伺服电动机 V70、脚部/除霜活门伺服电动机 V85、通风活门伺服电动机 V71。

对于奥迪 A6 车，按"1 和 0"键：

初始设置 10(System in basic setting 10) ×××　×××　×××　×××

此时，左侧温度活门伺服电动机 V158、右侧温度活门伺服电动机 V159、通风活门伺服电动机 V71、中央活门伺服电动机 V70、除霜活门伺服电动机 V107，一个接一个地被激活，活门运动的位置可以在控制和显示单元 E87 上跟踪，其信息被存入 E87。5 个伺服电动机的动作在屏上显示跟踪，反馈值发生变化并不说明电动机有问题。

然后，等待一会，等出现以下显示时：

初始设置 1(System in basic setting 0)　→ 0　0　0　0

表示"初始设置"结束。若系统中存储有故障，按"→"键，选择"02-查询故障存储器"在排除故障后，应再检查故障存储器。

(4)对控制单元 J255 编码。

每拆装 J255 后都须对“07-控制单元编码”和“04-初始设置”。若 J255 没编码,故障灯会在显示单元 E87 上闪烁 15s;若所显示的编码与汽车设备不匹配,也应进行编码。接通 V. A. G1551,选择“08-空调/暖风电器”。

按“0 和 7”键:

快速数据传输(Rapid data transmission)　　Q
07-控制单元编码(07-Code control unit)

按“Q”键确认:

控制单元编码(Code control unit)　　Q
输入编码(Enter code number)×××××(0~32000)

按“0,2,0,0 和 0”键,用“Q”键确认:

控制单元编码(Code control unit)　　Q
输入编码(Enter code number)　　02000

按“Q”键确认,如奥迪 A6 轿车:

4B0　820　043　X　A6　自动空调(Klimavollautomat)　DXX
编码(Codierung)××××服务站(WSC)ZZZZZ

如帕萨特 B5 轿车:

3B1　907　　044A　S××　　→
编码(Coding)02000　WSC　×××××

显示出控制单元 J255 的编码(见表 8-1)和配件号。

控制单元 J255 编码表　　　　表 8-1

编码	适用国家	编码	适用国家
02000	除日本外的国家	05000	除日本外的国家
02100	日本	05100	日本

按“→”键:

快速数据传输(Rapid data transmission)　(帮助 HELP)
功能选择(Select function)××

关闭点火开关,编码被输入。

(5)结束输出。完成检查后,应按“0 和 6”键,选择“06-结束输出”:

快速数据传输(Rapid data transmission)　　Q
06-结束输出(06-end export)

按“Q”键确认:

快速数据传输(Rapid data transmission)　　帮助(HELP)
输入地址词(Enter address word)　××

关闭点火开关,拆下故障阅读仪 V. A. G1551 或故障测试仪 V. A. G1552。

2. 故障代码表

控制和显示单元 E87 存储的故障可在 V. A. G1551 上以代码的形式阅读并显示出来，具体故障代码见各个车型的介绍。下面介绍读取故障码时应注意的事项。

(1)偶然出现的故障或排除故障后未清除故障存储器，这些故障就作为“偶然故障”以“/SP”后缀显示出来。遇到偶然故障，应清除故障存储器，并重新对故障进行查询。

(2)有时仍不能排除故障，应检查相应元件的插头连接是否松动(使用 V. A. G1591/11 和 V. A. G1591/12 按电路图检查控制和显示单元 E87 的导线连接)，然后进行“03-执行单元诊断”和“08-读测试数据组”检查。若仍不奏效，可以进行经验诊断。

(3)更换了空调部件后，必须进行“04-初始设置”，对故障存储器进行查询。排除故障后还要对“02-查询故障存储器”和“05-清除故障存储器”进行检查。

(4)如果关闭点火开关后，控制和显示单元 E87 处于工作状态，按电路图检查 E87 导线(插头 D，插口 1)是否对正极短路。

(5)对于带车顶太阳能装置的车辆，如在关闭点火开关后，新鲜空气/空气再循环活门没有处于“新鲜空气”位置，应在电气检测时，检查 E87 上的插头 A，插口 10 是否有电。

(6)如果某个空气分配伺服电动机上的电位计有故障，那么，按一下控制和显示单元 E87 上的按钮，则会改变空气的分配。

(7)最后，检查空调制冷效果。

第三节 汽车空调系统主要部件的一般检修

一、压缩机的检修

轿车空调压缩机出现故障后，只有少数故障不用拆卸压缩机就可以在车上维修，大部分故障都要将压缩机拆下来修理。

1. 压缩机拆卸

(1)拆卸要求如下：

①拆卸时首先要搞清楚压缩机结构，拆下的零件应按部件分类摆放，以免搞乱。

②拆卸零件时不要用力过猛，以免损伤零件。遇到形状和尺寸相同的零件时，须做好记号，以防装错。

③压出或打出轴套和销子时应先辨明方向，然后再操作，一般要用木槌敲打，以免打坏零件表面。

④拆卸的零件用冷冻润滑油清洗，清洗时用软毛刷，不能用碎纱布擦洗零件，以防纱布混入系统。

(2)拆卸步骤如下：

①拆除压缩机电磁离合器连接导线。

②排出制冷系统内的制冷剂。

③从压缩机吸、排气口卸下软管,卸下后应立即盖好软管和压缩机吸、排气口,以免灰尘、水汽或其他异物进入系统。

④拆除压缩机驱动皮带,从托架上卸下压缩机固定螺钉,小心取下压缩机,将压缩机装在一个固定支架上,支架装夹在台钳上。

⑤排出压缩机内的冷冻润滑油,用量筒测量出油量,并检查油是否变色,油内是否混有杂质。

2. 电磁离合器的拆卸和修理

(1)电磁离合器的拆卸步骤如下:

①如图 8-19 所示,使用"Y"形夹具的三个定位销插入离合器盘上的三个孔中,固定离合器的驱动盘,用套筒扳手拆下主轴上的六角锁紧螺母。

②拆下锁紧螺母后,用专用拉具拆下压板,并用卡簧钳拆下内卡簧,如图 8-20 所示。

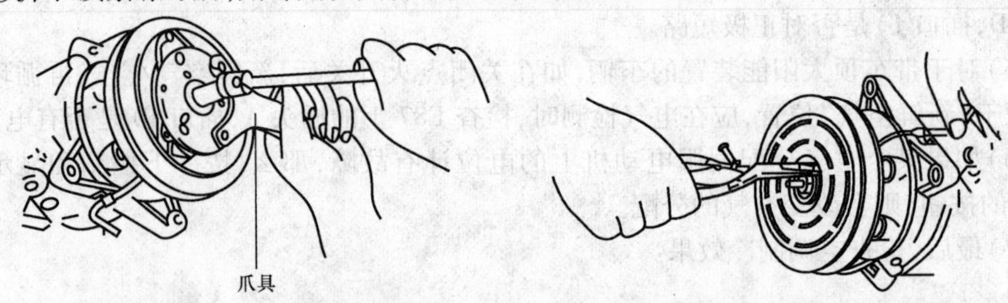

图 8-19　卸下主轴上的六角锁紧螺母　　　图 8-20　用卡簧钳拆卸内卡簧

③用拉拔工具拆卸离合器驱动盘,如图 8-21 所示,将压缩机皮带轮和轴承拔出。

④拆下键和垫片。垫片是用来调整驱动盘和摩擦板之间间隙的,安装时用它将间隙调整到规定的值。

⑤用螺丝刀拆下电磁线圈安装螺钉,卸下电磁线圈。

(2)电磁离合器的修理步骤如下:

①检查电磁离合器从动盘的摩擦表面,看是否由于过热和打滑而引起刮痕,是否有翘曲变形。若从动盘有刮痕损伤或变形,就要更换皮带轮总成。另外,摩擦表面上的油污和脏物应用清洁剂擦洗干净。

②检查电磁离合器轴承有无松动或损坏,损坏的轴承必须更换,可由轴承取出爪将轴承取出,并换上同规格的新轴承。

③用万用表检查电磁离合器线圈有无短路或断路,若发生短路或断路故障,则需更换线圈。

④检查完的电磁离合器,按拆卸时的相反步骤装配。装好后要检查离合器的从动盘和主动盘以及皮带轮部件是否能自由转动,并检查从动盘和主动盘之间的间隙,其间隙一般为 0.3 ~ 0.6mm。

3. 压缩机轴封的拆卸和修理

(1)压缩机轴封的拆卸步骤如下:

①如图 8-22 所示,拆下离合器总成,使用卡环钳,取下密封座卡环。

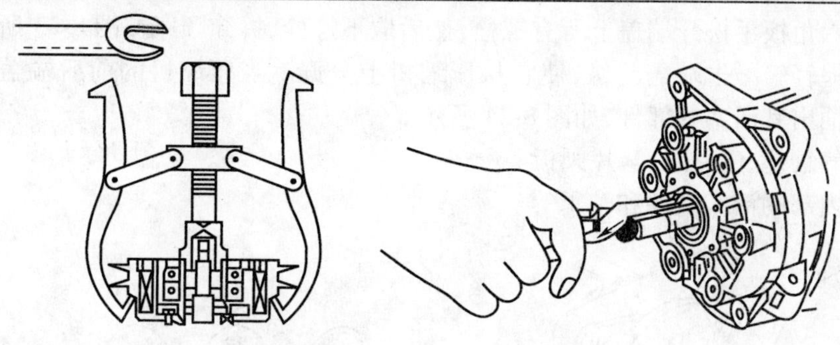

图 8-21　拆卸离合器驱动盘　　　图 8-22　取出密封卡环

②使用密封拆卸工具,伸入到密封座的位置,然后将其锁紧密封座的内周面,向外拉出密封座。

③用钩子取出密封件上的 O 形密封圈。

(2)压缩机轴封的修理和安装步骤如下:

①检查轴封摩擦表面是否良好以及石墨环是否磨损,拆下的轴封不能再用,必须更换新的轴封。

②用清洁的冷冻润滑油清洗压缩机密封部位,涂抹 O 形密封圈,并将其装入密封沟槽内,涂抹轴封座,并将其细心地压入安装孔中。

③安装卡环和油封盖。

④重新装上离合器。

4. 空调压缩机阀板和阀片的修理

轿车空调压缩机因要求小型化、结构紧凑,故多采用簧片阀,其厚度只有 0.16 ~ 0.30mm。阀片发生变形后与阀板贴合面不严会造成制冷剂泄漏,使压缩机排气量减少,制冷量下降;阀片损坏后,与阀板不能很好贴合,将会引起压缩机不能压缩制冷剂气体;簧片阀还可能发生局部折断,使高、低压气体串通,制冷效果下降,甚至不能制冷。

压缩机阀片最容易发生破裂、炭化、凹凸不平或因热处理不好引起的质量问题等。阀片的固定螺栓松动或断裂也可能使阀片损坏,此时必须更换新阀片。若阀片只有锈蚀和炭化且没有新的阀片可更换时,可将其研磨抛光后再用。压缩机中的阀片磨损变形,一般是不能修复的,必须更换新的,但阀板的表面可以研磨,研磨时将它固定在卡具上,在厚玻璃板上用研磨膏进行研磨。手工研磨时用力要均匀,采用“8”字形研磨,不断地改变位置和方向,不要只在一个方向或一个位置上研磨。研磨平整后应进行清洗,使阀板保持清洁平整。凡有积炭的阀板,只要采取上述的研磨法除去积炭即可。检修完后,还应检查阀板的气密性。

5. 压缩机内部零部件的拆卸和修理

(1)内部零部件的拆卸步骤如下:

①将压缩机从发动机上卸下并安装在专用夹具上。

②取下离合器压板、皮带轮、离合器线圈及轴封等。

③从放油孔放出压缩机内冷冻润滑油,并用量筒测量出油量。

④用内六角扳手松开端盖上所有螺栓,然后取下螺栓,拆卸顺序按图 8-23 所示操作。

⑤用木槌轻轻敲击端盖凸缘,使它从压缩机上分开。当压缩机的前后端盖打开后,就可以容易地抽出其活塞等部件,如图 8-24 所示。

⑥取下气缸垫、O 形圈、簧片阀板。

⑦取出内部的活塞组件和轴承等。

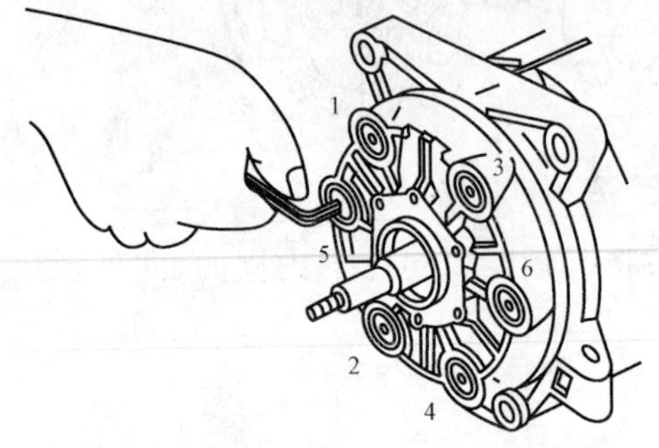

图 8-23　按编号顺序卸下端盖上螺栓

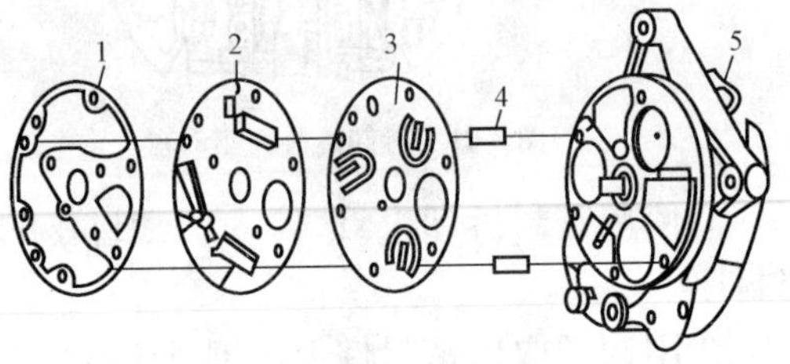

图 8-24　压缩机内部零部件拆卸

1-排气阀片;2-阀板;3-吸气阀片;4-阀定位销;5-缸体

(2)内部零部件的修理和安装步骤如下:

①检查压缩机活塞和气缸,若活塞和气缸有拉毛现象,则须更换压缩机。

②检查压缩机轴承,若有损坏则须更换。

③检查压缩机阀片和阀板。阀板可以用油石打磨平整,阀片、缸垫和 O 形密封圈损坏则须更换。

④装配时要清洗干净所有零部件,保证油路畅通,并在各摩擦部位涂上冷冻润滑油。同时,要保持所有接合面清洁干净,并在垫上涂上冷冻润滑油,均匀地拧紧螺栓,装上前后盖板。

⑤用手转动压缩机,看运转是否顺利。

6. 压缩机维修后的性能检查

将压缩机安装在工作台上就可检查其性能,其检查方法如下:

(1)压缩机内部泄漏检查:在压缩机吸、排气检修阀上装上歧管压力表,并关闭手动高、低压阀,再用手转动压缩机主轴,每秒钟转一圈,共转 10 圈,这时打开手动高压阀,高压表的压力应大于 0. 345MPa 或更大,若压力小于 0. 310MPa,则说明压缩机内部有泄漏,须重新修理。

(2)压缩机外部泄漏检查:从压缩机吸入端注入少量制冷剂,然后用手转动其主轴,用检漏仪检查轴封、端盖、吸排气阀口等处有无泄漏,若有泄漏须拆卸重新修理,若无泄漏,就可装回发动机上。

7. 空调惰轮轴承更换

图 8-25 指明了乘用车空调惰轮的安装位置。惰轮主要是调整压缩机传动皮带的松紧度,防止压缩机传动皮带松动而产生噪音和损坏。只要发动机一起动,惰轮就转动,而惰轮轴承是最容易磨损的部件,如果惰轮轴承损坏,起动空调时就会有明显的噪音。损坏的轴承必须进行更换,其更换方法如下:

(1)卸下皮带和惰轮支承轴。

(2)卸下轴承锁紧螺母和弹性挡圈，拉出旧轴承，换上新轴承，在轴承座上涂抹冷冻润滑油并压进新轴承。

(3)重新装上惰轮组件，并调整压缩机传动皮带松紧度。

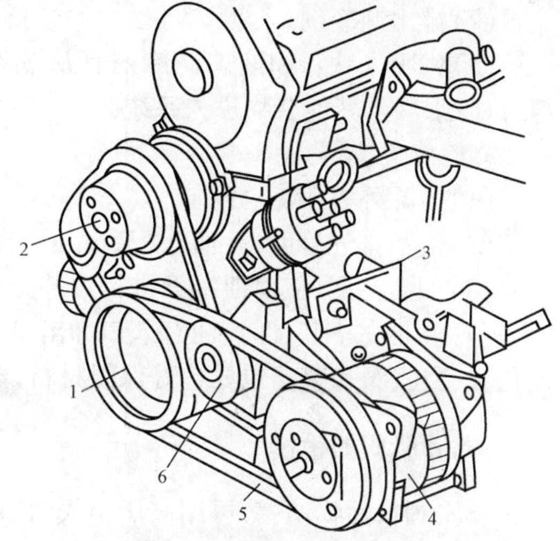

图8-25　乘用车空调惰轮安装位置

1-曲轴皮带轮；2-风扇轮；3-压缩机托架；4-压缩机；5-皮带；6-惰轮

二、冷凝器的检修

1. 冷凝器的检查

(1)用检漏仪器检查冷凝器总成泄漏情况。

(2)检查时如发现压缩机排气压力过高，不能正常制冷，导管外部有结霜、结冰现象，说明冷凝器导管内部脏堵(部分堵塞或全部堵塞)或外部折瘪。

(3)检查时如发现冷凝器散热不良，则说明冷凝器导管及翅片外表有污垢、残渣。

2. 冷凝器的拆卸

(1)慢慢地从装置中排出制冷剂。

(2)把液态制冷剂管和排油软管从冷凝器的进、出口的螺纹接头上拆下来。

(3)拆卸冷凝器，拧下连接螺栓，取出衬垫。

3. 冷凝器的检修方法

(1)如仅是外表积污、冷凝器散热片被堵塞，应用水清洗，或用高压空气吹，注意不要损伤冷凝器散热片，如发现散热片弯曲，使用手钳加以矫正，不必拆卸冷凝器。

(2)如果是冷凝器风机的问题，也不必拆卸冷凝器，可修理风机。

(3)如果是冷凝器漏气或内部脏堵，应拆开冷凝器出口和入口的接头，并封闭管路。

(4)如果是冷凝器泄漏，可在泄漏处焊补。

(5)如果是冷凝器导管脏堵或导管外部折瘪，可将该处剖开修理，然后进行焊补或更换总成。

(6)修理完毕装配时，注意出口和入口切勿接错，并且冷凝器内要加注一定量的冷冻润滑油。

三、蒸发器的检修

1. 蒸发器的检查

(1)蒸发器外表是否有积垢或异味物。

(2)蒸发器是否损坏。

(3)用检漏仪检查蒸发器是否泄漏。

(4)观察排气管路是否洁净、畅通。

2. 蒸发器的拆卸

(1)拆下蓄电池的连接线。

(2)排出制冷剂。

(3)将吸入软管和液态制冷剂管从蒸发器的入口、出口接头拆下来,并立即盖住开口部,以防水汽及其他杂物进入系统。

3. 检修方法

(1)清除外表积垢、异物。

(2)清洁排气管路,并清除积聚底板的水分。

(3)如有泄漏,应对泄漏处进行焊补。

(4)修理完毕装配时,注意入口和出口切勿接错,温控元件或感温包要牢固地装在合适的位置,膨胀阀和感温包要包好保温材料,蒸发器内要加注一定量的冷冻润滑油。

四、膨胀阀的检修

膨胀阀被污物堵塞,可用高压空气吹通,如吹不通,只有拆卸进行清理。如因膨胀阀动力膜失去压力,通过制冷剂的小孔全部堵死,而引起热传感器中的制冷剂泄漏,需修补和加注制冷剂。用胶管加注制冷剂可按如下步骤进行:

(1)把感温包上的短毛细管切断,用尖冲把内孔扩大,再用一根长约10cm、内径与毛细管外径大致一样的紫铜管套在毛细管上,用银焊或铜焊焊牢;另外加工一个金属接头,分别接在低压软管和耐高压胶管上,将胶管和紫铜管连接,相连之处用铅丝扎牢。

(2)将歧管压力表高压阀关闭,打开低压阀。绿色软管接在真空泵上,然后开动真空泵约1min,关闭后取下接头注入制冷剂。

(3)把热传感器浸入水中,找出泄漏之处,焊补好再进行抽空。

(4)排气后,依靠制冷剂罐内的压力逐渐注入。

(5)由于感温包内容积很小,抽气时间只需1~2min就行。加注制冷剂量的多少应根据车型大小决定。感温包所需制冷剂很少,无法计量,只能靠一定的压力来加注,但是制冷剂随气温变化,压力也会变化,压力很难控制。一般是参考同型车空调不运转时的高压侧压力,将其作为膨胀阀热传感器加注制冷剂的依据。

(6)用封口钳压扁紫铜管,从离封口钳10mm处将紫铜管截断,将封口处焊牢后松掉封口钳,浸入水中作检漏试验,如无任何微泡出现则为合格。

五、储液干燥器的检修

储液干燥器主要作用是储存多余制冷剂、吸收系统内水分、过滤系统内杂质或脏物,保证系统正常工作。一旦储液干燥器吸收水分达到饱和状态和滤网被脏物堵塞,就必须更换新件,其操作过程如下:

(1)排出系统内制冷剂。

(2)拆下储液干燥器,并立即用堵头塞住储液干燥器两端的管路接头。

(3)更换新的储液干燥器,并向压缩机内添加10~20mL的冷冻润滑油。

(4)最后依次对制冷系统检漏、抽真空、充注制冷剂。

第九章　奥迪 A6 汽车空调系统的检修

奥迪 A6 汽车的自动空调系统是新开发的产品,可全自动控制车内温度,座舱左、右均设有单独的温度控制装置。现仅对该车自动空调系统的特点、采用的新技术及空调的检修作介绍。

第一节　概　　述

一、控制和显示单元的组成

后风窗除霜开关和前座椅加热控制旋钮和显示单元为一体,如图 9-1 所示。

座舱左、右温度可设置在 18 ~29℃之间。

二、空调系统的组成与特点

1. 空调系统的组成

奥迪 A6 汽车空调系统的组成如图 9-2 所示。

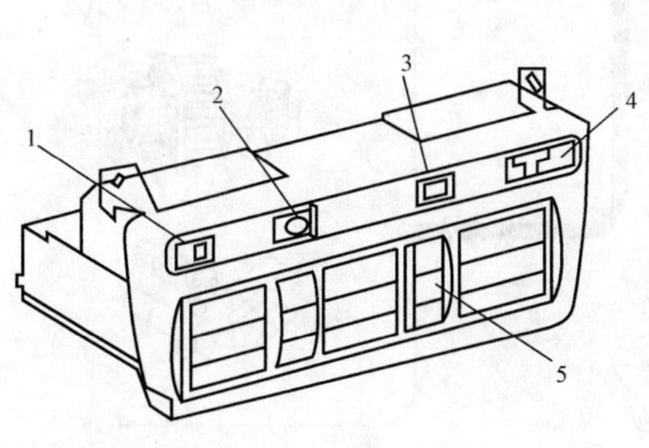

图 9-1　控制和显示单元的组成

1-左座椅加热控制旋钮;2-除霜按钮;3-后风窗除霜开关;4-右座椅加热控制旋钮;5-空气分配器

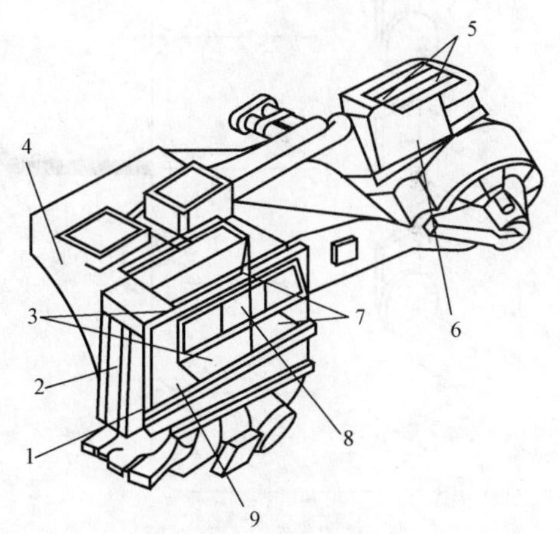

图 9-2　空调系统的组成

1-热交换器;2-蒸发器;3-温度控制翻板(左);4-空气分配箱;5-通风翻板;6-新鲜空气/空气再循环翻板;7-温度控制翻板(右);8-中央翻板;9-辅助加热器

2. 空调系统的新特点

奥迪 A6 汽车空调系统有以下特点:

(1)整个空调装置装在座舱和仪表板内。

(2)新鲜空气/空气再循环翻板与通风翻板是联动的。

(3)座舱内左、右温度翻板是联动的。

(4)所有翻板均由电动机驱动。

3. 空调ECU、传感器及执行元件的组成

空调ECU、传感器及执行元件的组成如图9-3所示。

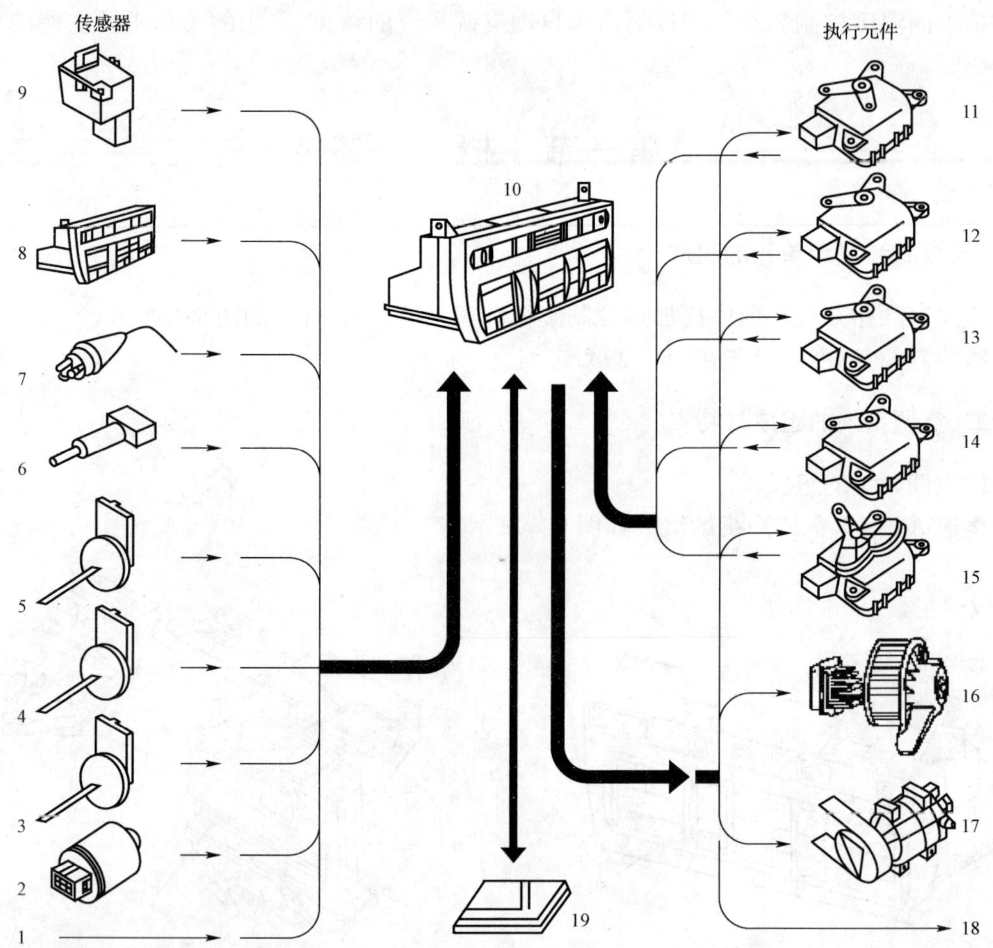

图9-3　空调ECU、传感器及执行元件的组成

1-辅助信号;2-空调按钮F129;3-脚坑出风口温度传感器G192;4-左出风口温度传感器G150;5-右出风口温度传感器G151;6-新鲜空气进气温度传感器G89;7-环境温度传感器G17;8-仪表板温度传感器G56和温度传感器鼓风机V42;9-传感器光敏电阻;10-空调装置控制和显示单元E87;11-通风和新鲜空气/空气再循环翻板伺服电动机V71和电位计G113;12-除霜翻板伺服电动机V107和电位计G135;13-左温度翻板伺服电动机V158和电位计G220;14-右温度翻板伺服电动机V159和电位计G221;15-中央翻板和脚坑翻板伺服电动机V70和电位计G112;16-新鲜空气鼓风机V2和鼓风机控制单元J126;17-电磁耦合器N25;18-辅助信号;19-自诊断接口

第二节　空调系统各部件的工作原理

一、通风翻板和新鲜空气/空气再循环翻板的工作原理

1. 调整机构

如图 9-4 所示，通风翻板和新鲜空气/空气再循环翻板由伺服电动机 V71 驱动。带导向槽的驱动臂连接电动机轴，伺服电动机工作时，翻板沿导向槽运动。

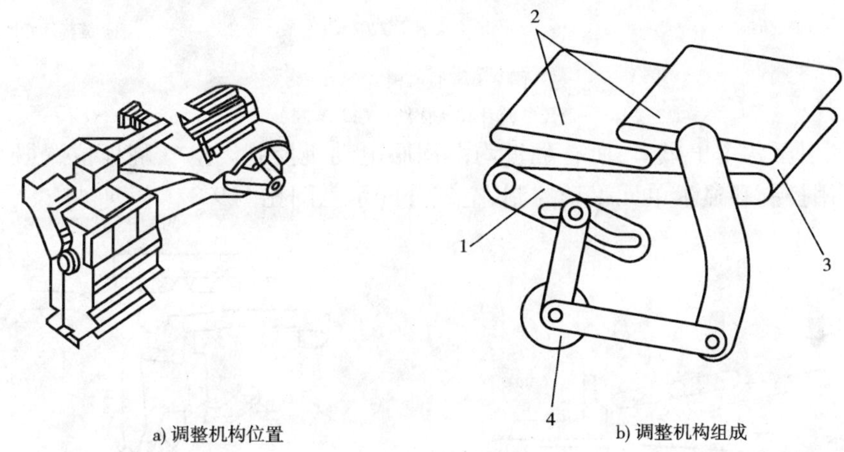

a) 调整机构位置　　b) 调整机构组成

图 9-4　调整机构

1-带导向槽的驱动臂；2-通风翻板；3-新鲜空气/空气再循环翻板；4-伺服电动机

2. 新鲜空气模式

如图 9-5 所示，在新鲜空气模式下，车速低于 60km/h 时，通风翻板和新鲜空气/空气再循环翻板完全开启，空气自由进入座舱。

3. 通风模式

如图 9-6 所示，高速行驶时，通风翻板关闭，并且根据空调状态逐渐关闭，保持进入座舱内的气流恒定。

在采暖模式下，通风控制不起作用。当车速超过 220km/h 时，通风板完全关闭，少量空气通过进气管上的一个缝隙进入座舱。

4. 空气再循环模式

如图 9-7 所示，在空气再循环模式下，通风翻板关闭，新鲜空气/空气再循环翻板上移至关闭位置，新鲜空气被隔绝，空调从座舱内抽入空气。

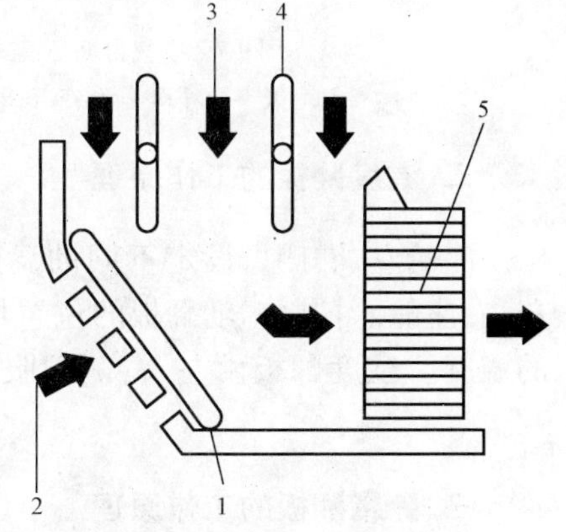

图 9-5　新鲜空气模式

1-新鲜空气/空气再循环翻板；2-空气再循环；3-新鲜空气；4-通风翻板；5-鼓风机

5. 空气分配

车内空气的分配由装在空调内的翻板控制。控制

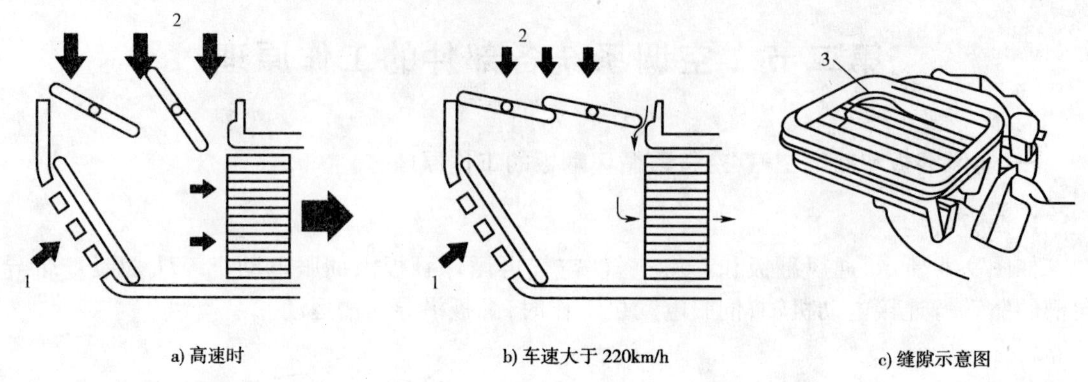

a) 高速时　　b) 车速大于 220km/h　　c) 缝隙示意图

图 9-6　通风模式

1-空气再循环;2-新鲜空气;3-缝隙

翻板可把空气引至各个出风口,所有翻板均由伺服电动机控制。空气翻板位置既可编程自动调整,也可用控制和显示单元手动控制,空气分配示意图见图 9-8。

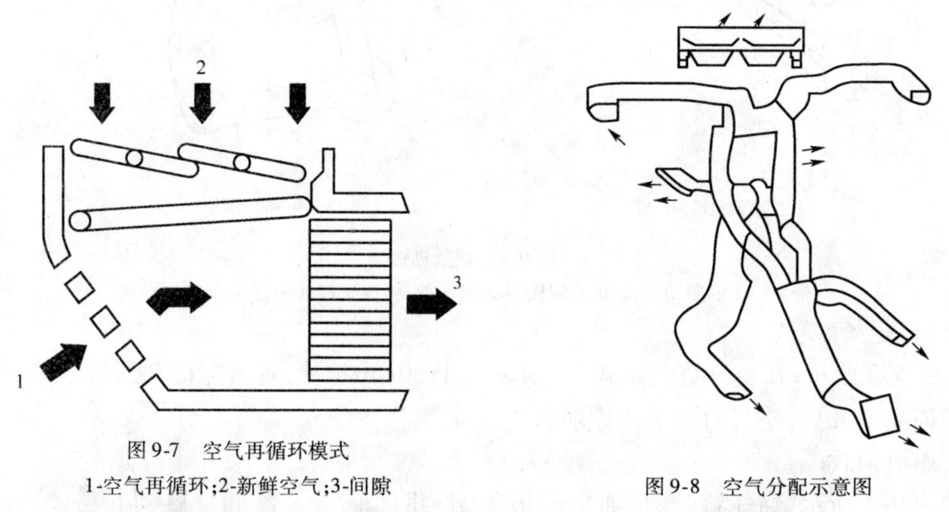

图 9-7　空气再循环模式

1-空气再循环;2-新鲜空气;3-间隙

图 9-8　空气分配示意图

二、温度翻板的工作原理

座舱左、右侧可设定不同的温度。通过各空气分配箱,气流可分别按冷、热状态进入左、右座舱。控制温度翻板的位置即可控制进入车内的冷热空气的比例,使车内达到所需的温度。温度翻板由左、右侧伺服电动机 V158 和 V159 控制。温度翻板工作示意图见图 9-9。

三、除霜翻板的工作原理

在除霜模式下,除霜翻板打开,其他各出风口均关闭。全部气流流向前风窗及侧窗,保证尽快除霜,工作原理如图 9-10 所示。除霜翻板由伺服电动机 V107 控制。

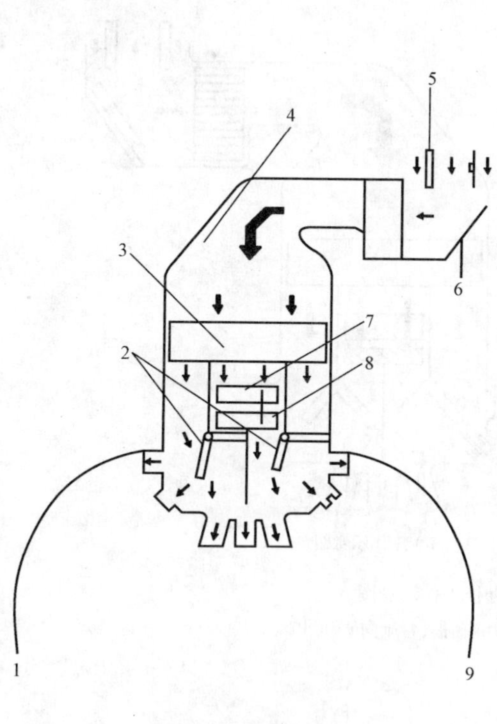

图 9-9 温度翻板工作示意图

1-座舱(左);2-温度翻板;3-蒸发器;4-空气;5-通风翻板;6-新鲜空气/空气再循环翻板;7-热交换器;8-辅助加热器;9-座舱(右)

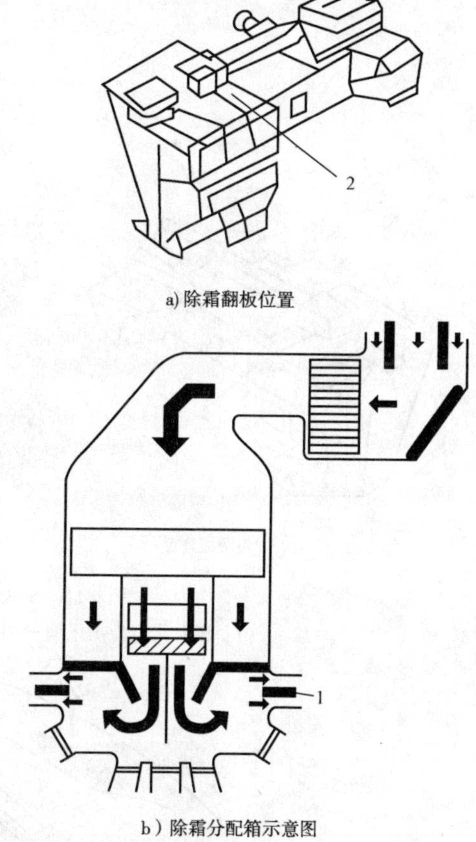

a) 除霜翻板位置

b) 除霜分配箱示意图

图 9-10 除霜模式

1-流向前风窗和侧风窗出风口;2-除霜翻板

四、中央翻板和脚坑翻板的工作原理

流向仪表板和脚坑的空气由三件式中央翻板和脚坑翻板控制。两翻板均由伺服电动机 V70 控制。带有不规则导向槽和连杆的驱动臂将翻板轴连到电动机上。电动机工作时,翻板位置由导向槽控制。中央翻板和脚坑翻板工作示意图如图 9-11 所示。

五、阳光强度光敏电阻的工作原理

车内温度由阳光强度光敏电阻控制。该电阻测量从车前及左右侧照射到乘客身上的阳光强度。按入射光方向提高车内阳光强的区域的制冷效率,阳光强度光敏电阻 G107 如图 9-12 所示。

1. 工作原理

阳光通过滤光器和 1 个光学器件照射到两个光敏二极管上。滤光器可滤去照到光学器件上的紫外线,光学器件将斜射阳光折射到光敏二极管上。光敏二极管为高灵敏度半导体

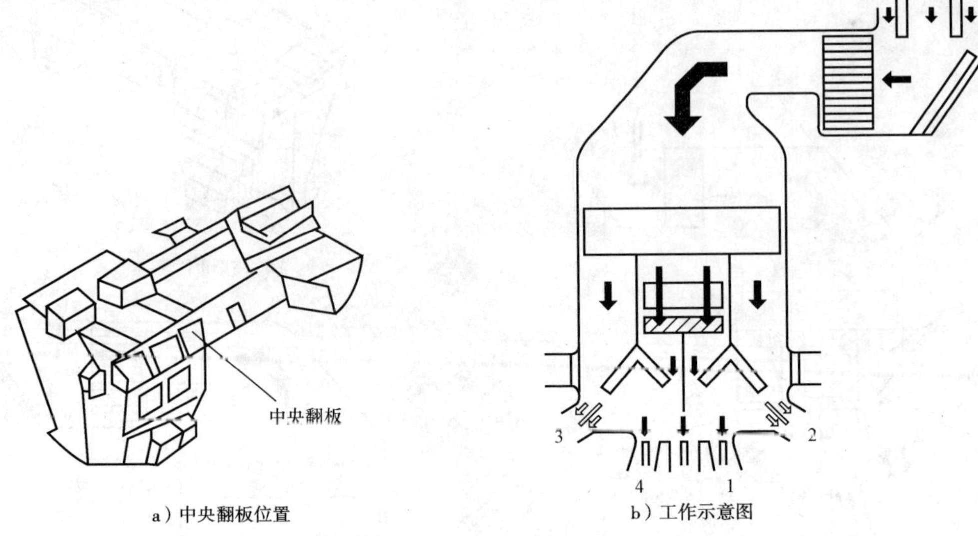

a) 中央翻板位置

b) 工作示意图

图 9-11 中央翻板和脚坑翻板工作示意图

1-流向仪表板出风口;2-中央翻板;3-脚坑翻板;4-流向脚坑出风口

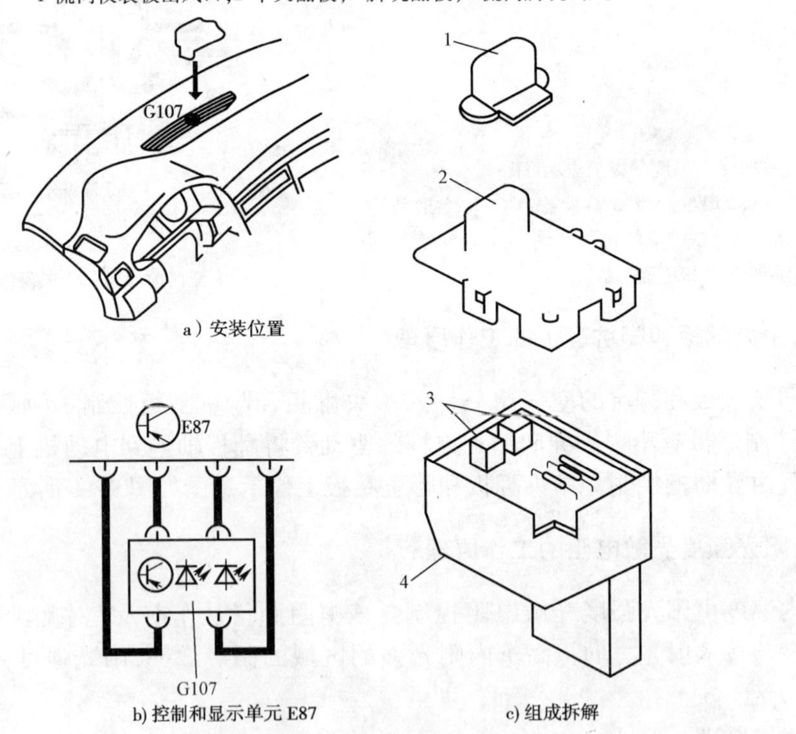

a) 安装位置

b) 控制和显示单元 E87

c) 组成拆解

图 9-12 阳光强度光敏电阻 G107

1-滤光器;2-光学器件;3-光敏二极管;4-壳体

器件。如果无阳光照射，光敏二极管电流极小；有阳光照射时电流增大，阳光越强，电流越大。电流增大意味阳光增强，ECU 会相应地调节车内温度。若信号中断，ECU 则采用一预置的平均值代替阳光强度。

2. 冷气调节过程

按阳光强度调节冷气量，如图 9-13 所示。

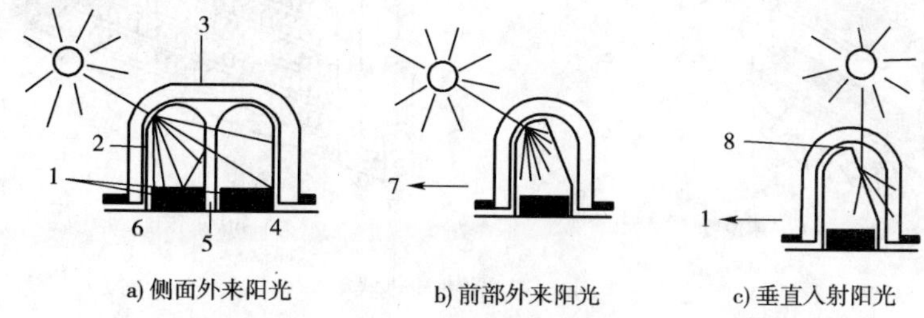

图 9-13　按阳光强度调节冷气量

1-光敏二极管；2-光学器件；3-滤光器；4-座舱（右）；5-隔板；6-座舱（左）；7-行驶方向；8-光学器件可防止阳光垂直入射

（1）侧面外来阳光强度。阳光从车左右侧进入时，驾驶员与乘员所感受到的温度不同。光学器件的内部分为两部分，每部分有一个光敏二极管，如座舱左面阳光较强，那么阳光大部分被折射到左边的光敏二极管上，由于光学器件中部有一隔板，只有少部分阳光被折射到右边的光敏二极管上。因此，座舱左面冷气量加大。

（2）前部外来阳光强度。前面阳光可使驾驶员和前乘员均感到热度增加。光学器件将大部分阳光等量折射到光敏二极管上，于是驾驶员和前乘员处的冷气量也等量加大。

（3）垂直入射阳光强度。由于车顶可隔开垂直入射的阳光，驾驶员和前乘员未直接暴露在阳光下。光学器件反将极少的阳光折射到光敏二极管上，因此冷气量减少。

六、辅助加热器的工作原理

1. 安装位置

辅助加热器与热交换器协同工作以保证座舱内迅速升温。辅助加热器位于蒸发器和热交换器下面，见图 9-14。它只用于 DTI 发动机，因为这种发动机效率高，散热少。

2. 工作过程

辅助加热器由一组陶瓷正温度系数电阻和散热片组成。打开辅助加热器时，电流流过每个正温度系数电阻，使电阻升至某一温度，散热片吸收热量，并将其散入空气中。正温度系数电阻的阻值会随温度升高而增大，电流随之减小，可防止舱内过热。柴油直喷系统控制单元 J248 通过加热继电器控制辅助加热器 Z35 的开启，如果下列条件同时满足，控制和显示单元将接通辅助加热器：

①经济行车按钮未按下；

②进气温度低于 5℃；

③冷却温度低于 80℃；

④发动机处于运转状态。

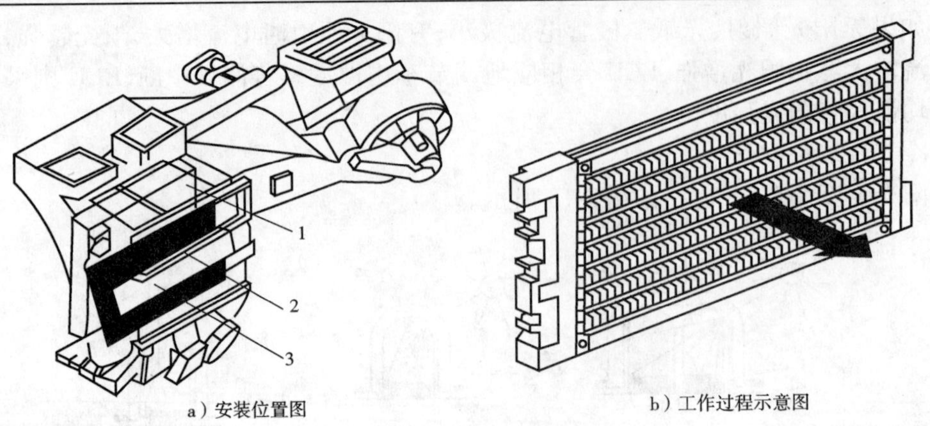

a）安装位置图　　b）工作过程示意图

图 9-14　辅助加热器

1-蒸发器;2-热交换器;3-辅助加热器

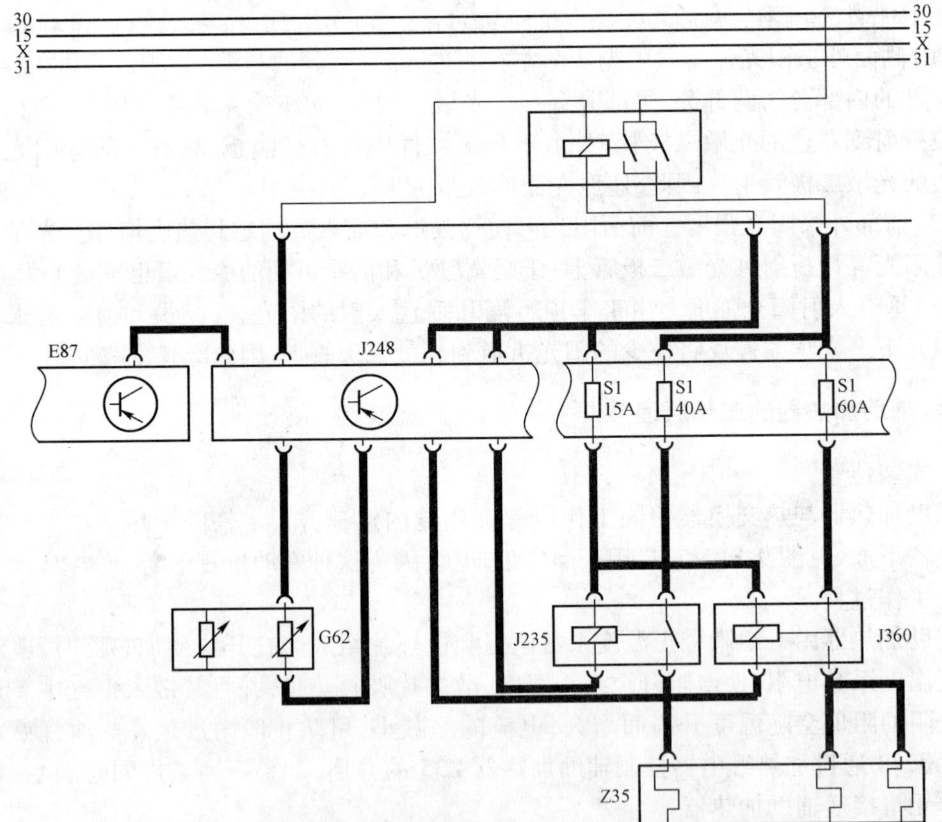

图 9-15　辅助加热器 Z35 电路

E87-空调装置控制和显示单元;J248-柴油直喷系统控制单元;J235-低热量输出继电器;J360-高热量输出继电器;G62-冷却液温度传感器;Z35-辅助加热器

加热继电器按下列顺序工作：

①发动机起动后，低热量输出继电器工作。

②三相交流发电机负荷如果低于 60%，高热量输出继电器开始工作，低热量输出继电器停止工作。

③如果三相交流发电机负荷仍低于 60%，低热量输出继电器又开始工作。

3. 工作电路

辅助加热器的工作电路如图 9-15 所示。

七、空调系统功能图

图 9-16 所示为奥迪 A6 汽车空调系统功能图。

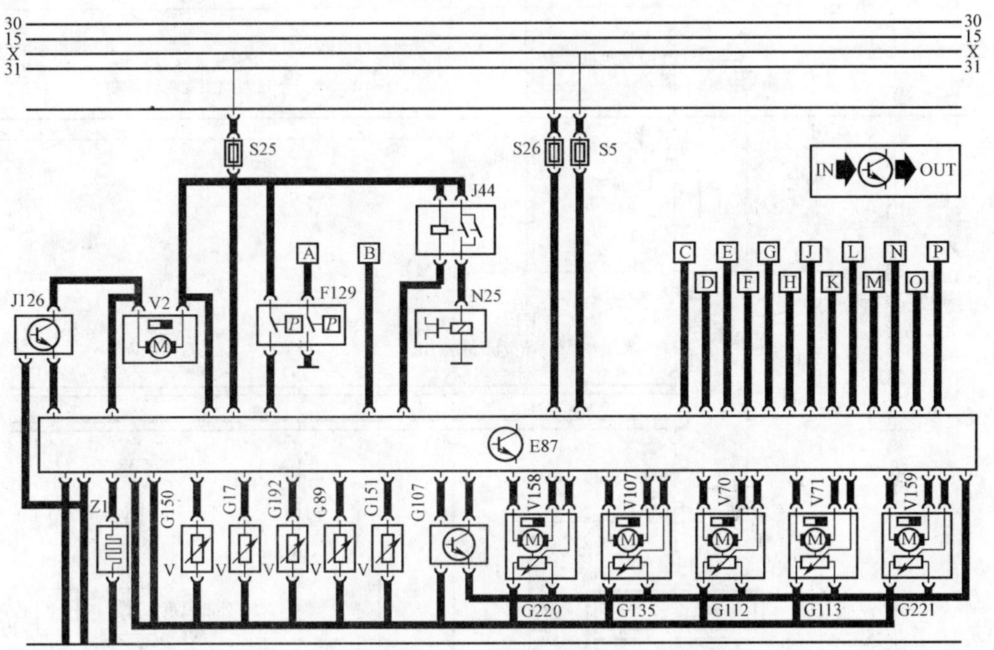

图 9-16　奥迪 A6 轿车空调系统功能图

E87-空调装置控制和显示单元；V71-通风翻板和新鲜空气/空气再循环翻板伺服电动机；V107-除霜翻板伺服电动机；V158-温度翻板伺服电动机（左）；V159-温度翻板伺服电动机（右）；V70-中央/脚坑翻板伺服电动机；J126-鼓风机 ECU；V2-新鲜空气鼓风机；N25-电磁耦合器；G107-阳光强度光敏电阻；G17-外界温度传感器；G151-右出风口温度传感器；G150-左出风口温度传感器；G112-中央翻板伺服电动机电位计；G113-通风翻板伺服电动机电位计；G135-除霜翻板伺服电动机电位计；G220-左侧温度翻板伺服电动机电位计；G221-右侧温度翻板伺服电动机电位计；J44-电磁耦合器继电器；Z1-后风窗加热器；A-接冷却风扇 2 挡继电器；C-显示照明（接线柱 58d）；D-开关照明（接线柱 58d）；E-自诊断（K 线）；F-发动机转速信号；G-车速信号；H-压缩机开/关信号；J-速度增加信号；K-空调关闭信号；L-来自辅助加热器；M-接发动机 ECU；N-来自车顶太阳；O-传至组合仪表的环境温度信号；P-静止时间

第三节 空调系统常见故障诊断

一、故障自诊断

全自动空调系统带有故障自诊断系统,其主要功能是不间断地监测空调系统的状态,随时将故障信息存入电脑中;监控系统元件是否发生故障并显示故障信息,可通过电脑控制器的按钮调出并显示故障。这样,不必使用大量的外设仪器,就能方便地检查有关系统的状态、参数和存储的故障,给使用和维修带来很大方便。

如图9-17所示,为全自动空调系统故障自诊断系统的电路图。该系统将设定的自检方

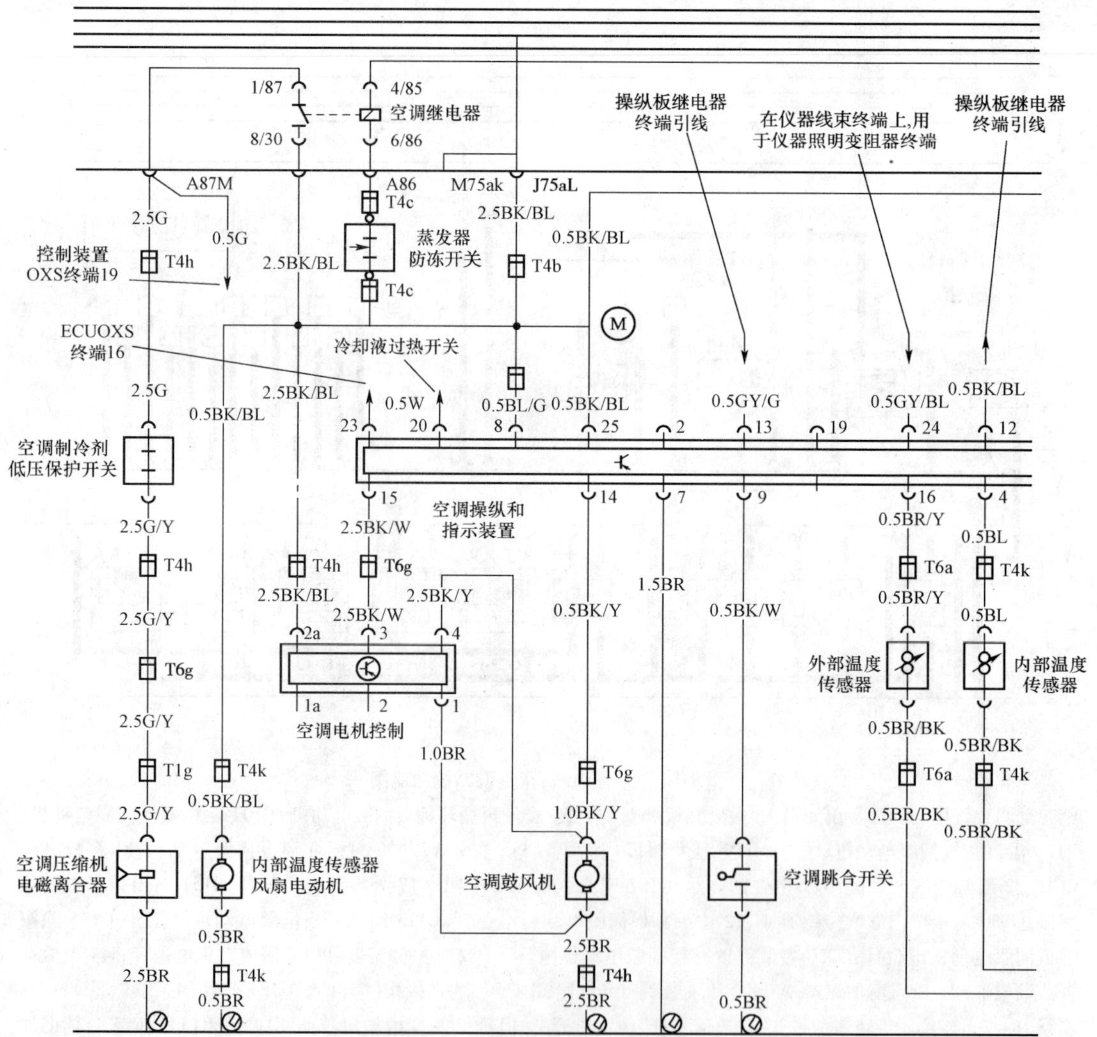

图9-17 故障自诊断系统线路图

式下所需要检查的内容,分门别类地分到各个区域(也叫频道),在各个频道里用不同的代码表示不同的意义,对照有关的说明手册,就可确定系统各部件的状态或故障。

奥迪汽车全自动空调系统的频道内容,详见表 9-1。

自动空调系统各频道内容 表 9-1

频道编号	检测元件	频道编号	检测元件
01	系统故障	11	车辆蓄电池电压
02	未使用	12	未使用
03	内部温度传感器	13	外部温度开关
04	蒸发器壳体上的外部温度传感器	14	高压传感器
05	散热器栅前的外部温度传感器	15	自动跳合开关
06	未使用	16	冷却液过热开关
07	在控制和调节装置上的操纵和指示装置输出信号	17、18、19、20	未使用
08	温度调节门实际位置	21	空调接通信号
09	温度调节门规定位置	22	偶然出现的低压值(低于 9.5V)
10	空调电动机规定电压	23	未使用

以下以 01、03、04、05 频道的故障诊断为实例,进行故障分析。

1. 诊断 01 频道

01 频道监控系统存储发生的各种故障情况,用于以后查询。

触发显示器:

(1)起动发动机。

(2)按下按钮"OUTSIDE TEMP"。

(3)保持"OUTSIDE TEMP"按钮按下位置,并短暂地按下"OFF"按钮,直至显示出 01。如没有显示出,则按下"WARMER"按钮,直到显示出 01。

(4)按下"COOLER"按钮,可显示出表 9-2 所示的 10 种信息。

01 频道故障显示 表 9-2

故障显示	故障	见频道
00	故障存储器中无故障记录	
01	内部温度传感器断路	03
02	内部温度传感器短路	03
03	蒸发器壳体上的外部温度传感器断路	04
04	蒸发器壳体上的外部温度传感器短路	04
05	散热器栅前的外部温度传感器断路	05
06	散热器栅前的外部温度传感器短路	05
07	电动机在规定程序上温度调节工作不正常	08,然后见频道 09
13	系统电压低于 9.5V	检查蓄电池并充电
14	系统制冷剂压力过高	检查系统压力和散热器风扇运转

2. 诊断03频道

03频道可供检测内部温度传感器。03频道的显示编码与相应的传感器温度及传感器电阻值相对应。

触发显示器:

(1)若需要,则在保持“OUTSIDE TEMP”按钮按下位置时,短暂地按下“OFF”按钮。

(2)按下“WARMER”按钮,直到显示出03。

(3)按下“COOLER”按钮,显示出内部温度传感器的显示编码。

在传感器前面,用仪表板上的温度计测量温度,并对照显示编码,允许标度值和传感器进口测量值的温度偏差为2℃。如测量20℃温度时,显示器的显示值必须在137和148之间,而标度值为142。如果显示编码为128,可用覆盖传感器空气进口的办法检测,覆盖中所刻的显示编码应下降3~5,若不是这样,则可用短路或断路检查传感器。

3. 诊断04和05频道

04频道检查蒸发器壳体上的外部温度传感器。05频道检查散热器栅前外部温度传感器。触发显示器方式与03频道相同。

由于两个外部温度传感器是相同的,同一个显示值适用于两个传感器。检测方法与03频道相似。频道显示“⌷”符号的意义,如图9-18所示。

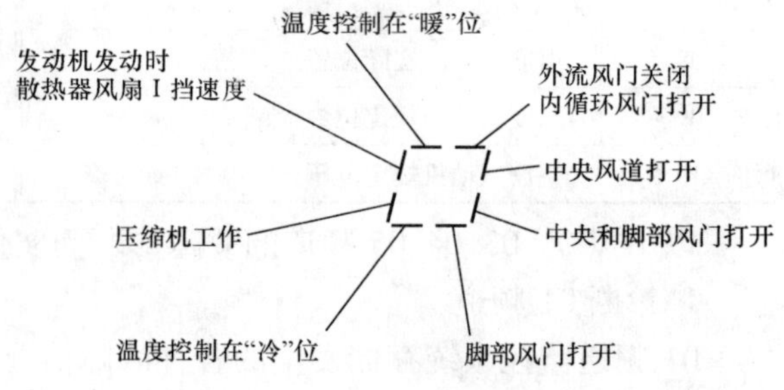

图9-18 频道显示⌷符号的意义

其他故障诊断频道触发显示器方式与03频道相同。

二、全自动空调系统的故障检修

1. 电脑控制器不工作

检查时,先关闭侧灯,接通点火开关,测量电脑控制器E87上接头25和接头7之间的电压。如果接头25和接头7之间的电压低于8V,则表明电源或线路出现故障,应检查接头25的电源接线或接头7的搭铁线。

如果接头25和接头7之间的电压高于8V,则应继续测量接头13和接头7之间的电压,如果接头13和接头7之间的电压低于8V,则应更换电脑控制器E87。

如果接头13和接头7之间的电压高于8V,则应继续检测。将插头从电脑控制器E87上拔下,测量接头13和接头7之间的电压。若这时接头13和接头7之间的电压高于8V,则表明至接头13的接线由于过载电压而引起短路;若这时接头13和接头7之间的电压低于8V,则需更换电脑控制器E87。

2. 电脑控制器无存储

电脑控制器无存储,只能是由电源或电脑控制器本身引起,只要测量电脑控制单元E87的接头12和接头7之间电压即可。若接头12和接头7之间的电压高于8V,说明电脑控制器 E87 本身有故障；否则，需要检查接头 12 的电源接线和接头 7 的搭铁线。

3. 自动工况下压缩机不工作

接通点火开关，按下“AUTO”键，选择温度状态为 24℃，诊断通道 17 起作用。

若 1 部分亮起，则应测量控制和调节单元 J127 的插头连接件 A 上接头 5 与 7 之间的电压。若接头 5 与 7 之间的电压低于 1.5V，则可用电路图检查以下各部件以及它们的连线：

(1)空调继电器 J32。

(2)蒸发器温度开关 E33。

(3)空调电磁离合器 N25。

若接头 5 与 7 之间的电压高于 1.5V，则应检查接线上是否有短路，并检查空调继电器 J32 与控制和调节单元 J127 接线插头端子 5 之间的电压，若该电压过高，则表明自动空调控制系统有故障。

若 2 部分亮起，则可以检查高压开关 F118；若 3 部分亮起，则可检查温度传感器 G17 和 G57；若 4 部分亮起，则表明供电电压可能过低，应检查输入电压显示；若 5 部分亮起，则应检查制冷循环开关 F73；若 6 部分亮起，则应检查自动跳合开关；若 7 部分亮起，则应检查过热报警开关。

若 1 ~7 部分均不亮，则应更换电脑控制器 E87。

4. 关闭状态下压缩机一直工作

检查时，先接通点火开关，按下“ECOM”键，选择温度状态为 24℃，打开通道 18。若 1 部分亮起，则应更换电脑控制器 E87。若 1 部分不亮，则应进行如下检查：将控制和调节单元 J127 的插头连接器拆下，起动发动机，若这时压缩机不工作，则表明自动空调控制系统有故障；若这时压缩机开始工作，则应检查以下元件及其线路：空调继电器 J32、蒸发器温度开关 E33、空调电磁离合器 N25 等元件。

5. 故障自诊断系统失效且不能调出外部温度

接通点火开关以后，测量电脑控制器 E87 插头之间的电压，当接头 25 和接头 7 之间的电压低于 8V 时，则表明电源电压不足，可将接头 25 重新与电源连接，或将接头 7 重新搭铁。

当接头 25 和接头 7 之间的电压高于 8V 时，可继续测量接头 11 和接头 7 之间的电压。若接头 11 和接头 7 之间的电压高于 6V 或低于 4V，则表明自动空调控制系统出现故障，可按前面“1”所述检查。当接头 11 和接头 7 之间的电压在 4.7V 与 6V 之间时，可将控制和调节单元 J127 的插头拆下，如这时自诊断系统开始起作用，外部温度开始显示，则按下面的步骤 1 操作，否则按步骤 2 操作。

步骤 1：再测量插头 A 上接头 4 与接头 7 之间的电压。当电压高于 8V 时，再检查插头 A 上接头 8、9、10 至电脑控制器 E87 插头上接头 10、21、22 之间的连线，若无短路、搭铁短路或过载短路等，则应更换电脑控制器 E87；当接头 4 和接头 7 之间的电压不足 8V 时，应检查插头 A 上接头 4 的电源接线和接头 7 的搭铁线。

步骤 2：再检查 A 插头上接头 8、9、10 与电脑控制器 E87 插头上接头 10、21、22 之间的连线,消除线路故障,或更换电脑控制器 E87。

三、暖风装置的常见故障及其排除方法

1. 无暖风

(1)故障现象:风口没有暖风送出。

(2)产生原因:①暖风水阀未开或损坏;②鼓风机不转;③鼓风机开关失灵;④熔断丝烧断。

(3)排除方法:①打开或更换暖风水阀;②修复或更换鼓风机;③修复或更换鼓风机开关;④更换熔断丝。

2. 暖风不足

(1)故障现象:风门处暖风温度不够。

(2)产生原因:①水温低;②水管脱落或渗漏;③鼓风机转速太慢或损坏;④风门未回位;⑤车门、车窗未关严。

(3)排除方法:①排除发动机工作温度过低;②焊接水管或堵漏;③修复或更换鼓风机;④将风门回位;⑤关严车门、车窗。

第十章　帕萨特 B5 汽车空调系统的检修

第一节　结构特点

上海大众汽车有限公司与德国大众公司开发的帕萨特 B5 汽车，分为 PassatB5 Gli、PassatB5 Gsi、和 PassatB5 2.8T 三种车型，装用自动空调装置（见图 10-1）和手动空调装置。

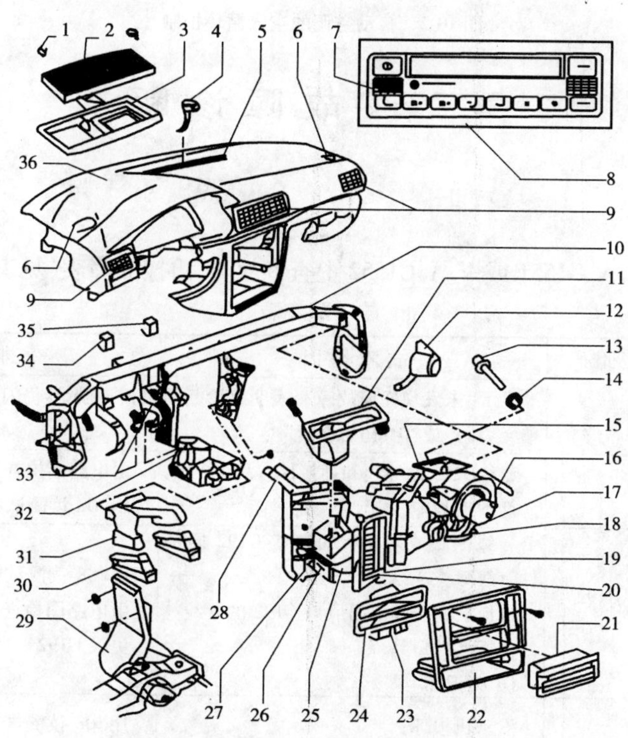

图 10-1　PassatB5 自动空调装置（车内）

1-卡簧；2-尘土滤清器芯；3-滤芯支架；4-阳光强度传感器 G107；5-前风窗玻璃除霜出风口；6-前风窗玻璃侧面除霜出风口；7-仪表板温度传感器 G56（该温度传感器带有鼓风机 V42）；8-显示单元 E87；9-出风口；10-仪表横梁；11-除霜器罩；12-防水漏斗；13-新鲜空气吸入通道温度传感器 G89；14-密封圈；15-风滞压力活门伺服电动机 V71；16-新鲜空气鼓风机 V2；17-鼓风机控制单元 J126；18-储物箱冷风出口；19-温度活门伺服电动机 V68；20-中央活门伺服电动机 V70；21-空调控制单元 J255；22-中央饰板；23-中央出风口温度传感器 G191；24-中间板；25-空气分配箱和蒸发器壳体；26-脚部出风口传感器 G192；27-脚部空间活门/除霜器活门伺服电动机 V85；28-热交换器；29-左前通道；30、31-下/上部连接件；32-脚部出风口；33-仪表板横梁和左侧梁的紧固螺栓；34、35-继电器；36-仪表台自动空调装置的空气循环控制如图10-2所示,是将空调控制单元J255内部设定值与温度传感器信号值进行比较,计算出一个控制值,根据此控制值空调可自动地开关伺服电动机电路。

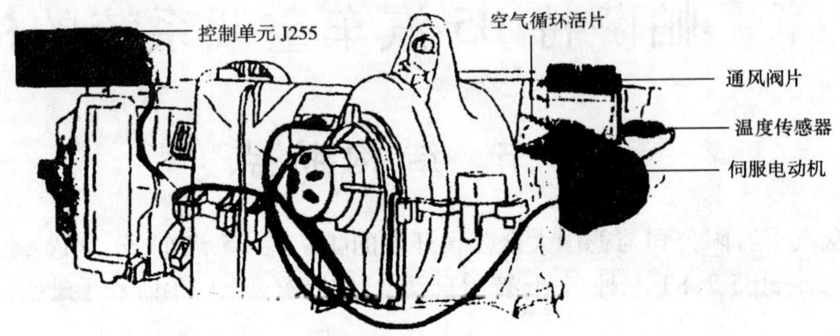

图10-2 自动空调的空气循环控制

第二节 故障诊断

一、故障表

在故障诊断仪V. A. G1551或V. A. G1552上查询故障,再按故障表(见表10-1)排除故障。

故障表 表10-1

V. A. G1551显示的故障及代码	故障原因	排除方法
00000 未发现故障	显示“未发现任何故障”,表明自诊断结束,若显示器仍闪烁,可分别选择“07-控制单元编码”或“04-初始设置”	
65535 空调控制单元J255	通往J255的导线和插接件有故障; J255有故障	由电路图检查导线和插接件; 用“08-读测试数据组”来检验J255
01297 脚部出风口温度传感器G192 断路或对正极短路 接地后短路	导线断路或对正极短路或G192插接件有故障; 接地后通往脚部出风口G192的导线或插接件短路; G192损坏	用“08-读测试数据组”检查G192; 由电路图检查导线及插接件; 更换G192
00532 子电源电压 信号太大 信号太小	发动机损坏; 通往Climatronic控制单元J255的导线或插接件有故障	用“08-读测试数据组”检查电源; 由电路图检查J255的导线及插接件; 检查发电动机
00538 基准电压 信号大大 信号太小	J255上的T1668通往伺服电动机的线路短路或断路; 电位计G92或G112、G113及G114损坏; 空调控制单元J255损坏	由电路图查找短路、断路点; 拔下有关部件插接件,关闭故障存储器,重新查询,若不再出现“基准电压”有故障显示,就应更换相应的伺服电动机; 更换J255,选择“07-控制单元编码”“04-初始设置”

续上表

V. A. G1551 显示的故障及代码	故障原因	排除方法
01296 中央出风口温度传感器 G191 断路或对正极短路 接地后短路	G191 对正极短路或 G191 的导线或插接件断路； G191 接地后短路或 G191 的导线或插接件断路； G191 损坏	通过“08-读测试数据组”检查 G191； 由电路图查找断路、短路点； 更换 G191
00792 空调压力开关 F129 不能立即检查	通往 F129 的导线或插接件断路或短路； 制冷剂添加错误或电动机冷却不足； 空调压力开关 F129 损坏	通过“08-读测试数据组”检查 F129； 由电路图检查导线和插接件； 检查电动机冷却情况； 更换 F129
	若在查询故障存储器之前，通过“03-执行元件诊断”对 F129 不能检查，如当外界温度 < 12℃时，这一显示才能出现，关闭点火开关后，故障存储器中的这一故障就会被清除。当外界温度 < 12℃时，或当 G17 和 G89 失灵时，这一故障就查不出来。2bar① 或 32bar 控制的部件受到检查，而 16bar 控制的部件接受不到检查	
00779 外界温度传感器 G17 断路或对正极短路	通向 G17 的导线或插接件对正极短路、断路或者搭铁后短路； G17 损坏	用“08-读测试数据组”检查 G17； 由电路图检查导线和插接件； 更换 G89
00787 新鲜空气吸气道温度传感器 G89 断路或对正极短路； 搭铁后短路	通向 G89 的导线或插接件断路或对正极短路，或者断路/搭铁后短路； G89 损坏	用“08-读测试数据组”检查 V85； 由电路图检查导线和插接件； 更换 G89
00603 脚部空间和除霜器伺服电动机 V85	V85 导线或插接件断路或短路； V85 损坏	用“08-读测试数据组”检查 V85； 更换 V85，然后进行“04-初始设置”
01206 停止时间信号	若 ABS 灯 K47 或制动灯 K81 有故障且被存储器存储，说明组合仪表损坏； 导线或插接件短路或断路； Climatronic 控制单元 J255 损坏	更换组合仪表； 用“08-读测试数据组”检查停止时间； 由电路图检查导线和插接件； 更换 J255，进行“07-控制单元编码”和“04-初始设置”
	J255 为记录电动机停止后的时间，汽车熄火后再起动，就用上次运转时所用的温度值来取代外界温度传感器 G17 的测量值和新鲜空气吸入通道温度传感器 G89 的测量值。否则在电动机停止状态下和辐射的作用下其测量值会失真	

续上表

V. A. G1551 显示的故障及代码	故障原因	排除方法
00281 行驶速度传感器 G68 目前不能检查	里程表传感器 G22 和车速传感器 G21 同时损坏; 速度信号分配器 TV3 通往 J255 的导线或插接件发生短路或断路	更换 G22、G21; 用"08-读测试数据组"检查 G22 的信号; 由电路图检查导线和插接件
	在查询故障存储器之前要进行"03-执行元件诊断",这个显示才会出现,J255 故障存储器中的这些故障码,在汽车熄火后会自行消除。若 G68 损坏,这一故障在行驶时又会出现,故障由它的传感器发现,若发动机起动后的 4min 内,经过起步后速度 >5km/h,后又停车都没有测到任何速度信号,该故障才会被发现	
00797 阳光强度传感器 G107 断路或对正极短路或搭铁后短路	阳光强度传感器 G107 的导线或插接件断路或对正极短路或搭铁后短路	用"08-读测试数据组"检查 G107; 由电路图检查导线及插接件
01271 温度活门伺服电动机 V68(在"初始设置"和"执行元件诊断"以及正常运行时能发现该故障)	V68 的导线或插接件断路或短路 安装 V68 时未进行"04-初始设置"; V68 卡住或损坏	用"08-读测试数据组"检查 V68; 由电路图检查导线及插接件; 检查 V68 的终端插头; 进行"03-执行元件诊断"; 更换 V68
01272 中央活门伺服电动机 V70(在"初始设置"和"执行元件诊断"及正常运行都可以发现该故障)	通往 V70 的导线或插接件断路或短路; V70 卡住或损坏	用"08-读测试数据组"检查 V70; 检查电路; 进行"03-执行元件诊断"; 更换 V70,并进行"04-初始设置"
01273 新鲜空气鼓风机 V2 及其控制单元 J126	V2 的电路或插接件有故障; V2 或 J126 损坏	用"08-读测试数据组"检查 V2; 检查电路; 进行"03-执行元件诊断"; 更换 J126 或 V2
01274 风滞压力活门伺服电动机 V71	V71 导线或插接件断路或短路; V71 卡住或损坏	用"08-读测试数据组"检查 V71; 检查电路; 进行"03-执行元件诊断"; 更换 V71,并进行"04-初始设置"

①1bar = 10^5 Pa

二、读测试数据功能 08

输入希望的显示组号,显示组号表(见表 10-2)中有关的电子元件,如图 10-3 所示。

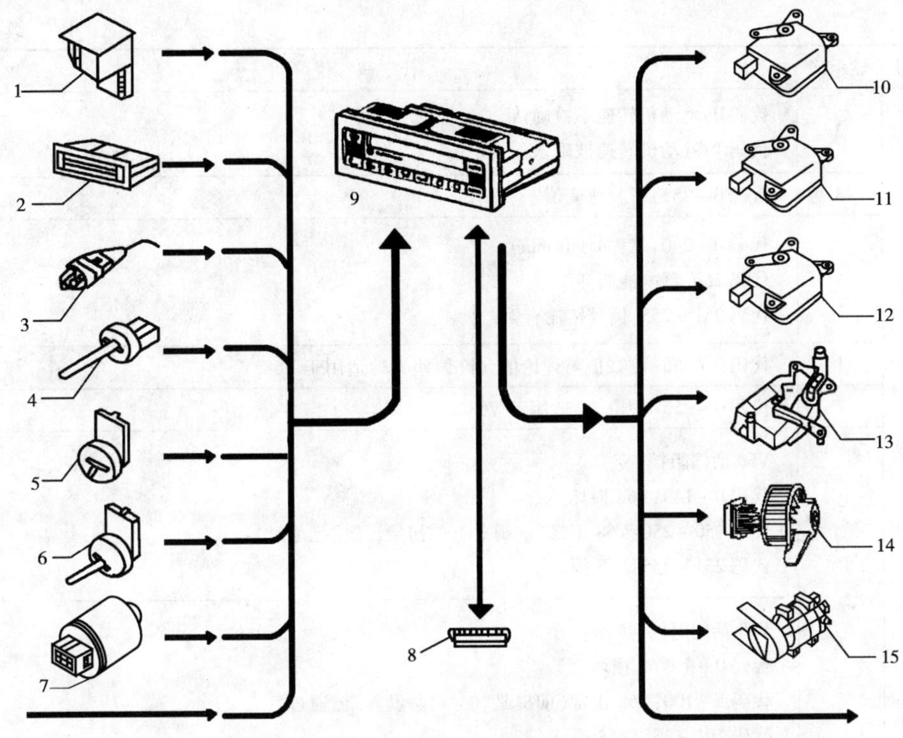

图 10-3　空调控制电子元件

1-阳光强度传感器 G107;2-仪表板温度传感器 G56 和风扇 V42;3-外界温度传感器 G17;4-新鲜空气吸入通道温度传感器 G89;5-脚部空间出风口温度传感器 G192;6-中央出风口温度传感器 G191;7-压力开关 F129;8-自诊断插座 S;9-Climatronic空调控制单元 J255;10-脚部空间和除霜器活门伺服电动机 V85;11-中央活门伺服电动机 V70;12-温度活门伺服电动机 V68;13-风滞压力伺服电动机 V71;14-新鲜空气鼓风机 V2(带控制器 J126);15-制冷压缩机电磁离合器 N25

显示组号表　　表 10-2

显示组号	显示区	代码说明
001	1	代码 0:电磁离合器 N25 关闭 代码 1:制冷剂高压循环时,空调压力开关 F129 将 N25 关闭 代码 2:因鼓风机控制器 J126 损坏,使 N25 关闭 代码 3:制冷剂循环压力过低,F129 将 N25 关闭 代码 4:显示不出来 代码 5:N25 关闭 4s,代码 5 显示约 5s,说明 N25 工作正常。若代码 5 持续显示,应检查转速信号 代码 6:N25 关闭(N25 没坏) 代码 7:V2 不工作而使 N25 关闭 代码 8:因环境温度 <3℃,为防冻霜,N25 关闭,应检查 G17 和 G89 代码 9:显示不出来 代码 10:因电源电压 <9.5V,而使 N25 关闭 代码 11:由组合仪表的热敏开关通过 J255 关闭 N25 代码 12:由自动变速器的控制单元 J220 通过 J255 关闭 N25

续上表

显示组号	显示区	代码说明
001	2	代码0:发动机转速不被确认 代码1:发动机转速被确认
	3	代码0~255:行驶速度值
	4	代码0~240:熄火时间(min) 代码250:蓄电池断开 代码251~255:信号传输有误
002	1	代码0~255(测试值与理论值允许偏差±2)适用于V68
	2	代码0~255(理论值)适用于V68
	3	V68活门阻挡:冷 代码0~149:V68损坏 代码150~250:V68正常(前提是"04-初始设置"已通过) 代码251~255:V68损坏
	4	V68活门阻挡:热 代码0~4:V68损坏 代码5~100:V68正常(前提是"04-初始设置"已通过) 代码101~255:V68损坏
003	1	代码0~255(测试值与理论值允许偏差±2)适用于V70
	2	代码0~255(理论值)适用于V70
	3	V70活门阻挡:空气通往仪表板出风口 代码0~149:V70损坏 代码150~250:V70正常(前提是"04-初始设置"已通过) 代码251~255:V70损坏
	4	V70活门阻挡:空气通往脚部空间出风口/除霜器 代码0~4:V70损坏 代码5~100:V70正常(前提是"04-初始设置"已通过) 代码101~255:V70损坏
004	1	代码0~255(测试值与理论值允许偏差±2)适用于V85
	2	代码0~255(理论值)适用于V85
	3	V85活门阻挡:空气通往脚部空间 代码0~149:V85损坏 代码150~250:V85正常(前提是"04-初始设置"已通过) 代码251~255:V85损坏

续上表

显示组号	显示区	代码说明
004	4	V85 活门阻挡：空气通往风窗玻璃 代码 0～4：V85 损坏 代码 5～100：V85 正常（前提是"04-初始设置"已通过） 代码 101～255：V85 损坏
005	1	代码 0～255（测试值与理论值允许偏差 ±2）适用于 V71
	2	代码 0～255（理论值）适用于 V71
	3	V71 活门阻挡：新鲜空气通往乘客舱 代码 0～149：V71 损坏 代码 150～250：V71 正常（前提是"04-初始设置"已通过） 代码 251～255：V71 损坏
	4	V71 活门阻挡：循环空气通往乘客舱 代码 0～4：V71 损坏 代码 5～100：V71 正常（前提是"04-初始设置"已通过） 代码 101～255：V71 损坏
006	1	由 J255 根据 G89 和 G17 测出的值算出温度值，会在 E87 的屏幕上显示出来。汽车停驶后，该值要低于 G17 和 G89 的测量值。如果 G17 和 G89 的测量值反映了实际温度，经长时间运行，这两个温度值将趋于一致，否则，说明 G17 和 G89 有故障
	2	G89 实际测量值（℃）
	3	G17 实际测量值（℃）
	4	G107 实际测量值（℃）
007	1	G191 实际测量值（℃）
	2	G192 实际测量值（℃）
	3	G56 实际测量值（℃）
	4	无显示
008	1	关闭 V2：理论值 0V 1 个 V2：理论值 3.6V 7 个 V2：理论值 12V
	2	V2 的实测值与理论值允许偏差 ±0.8V
	3	终端 15，实测电压值（V）
	4	N25 上测量的电压值（V） 不予测量

第三节 维 修 作 业

一、附加电阻 N24

如图 10-4 所示,拔下插头,拧下螺栓(箭头所指),取下附加电阻 N24。安装时,应在 N24 和空气通道之间涂 AMV17600005 密封胶。

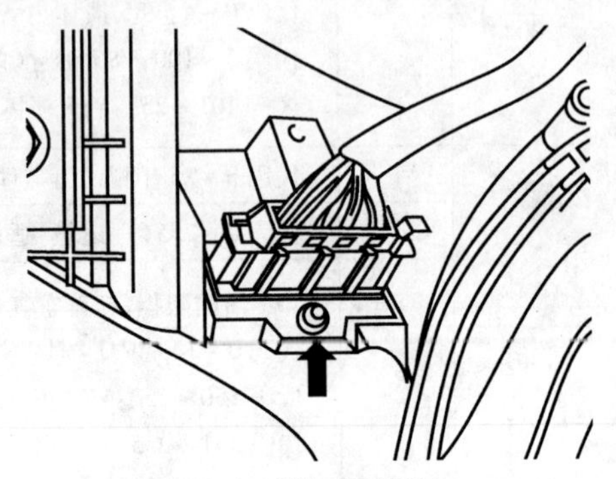

图 10-4 附加电阻 N24

二、压力开关 F129

如图 10-5 所示,拆下右侧前照灯,拧下锁卡体和挡盖之间的螺栓,拔下压力开关 14(F129)。

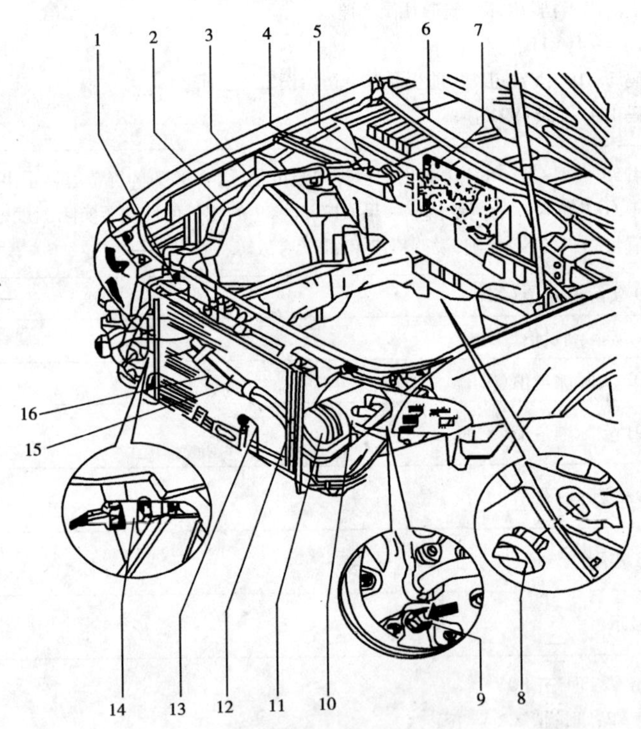

图 10-5 防水漏斗和放水阀

1-干燥剂罐;2、3、15、16-制冷管;4、5-制冷剂充放阀;6-空气滤清器;7-蒸发器;8-放水阀;9-过压泄压阀;10-压缩机;11-电磁离合器 N25;12-冷凝器;13-温度开关 F38;14-压力开关 F129

三、驾驶员脚部温度传感器 G192 和中央出口温度传感器 G191

如图 10-6 所示,拆下驾驶员侧储物箱;拔下电线插头,将脚部出风口温度传感器 2

(G192)按箭头方向旋转 90°并取出;取下中央饰板,拔下电线插头,将温度传感器 5(G191)按箭头方向旋转 90°并取出。

安装时,应在温度传感器的密封处涂润滑油。

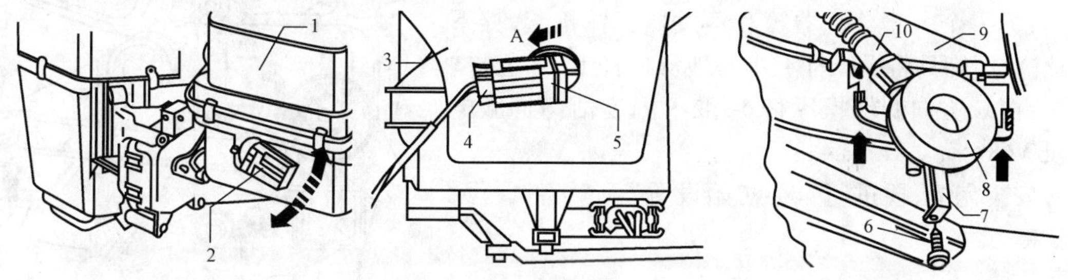

图 10-6　温度传感器 G192 和 G191

1、3-储物箱壳体;2-脚部出风口温度传感器 G192;4-电线插头;5-中央出风口温度传感器 G191;6-螺钉;7-支架;8-密封圈;9-蒸发器壳体;10-冷空气软管;A-旋转方向

四、空调控制单元 J255 和显示单元 E87

如图 10-7 所示,用旋具和垫块将显示单元 E87 的小装饰框撬出来,从面板上拧下螺钉,将显示单元 E87 等件向前拨,压下插接件的保险,拆下空调控制单元 J255 和显示单元 E87。安装完毕,要进行"07-执行元件诊断"。

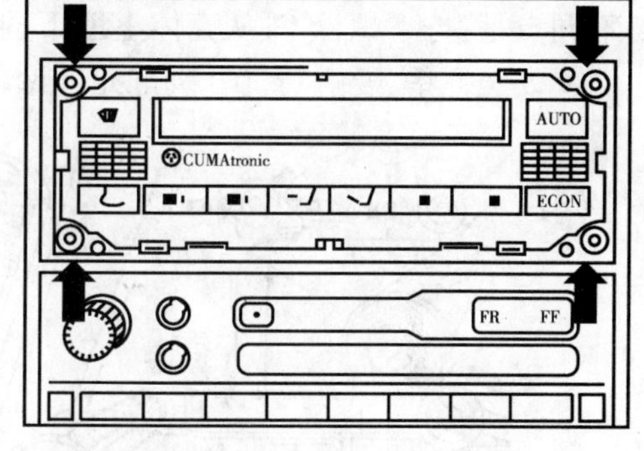

图 10-7　空调控制单元和显示单元

五、风滞压力活门伺服电动机 V71

若图 10-8 所示,拆下仪表板,另一个人将分配器箱和蒸发器壳体抬起,用一面镜子在副驾驶员侧的分配器箱和蒸发器壳体的后面照着,拧下螺栓 A,拔下插头 B。

安装时,应使杠杆与导轨配合好,将风滞压力活门和循环空气活门的杠杆压到位。安装完毕,要进行"07-执行元件诊断"。

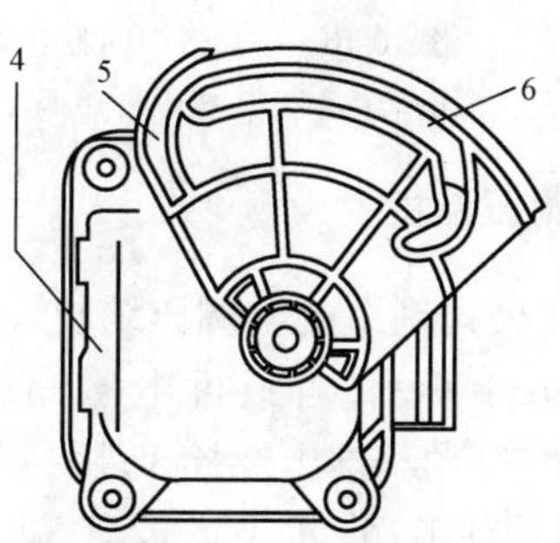

图 10-8　风滞压力活门伺服电动机 V71

1、4-风滞压力活门伺服电动机 V71;2、5-塑料杠杆导轨;3、6-金属杠杆导轨;A-螺栓;B-电线插头

六、温度活门伺服电动机 V68

如图 10-9 所示,拆下仪表板、空气滤器、仪表板横梁;另一个人将分配器箱和蒸发器壳体抬起,拧下螺栓 A,用旋具将操纵杆 1 小心地从杠杆 B(红色)撬下来;按 C 方向旋转操纵杆 1,取下温度活门伺服电动机 V68。

安装完毕,要进行“04-初始设置”和“07-执行元件诊断”。

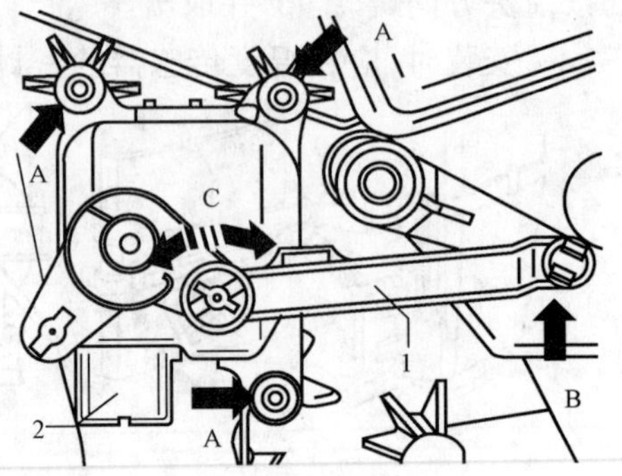

图 10-9 温度活门伺服电动机 V68

1-操纵杆;2-温度活门伺服电动机 V68;A-螺栓;B-杠杆;C-旋转方向

七、中央活门伺服电动机 V70

如图 10-10a)所示,其拆装方法与温度活门伺服电动机 V68 的拆装方法基本一样。

八、脚部空间活门和除霜活门伺服电动机 V85

如图 10-10b)所示,其拆装方法与温度活门伺服电动机 V68 的拆装方法基本一样。其不同点是:拧下螺栓 C,从壳体上取下伺服电动机 3,拔下插头,旋转操纵杆 2 并将其取下。

安装完毕,要进行“07-执行元件诊断”。

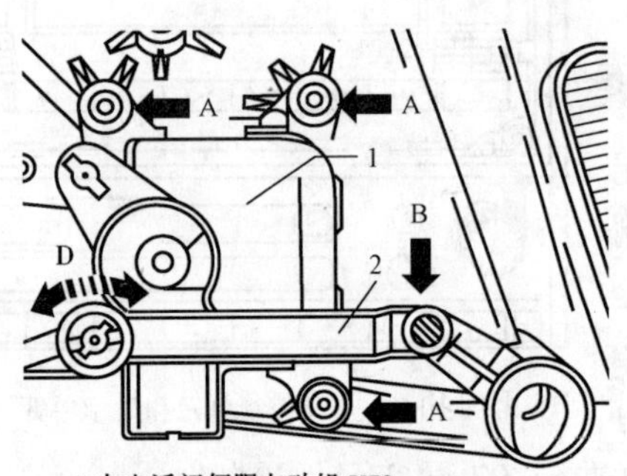

a) 中央活门伺服电动机 V70

b) 脚部空间和除霜活门伺服电动机 V 85

图 10-10 中央活门伺服电动机 V70 与脚部空间和除霜活门伺服电动机 V85

1-中央活门伺服电动机 V70;2-操纵杆;3-除霜器活门伺服电动机 V85;4-摇臂;A、C-螺栓;B-杠杆;D-操作方向

九、空调压缩机

1. Zexel 公司制造的空调压缩机

如图 10-11 所示,若只拆电磁离合器 N25,可以不排空制冷剂。用双孔螺母拆装器(3212)卡住三角板,拧出螺栓 1;用拉器(V. A. G1719/2)拔下从动盘;装上 V. A. G1719/1,用两爪拉器钩住 D 处,拆下皮带盘 5。

如图 10-11 和图 10-12 所示,安装时,应使定位销与定位孔 A 对正,再压装电磁离合器;

用 V. A. G1719/2 安装皮带盘；在从动盘 2 与皮带盘 5 之间测量三个点的间隙，其标准是 0.3 ~0.6mm。若超出标准，应通过更换调整圈 3 进行调整。

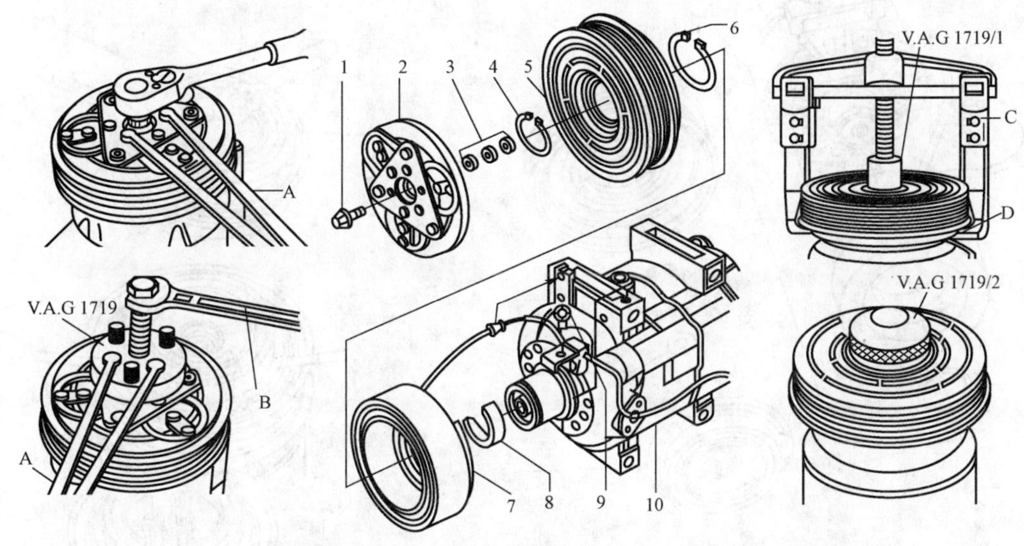

图 10-11 Zexel 公司制造的空调压缩机

1-螺栓（15N · m）；2-离合器从动盘；3-调整圈；4-卡圈；5-皮带盘；6-挡圈；7-电磁线圈；8-毛毡圈；9-螺栓；10-压缩机；A-双空螺母拆装器；B-扳手；C-两爪拉器钩；D-两爪拉器钩抓紧皮带处

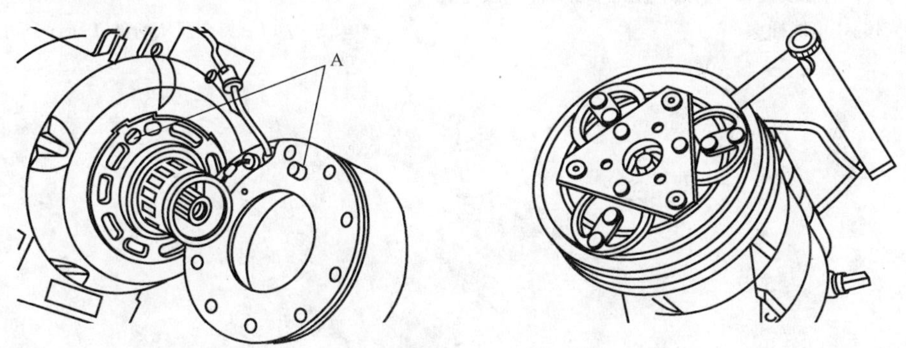

图 10-12 Zexel 公司制造的电磁离合器

2. Denso 公司制造的空调压缩机

如图 10-13 所示，其离合器从动盘 2 和皮带盘 5 的拆卸方法与 Zexel 公司的相同。如图 10-14 所示，拔下电线插头，用带式扳手 A 夹紧从动盘 2，拆下螺栓 1，用旋具小心地将从动盘 2 撬下来。

安装电磁线圈时，应使定位销与定位孔对正，再压装电磁离合器；在从动盘 2 与皮带盘 5 之间测量三个点的间隙，其标准是 0.4 ~0. 6mm。若超出标准，应通过更换调整圈 3 进行调整。

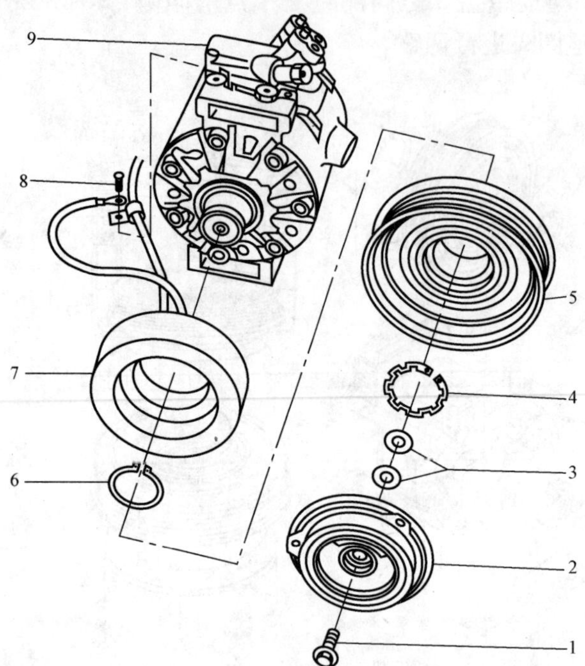

图 10-13　Denso 公司制造的空调压缩机

1-螺栓（15N·m）；2-离合器从动盘；3-调整圈；4-卡圈；5-皮带盘；6-卡簧；7-电磁线圈；8-螺栓；9-压缩机；A-带式扳手；B-离合器壳体；C-电线插头

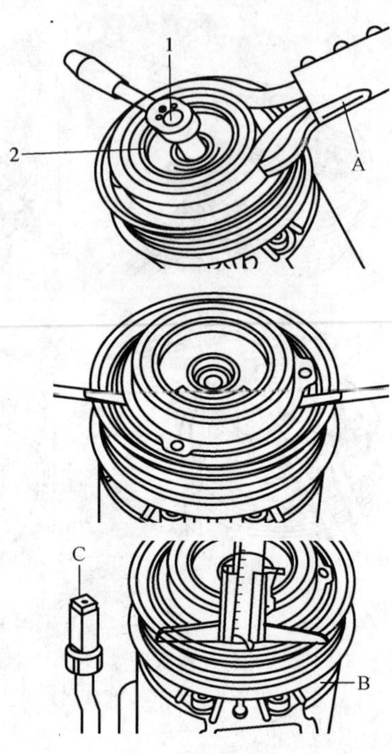

图 10-14　离合器从动盘（Denso 公司制造）

第十一章　别克君威汽车空调系统的检修

第一节　结构特点

别克君威汽车空调系统称为暖风通风空调，简写为HVAC。HVAC有两种型号，即C60型和CJ4型。C60型为旋钮式控制，其控制面板如图11-1所示；CJ4型为按钮式控制，其前控制面板如图11-2所示，后控制面板如图11-3所示。

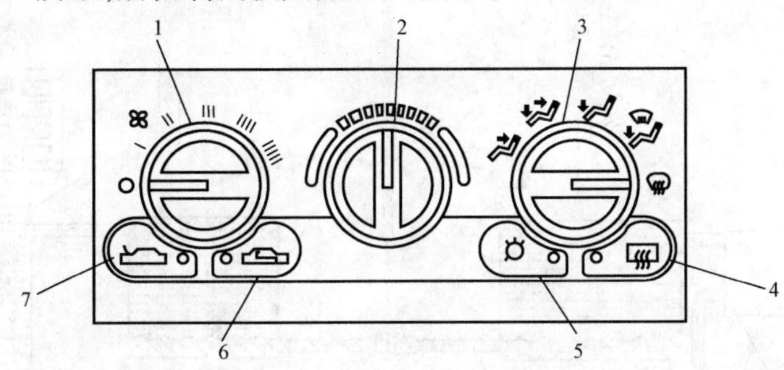

图11-1　别克C60型空调控制面板

1-风扇控制旋钮；2-温度控制旋钮；3-模式选择旋钮；4-后除霜按钮；5-空调按钮；6-再循环按钮；7-外部空气按钮

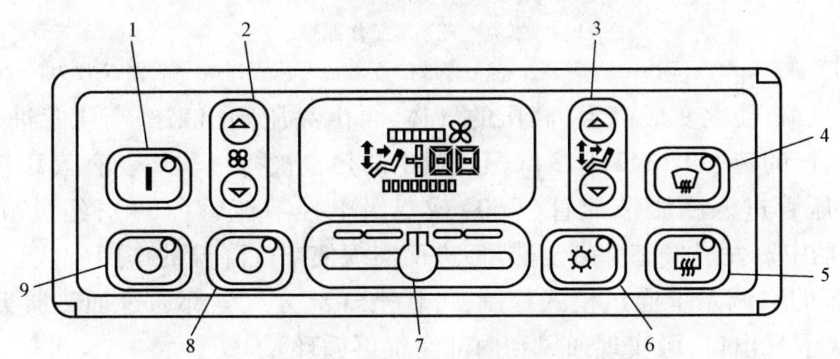

图11-2　别克CJ4型空调前控制面板

1-接通按钮；2-风扇控制按钮；3-模式控制按钮；4-前除霜按钮；5-后除霜按钮；6-空调按钮；7-温度控制手柄；8-再循环按钮；9-断开按钮

别克君威汽车空调系统采用了通用汽车公司传统的VDOT(可变排量节流管)系统，该系统采用了美国Harrison V-5型可变排量压缩机，其上安装有被PCM控制的离合器，其工作原理如图11-4所示。

由蒸发器出来的低温、低压制冷剂R134a经集液器、低压管进入压缩机，压缩机将气态

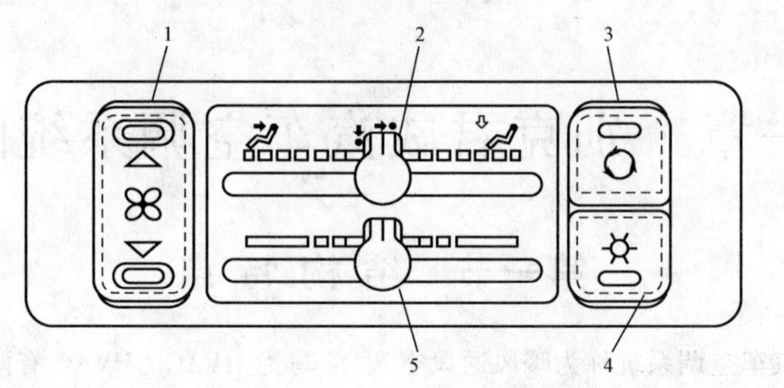

图 11-3　别克 CJ14 型空调后控制面板

1-风扇控制按钮;2-模式控制手柄;3-再循环按钮;4-空调按钮;5-温度控制手柄

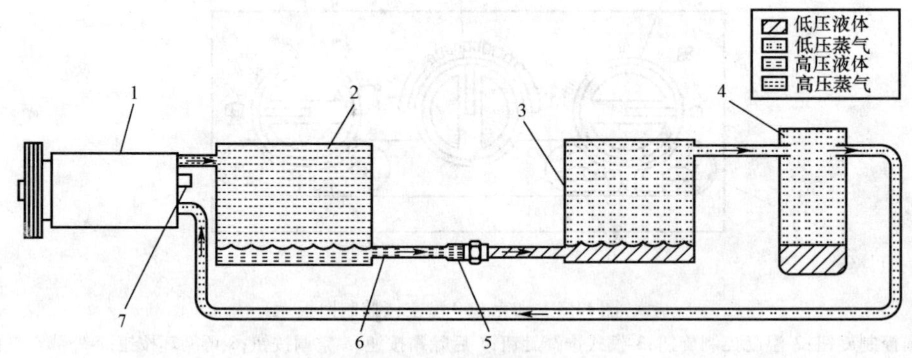

图 11-4　别克空调系统工作原理示意图

1-可变排量压缩机;2-冷凝器;3-蒸发器;4-集液器;5-膨胀节流管;6-空调管路;7-压力释放阀

制冷剂吸入并压缩,使之变成高温、高压的气体,再由高压阀出来经高压管进入冷凝器,被冷却为高温、高压的液态 R134a,R134a 蒸气放出的热量被排出车外。液态 R134a 从冷凝器底部流出经高压管进入膨胀节流管(C60)或双级电控节流管(CJ4),经过节流管的少量 R134a 在蒸发器中蒸发成气态并带走热量,进而实现使空气降温的作用。

此外,该车的空调系统通过模式控制,可让空气部分或全部通过加热器实现空气温度调节;通过开关空气出口,可实现通风和内部空气再循环。

1. 控制电路

(1)C60 型空调系统的控制电路如图 11-5、图 11-6 和图 11-7 所示,控制总成的供气如图 11-8 所示。

(2)CJ4 型空调系统的控制电路如图 11-9、图 11-10、图 11-11 和图 11-12 所示,控制总成的供气如图 11-13、图 11-14 所示。

2. 插接器信息

(1)空调压缩机离合器线圈插接器如图 11-15 所示,其插接器信息如表 11-1 所示。

空调压缩机离合器线圈插接器信息　表 11-1

端子	导线颜色	电路编号	功　能
A	黑	1050	搭铁
B	深绿	59	空调压缩机离合器电磁阀供电电路

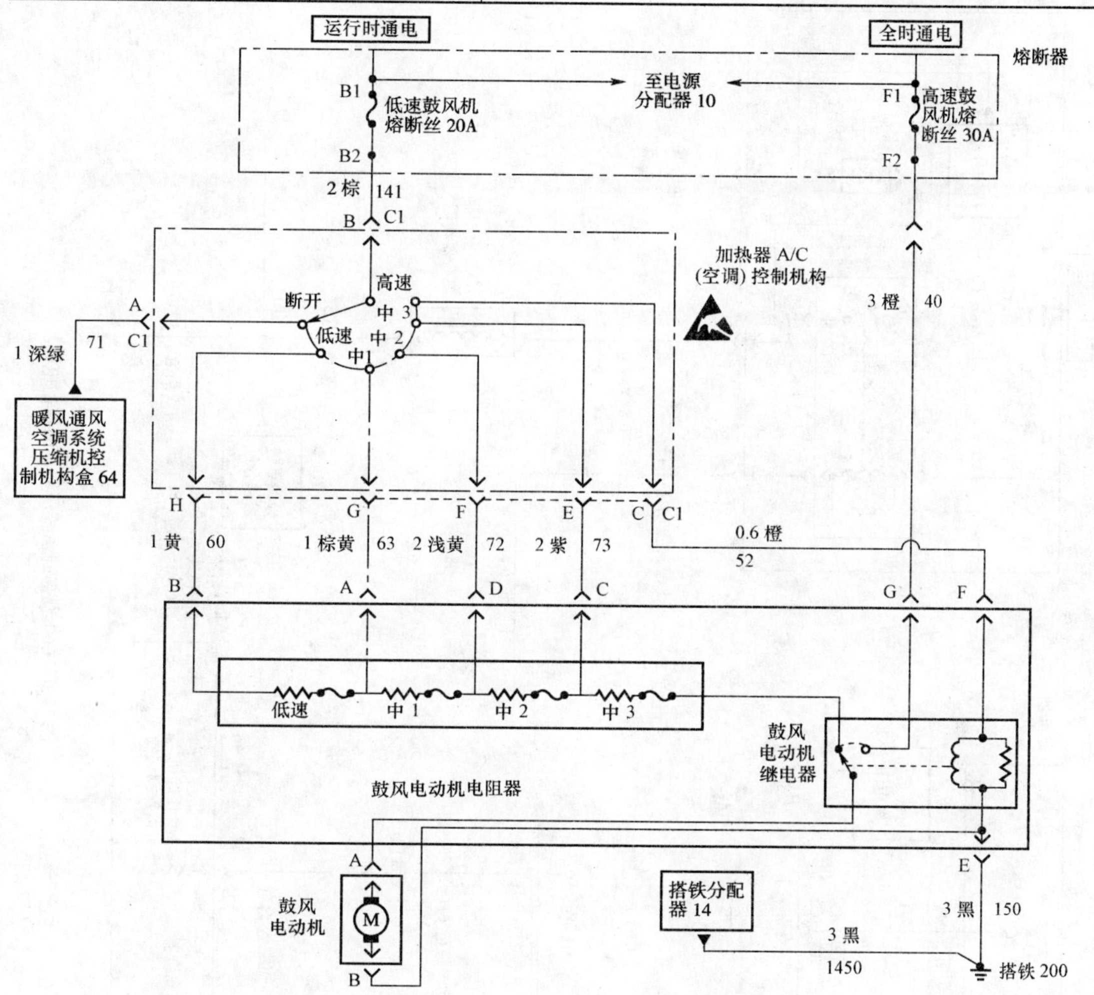

图 11-5　C60 型空调系统鼓风机的控制电路

(2)环境温度表传感器插接器如图 11-16 所示,其插接器信息如表 11-2 所示。

环境温度表传感器接头信息　表 11-2

端子	导线颜色	电路编号	功　能
A	浅绿	735	外界环境温度传感器信号
B	黄	61	外界环境温度传感器回路

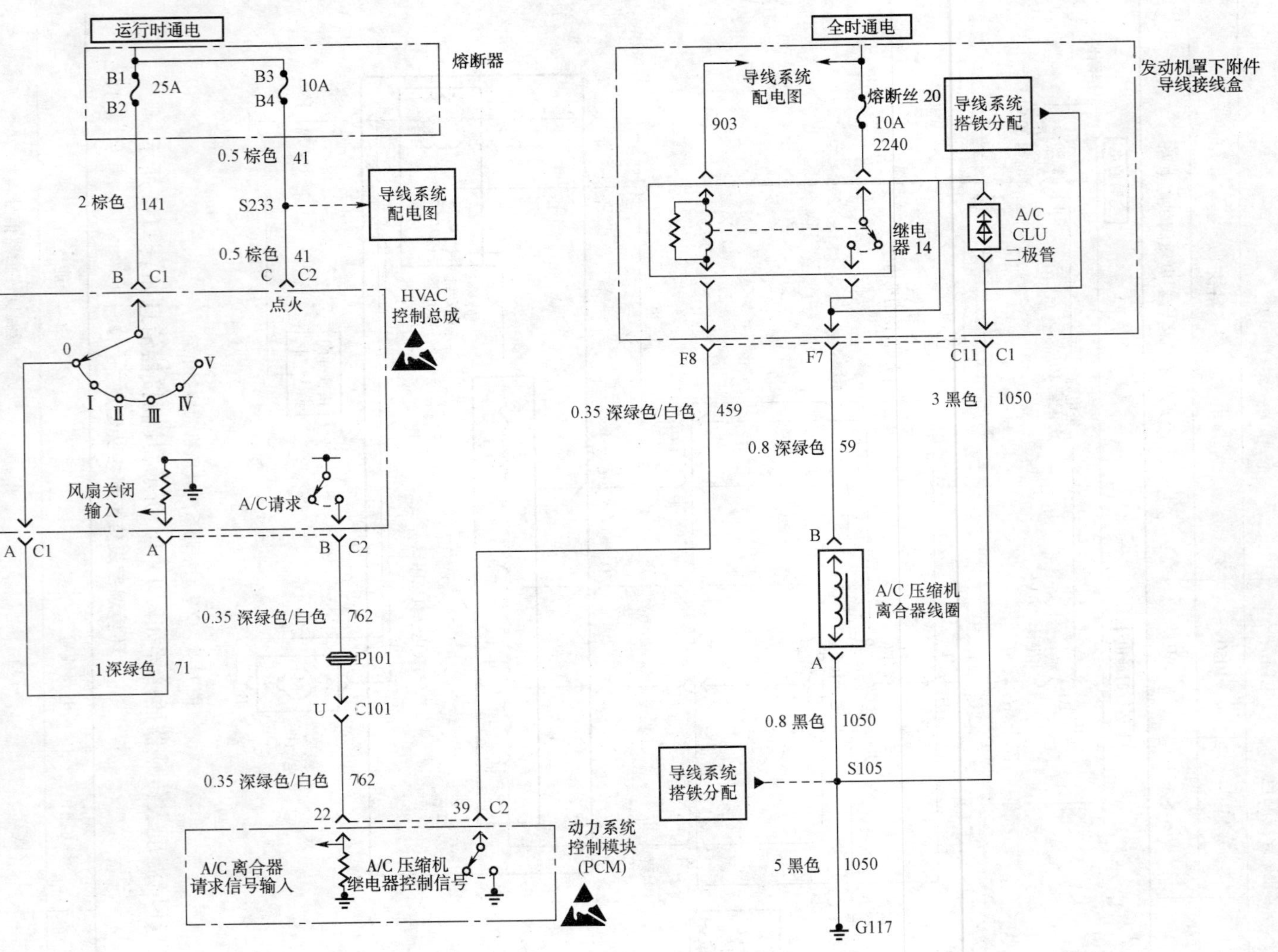

图 11-6 C60 型空调系统压缩机的控制电路

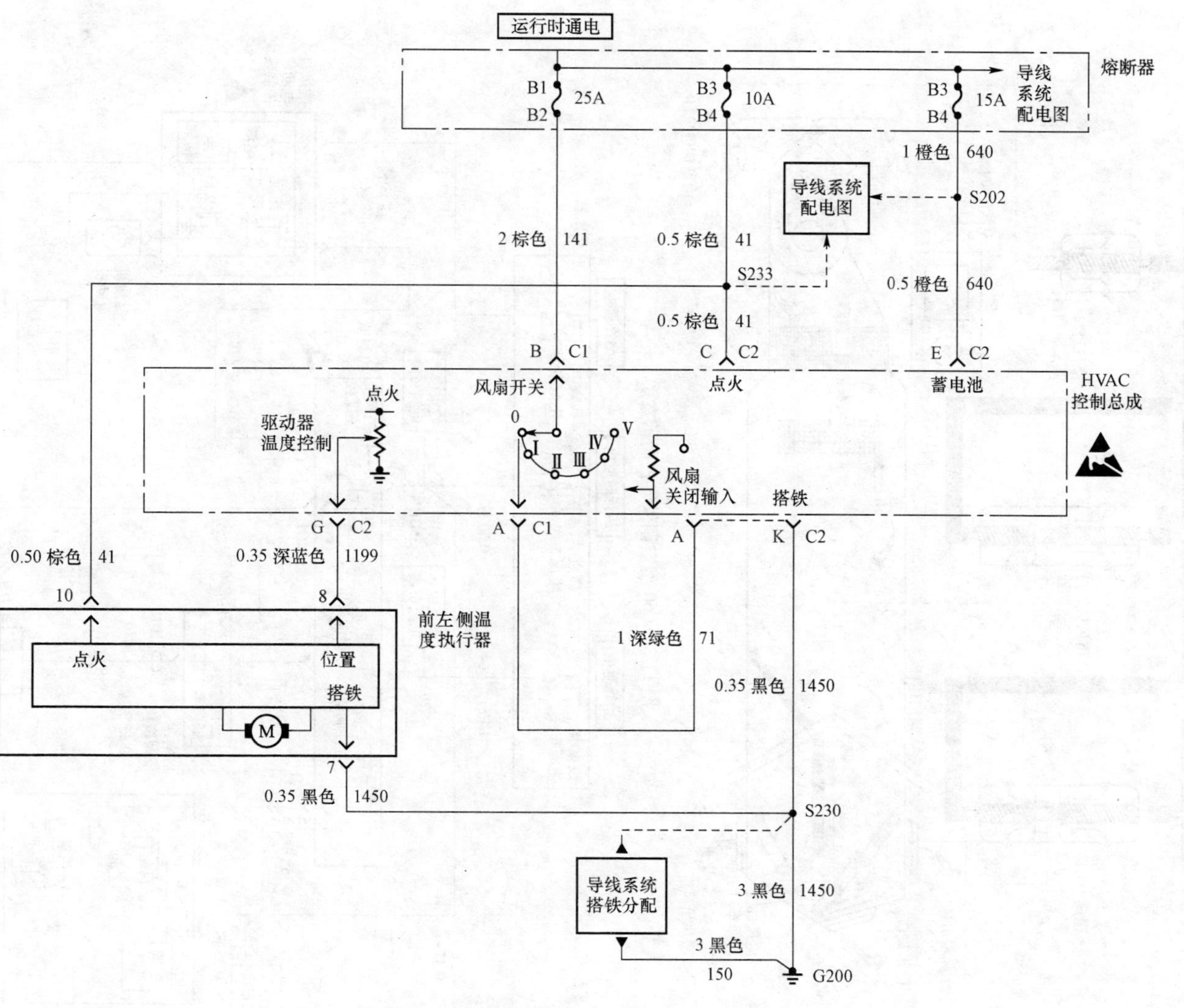

图 11-7　C60 型空调系统控制总成和左温度执行器的控制电路

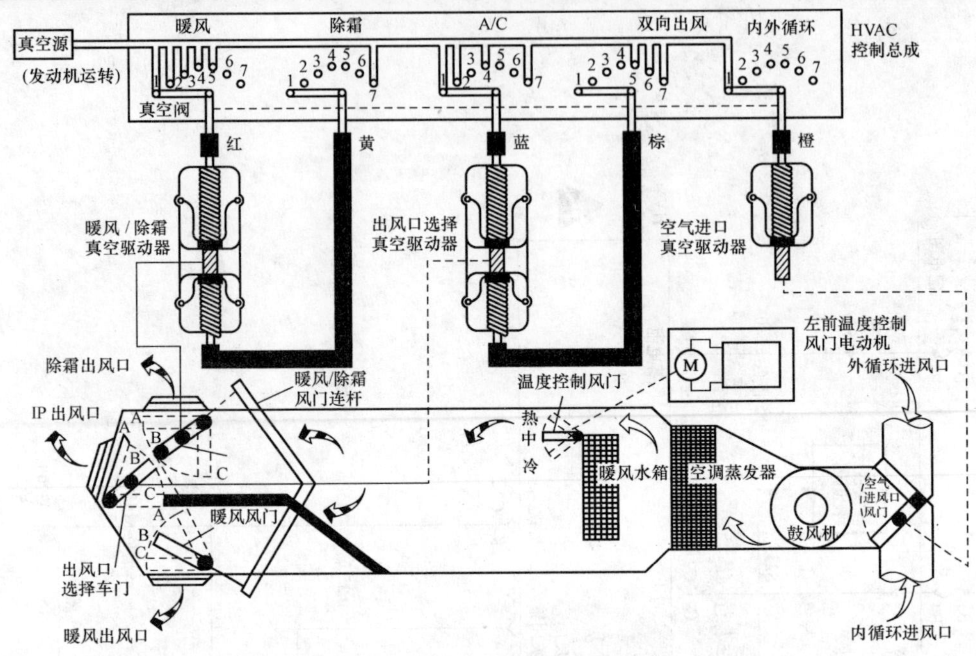

图 11-8 C60 型空调供气控制示意图

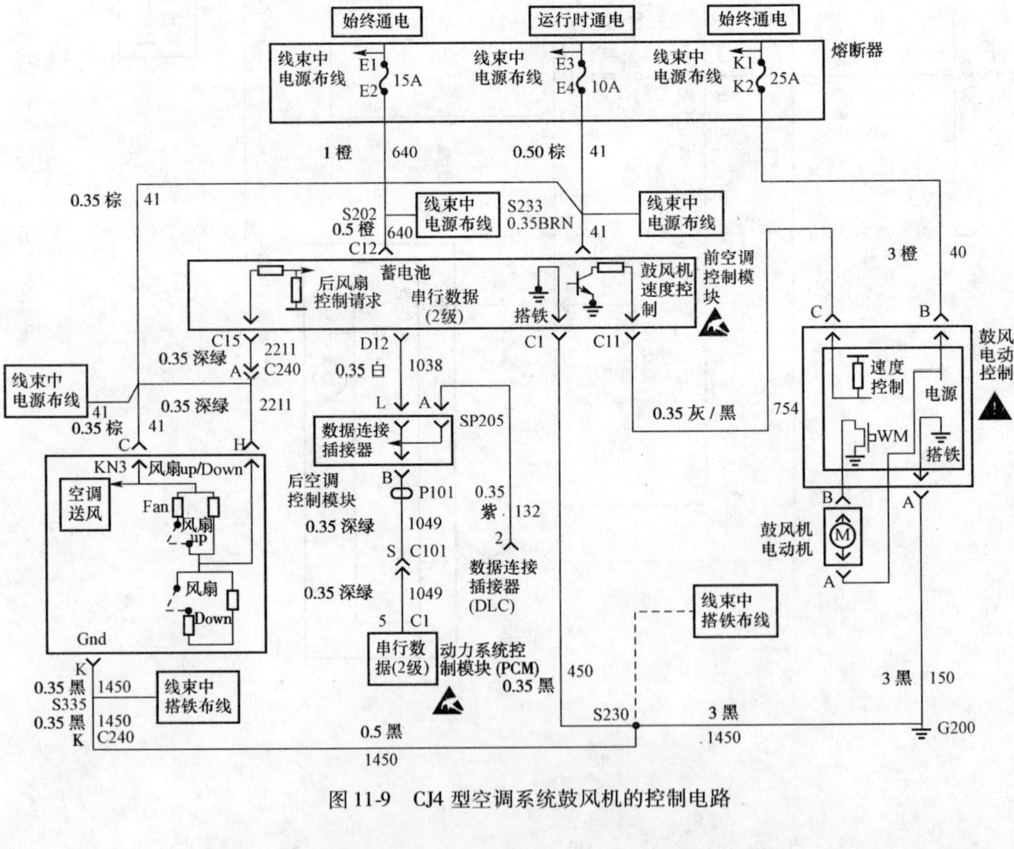

始终通电 运行时通电 始终通电

线束中电源布线 E1 E2 15A 线束中电源布线 E3 E4 10A 线束中电源布线 K1 K2 25A 熔断器

1 橙 640 0.50 棕 41

0.35 棕 41 S202 0.5 橙 640 C12 线束中电源布线 S233 0.35BRN 41 线束中电源布线 3 橙 40

蓄电池 后风扇控制请求 串行数据(2级) 搭铁 鼓风机速度控制 前空调控制模块

C15 2211 0.35 深绿 A C240 D12 1038 0.35 白 C1 C11 C B

线束中电源布线 41 0.35 深绿 2211 0.35 棕 41 L A SP205 0.35 灰/黑 754

数据连接插接器 鼓风机电动机控制模块 速度控制 电源 WM 搭铁

C H KN3 风扇up/Down 空调送风 Fan 风扇 up 风扇 Down Gnd

B P101 后空调控制模块 0.35 紫 132 0.35 深绿 1049 S C101 0.35 深绿 1049 5 C1 2 数据连接插接器(DLC)

B 鼓风机电动机 A A

串行数据(2级) 动力系统控制模块 (PCM) 线束中搭铁布线

K 0.35 黑 1450 S335 0.35 黑 1450 K C240 线束中搭铁布线 0.35 黑 450 S230 3 黑 1450 3 黑 150 G200 0.5 黑 1450

图 11-9 CJ4 型空调系统鼓风机的控制电路

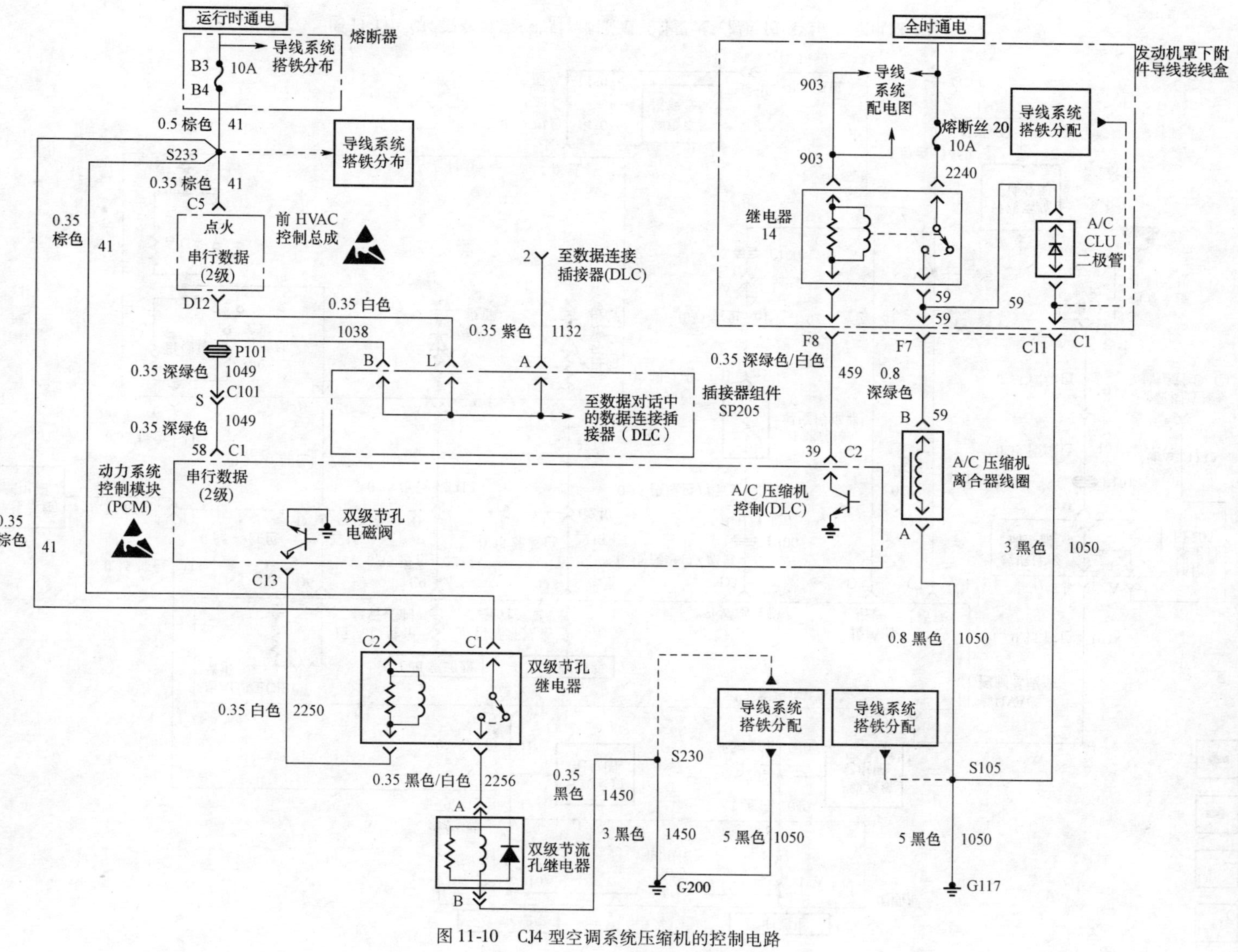

图 11-10　CJ4 型空调系统压缩机的控制电路

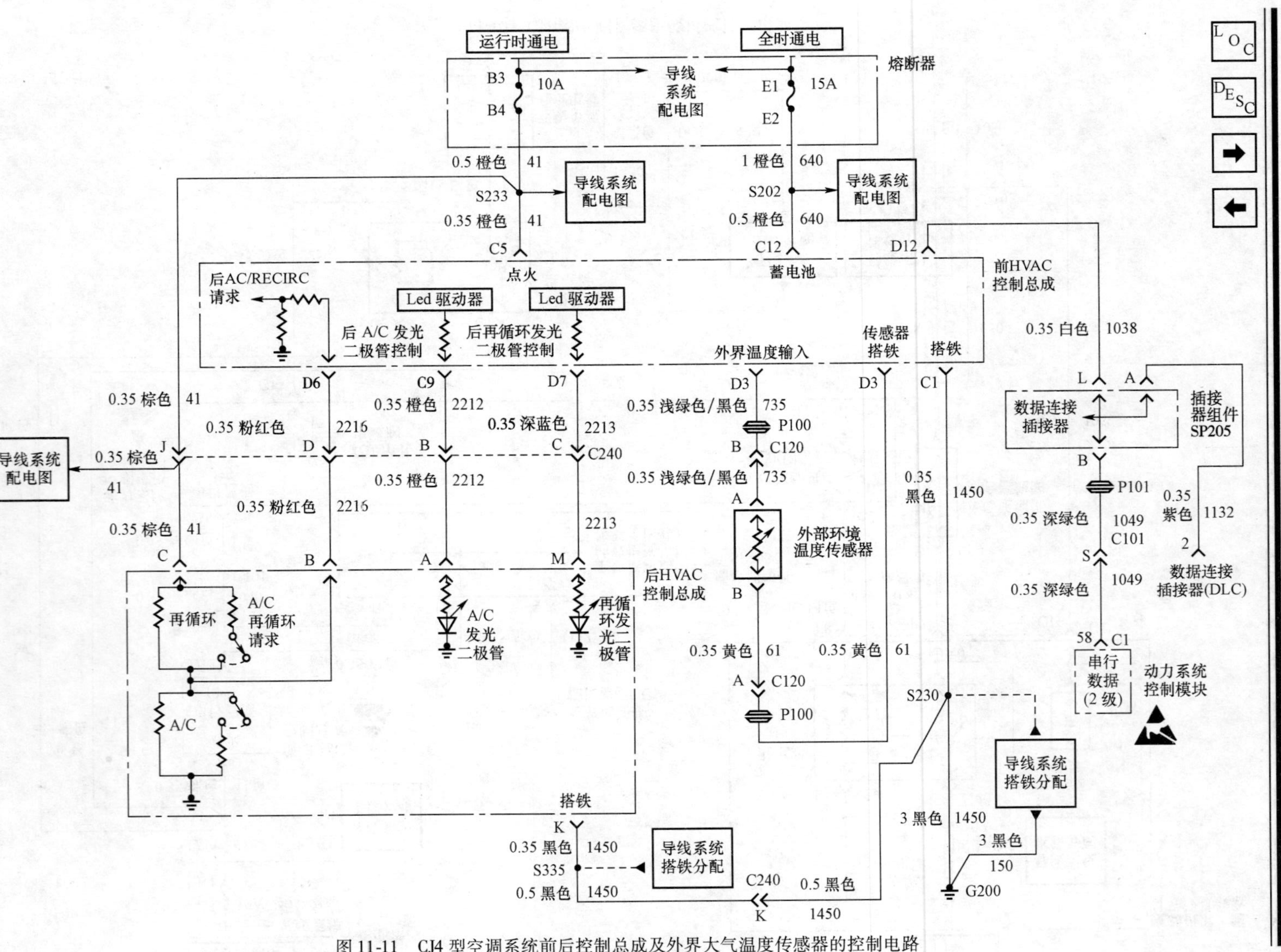

图 11-11 CJ4 型空调系统前后控制总成及外界大气温度传感器的控制电路

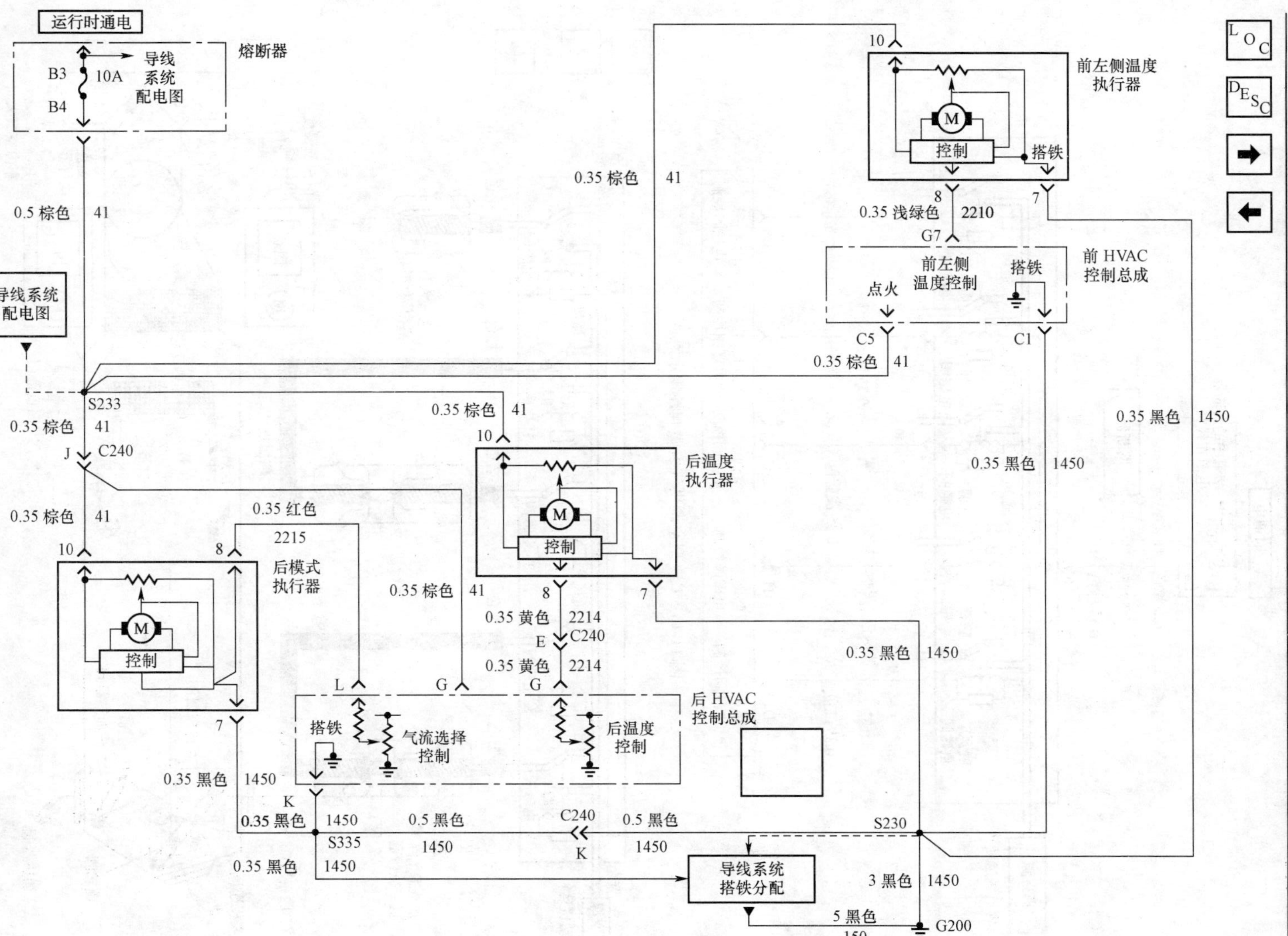

图 11-12　CJ4 型空调系统前后控制总成、后模式执行器及双级节流管继电器的控制电路

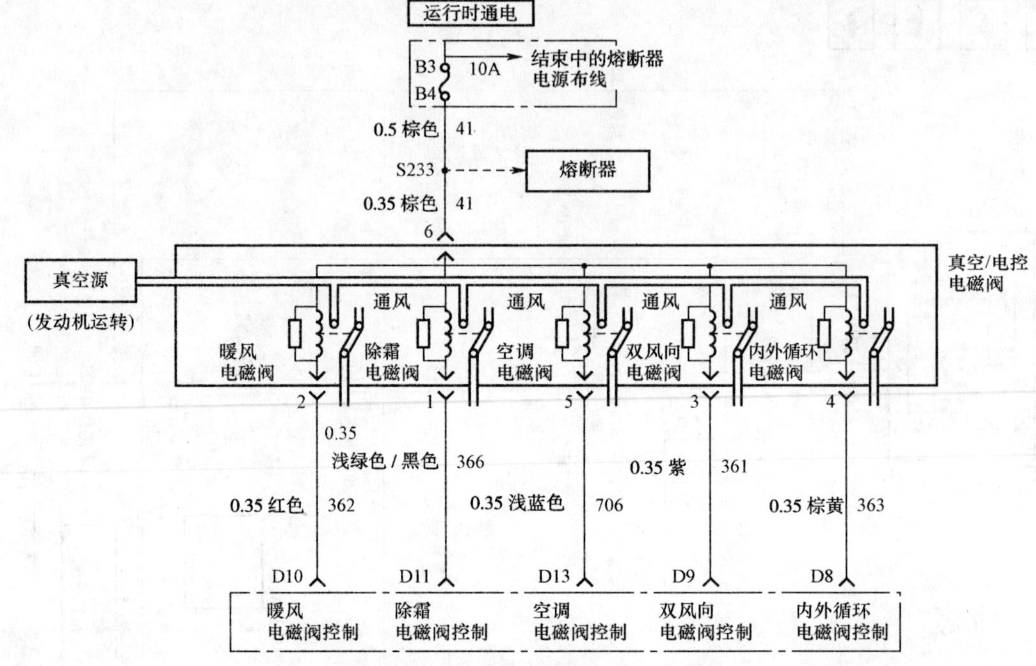

图 11-13 CJ4 型空调供气电磁阀控制示意图

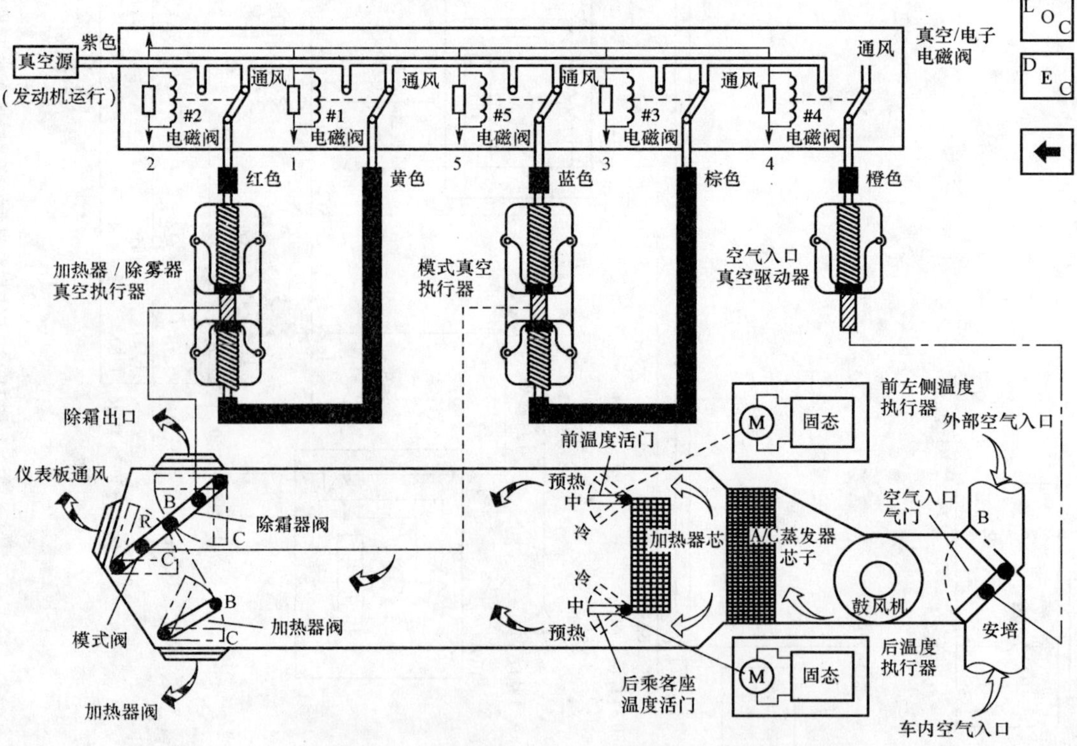

图 11-14 CJ4 型空调供气真空驱动控制示意图

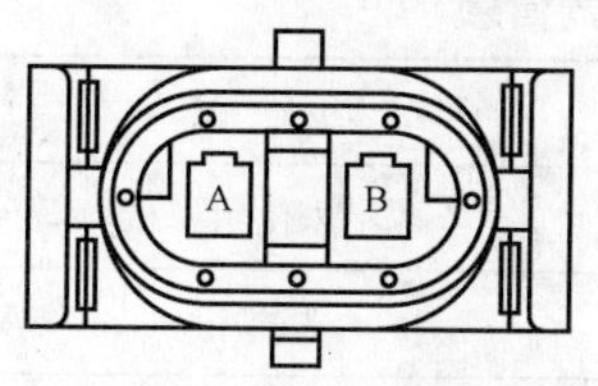

图 11-15　空调压缩机离合器线圈插接器

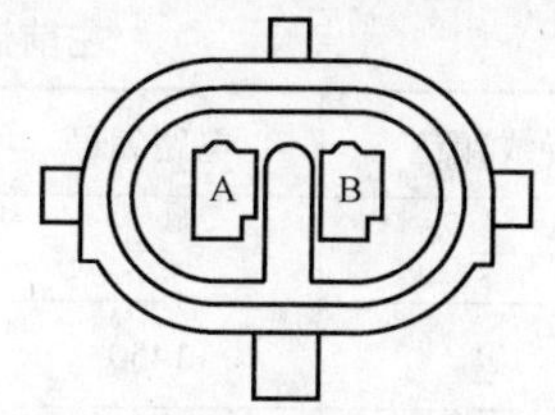

图 11-16　环境温度表传感器插接器

(3)鼓风电动机电阻器插接器如图 11-17 所示,其插接器信息如表 11-3 所示。

鼓风电动机电阻器插接器信息　表 11-3

端子	导线颜色	电路编号	功　能
A	棕黄	63	鼓风机开关输出—II
B	黄	60	鼓风机开关输出—I
C	紫	73	鼓风机开关输出—IV
D	浅蓝	72	鼓风机开关输出—III
E	黑	150	搭铁
F	橙	52	鼓风机开关输出—V
G	橙	40	带熔断器的蓄电池供电电路

(4)鼓风电动机控制模块插接器如图 11-18 所示,其插接器信息如表 11-4 所示。

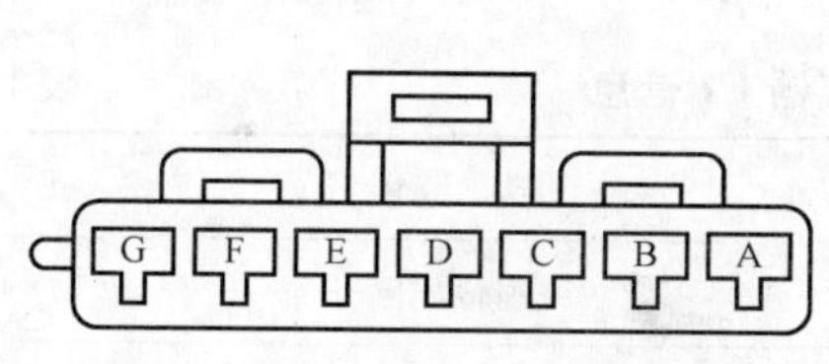

图 11-17　鼓风电动机电阻器插接器

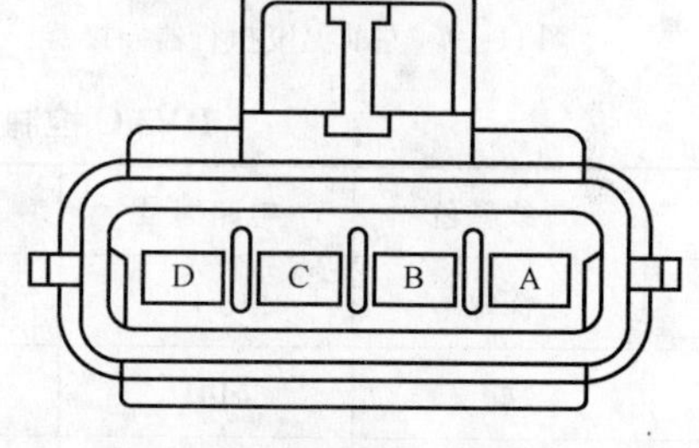

图 11-18　鼓风电动机控制模块插接器

鼓风电动机控制模块插接器信息　表 11-4

端子	导线颜色	电路编号	功　能
A	黑	150	搭铁
B	橙	40	带熔断器的蓄电池供电电路
C	灰/黑	754	鼓风机转速控制信号
D	—	—	未使用

(5)左前温度执行器插接器如图 11-19 所示,其插接器信息如表 11-5 所示。

左前温度执行器插接器信息　　表 11-5

端子	导线颜色	电路编号	功　能
5、6	—	—	未使用
7	黑	1450	搭铁
8	深蓝	1199	前温度控制(C60 型)
8	浅绿	2210	前温度控制(CJ4 型)
9	—	—	未使用
10	棕	41	带熔断器的点火供电电路

(6)暖风通风空调(HVAC)控制总成插接器。

①C60 型暖风通风空调(HVAC)控制总成插接器 C1 如图 11-20 所示,其插接器信息如表 11-6 所示。

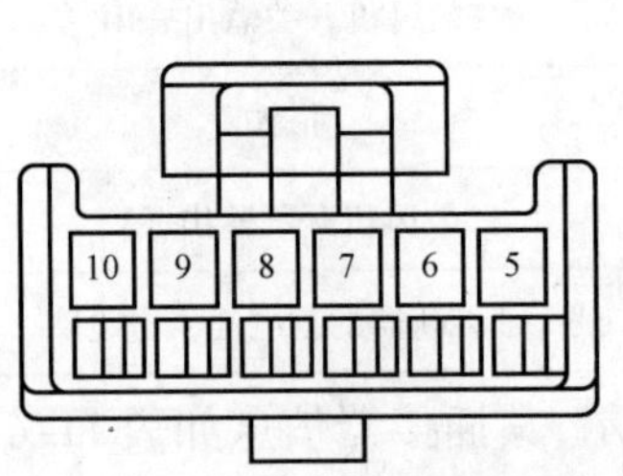

图 11-19　左前温度执行器插接器

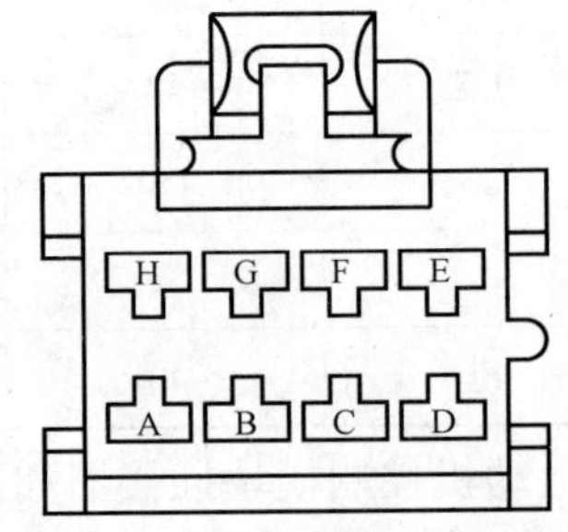

图 11-20　HVAC 控制总成插接器 C1

HVAC 控制总成插接器 C1 信息　　表 11-6

端子	导线颜色	电路编号	功　能
A	深绿	71	风扇输出断开
B	棕	141	带熔断器的点火供电电路
C	橙	52	鼓风机开关输出—高
D	—	—	未使用
E	紫	73	鼓风机开关输出—中 3
F	浅蓝	72	鼓风机开关输出—中 2
G	棕	63	鼓风机开关输出—中 1
H	黄	60	鼓风机开关输出—低

C60 型暖风通风空调控制总成插接器 C2 如图 11-21 所示,其插接器信息如表 11-7 所示。

HVAC 控制总成插接器 C2 信息　表 11-7

端子	导线颜色	电路编号	功　能
A	深绿	71	风扇输入断开
B	深绿/白	762	空调请求信号
C	棕	41	带熔断器的点火供电电路
D	白	193	后除雾器接通指示灯继电器线圈供电电路
E	黄	640	带熔断器的点火供电电路
F	—	—	未使用
G	深蓝	1199	左侧温度阀电动机供电电路
H	—	—	未使用
J	灰	8	车内灯变光信号
K	黑	1450	搭铁
L	—	—	未使用
M	黄	32	带熔断器的车内灯变光信号

②CJ4 型暖风通风空调控制总成插接器如图 11-22 所示，其插接器信息如表 11-8 所示。

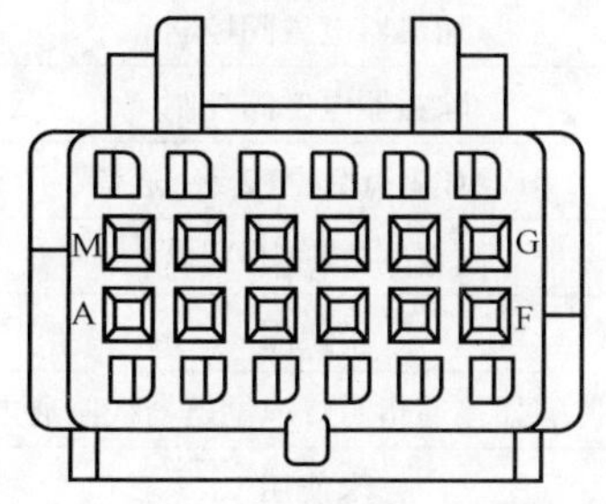

图 11-21　HVAC 控制总成插接器 C2

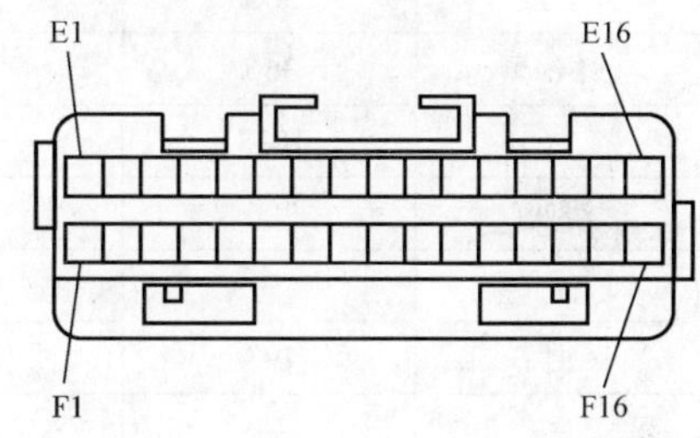

图 11-22　HVAC 控制总成插接器(CJ4)

HVAC 控制总成插接器(CJ4)信息　表 11-8

端子	导线颜色	电路编号	功　能
E1	浅绿	1450	搭铁
E2 ~ E4	—	—	未使用
E5	棕	41	带熔断器的点火供电电路
E6	—	—	未使用
E7	浅绿	2210	左前侧温度控制
E8	—	—	未使用
E9	橙	2212	后空调发光二极管(LED)控制
E10	—	—	未使用
E11	灰/黑	754	鼓风机转速控制
E12	橙	640	带熔断器的蓄电池供电电路

续上表

端子	导线颜色	电路编号	功　能
E13	白	2258	双级节流管电磁阀搭铁
E14	—	—	未使用
E15	浅绿	2211	后风扇转速控制
E16	灰	8	车内灯变光信号
F1	黄	61	电气执行器和传感器回路
F2	—	—	未使用
F3	浅绿/黑	735	环境温度传感器信号
F4	—	—	未使用
F5	—	—	未使用
F6	粉红	2216	后 AC/再循环输入
F7	浅绿	2213	后 AC/再循环输入控制
F8	棕黄	363	再循环电磁阀控制
F9	紫	361	加热器除霜器电磁阀控制
F10	红	362	加热器电磁阀控制
F11	浅绿/黑	366	除霜器电磁阀控制
F12	白	1038	HVAC 串行数据(2 级)通信
F13	浅蓝	706	空调电磁阀控制
F14	—	—	未使用
F15	白	193	后除雾器接通指示灯—继电器线圈通电
F16	—	—	未使用

CJ4 型后暖风通风空调控制总成插接器如图 11-23 所示,其插接器信息如表 11-9 所示。

后 HVAC 控制总成插接器(CJ4)信息　　表 11-9

端子	导线颜色	电路编号	功　能
A	橙	2212	后空调控制
B	粉红	2216	后空调请求
C	棕	41	带熔断器的点火供电电路
D、F	—	—	未使用
G	黄	2214	后温度控制
H	深绿	2211	后风扇上/下请求
J	灰	8	车内灯变光信号
K	黑	1450	搭铁
L	红	2215	后空气流量选择器控制
M	深蓝	2213	后再循环控制

(7)后模式执行器插接器如图 11-24 所示,其插接器信息如表 11-10 所示。

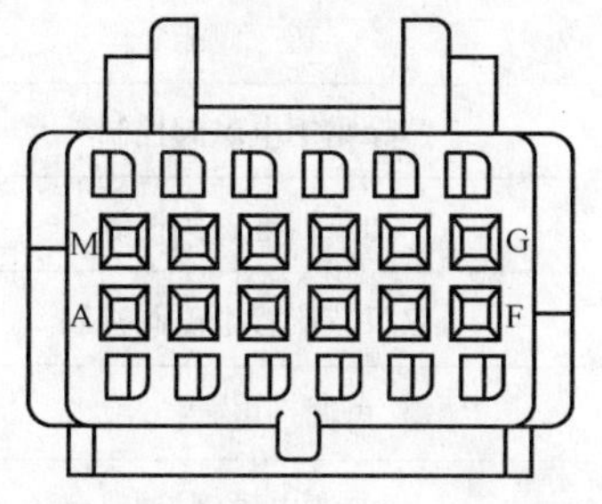

图 11-23 后 HVAC 控制总成插接器(CJ4)

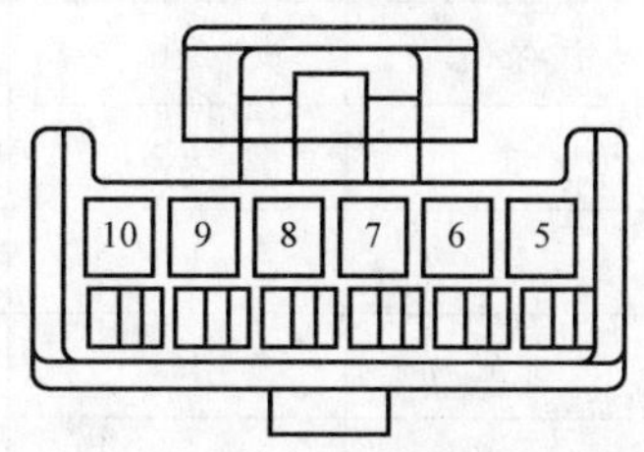

图 11-24 后模式执行器插接器(CJ4)

后模式执行器插接器(CJ4)信息 表 11-10

端子	导线颜色	电路编号	功　能
5、6	—	—	未使用
7	黑	1450	搭铁
8	红	2215	空气流量选择器控制
9	—	—	未使用
10	棕	41	带熔断器的点火供电电路

(8)后温度执行器插接器如图 11-25 所示,其插接器信息如表 11-11 所示。

后温度执行器插接器(CJ4)信息 表 11-11

端子	导线颜色	电路编号	功　能
5、6	—	—	未使用
7	黑	1450	搭铁
8	红	2214	后温度控制
9	—	—	未使用
10	褐	41	带熔断器的点火供电电路

(9)真空电磁阀的插接器(CJ4)如图 11-26 所示,其插接器信息如表 11-12 所示。

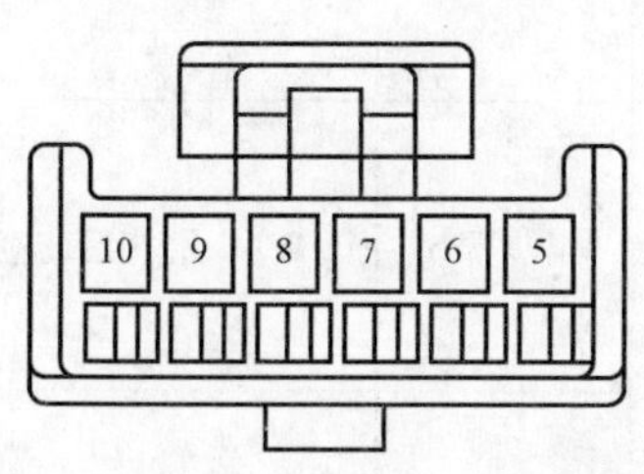

图 11-25 后温度执行器插接器(CJ4)

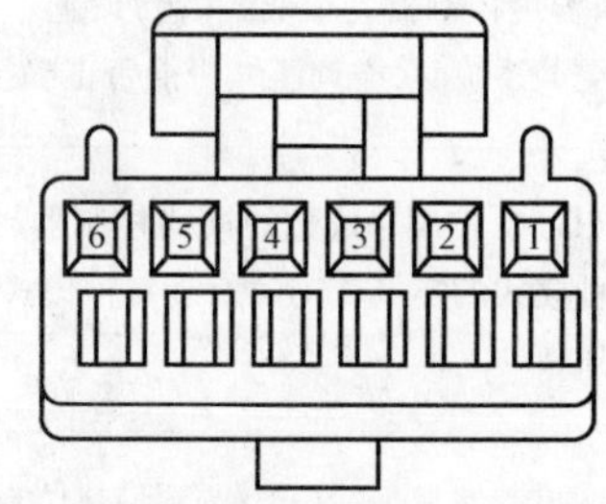

图 11-26 真空电磁阀插接器(CJ4)

真空电磁阀(CJ4)插接器信息 表 11-12

端子	导线颜色	电路编号	功 能
1	浅绿/黑	366	除霜用电磁阀控制
2	红	362	加热器电磁阀控制
3	紫	361	双级节流管电磁阀控制
4	棕黄	363	再循环电磁控制
5	浅蓝	706	空调电磁阀控制
6	褐	41	带熔断器的点火供电电路

第二节 故 障 诊 断

一、功能检查

1. C60 型空调系统的功能检查(见表 11-13)

C60 型空调系统的功能检查 表 11-13

步骤	操 作	是	否
1	(1)接通点火开关; (2)观察 HVAC 控制总成显示。 HVAC 控制总成是否显示接通	至步骤 2	车内灯光变光系统检查
2	(1)将 HVAC 控制总成置于除霜模式; (2)用 HVAC 控制总成上的风扇控制器,从低到高改变鼓风机转速,同时听鼓风机电动机的声音。 鼓风机电动机是否接通,转速是否变化	至步骤 3	HVAC 鼓风机控制系统检查
3	(1)按 HVAC 控制总成上的空调按钮; (2)将温度控制器置于低温(蓝)设置。 使用空调系统时,空调压缩机能否正确接通和断开	至步骤 4	HVAC 压缩机控制系统检查
4	使用 HVAC 控制总成上的模式控制器,选择各种模式,测试各种模式的空气流动。对于每种模式,气流是否通过相应的风口	至步骤 5	HVAC 供气系统检查
5	将温度控制器从最冷(蓝)调到最热(红)。空气温度控制器能否正确操作	系统正常	温度控制器有故障不能工作诊断

2. CJ4 型空调系统功能检查(见表 11-14)

CJ4 型空调系统的功能检查　表 11-14

步骤	操　作	是	否
1	(1)接通点火开关; (2)观察 HVAC 控制总成显示。 HVAC 控制总成是否显示接通	至步骤 2	车内灯光变光系统检查
2	(1)将 HVAC 控制总成置于除霜模式; (2)用 HVAC 控制总成上的风扇控制器,从低到高改变鼓风机转速,同时听鼓风机电动机的声音。 鼓风机电动机接通时,转速是否变化	至步骤 3	HVAC 鼓风机控制系统检查
3	用 HVAC 控制总成上的模式控制器,选择各种模式,测试各种模式的空气流动。对于每种模式,气流是否通过相应的风口	至步骤 4	HVAC 供气系统检查
4	将前 HVAC 控制总成的温度控制器从最冷(蓝)调到最热(红)。前空气温度控制器能否正确操作	至步骤 5	驾驶员座温度控制器有故障不能工作诊断
5	将后 HVAC 控制总成的温度控制器从最冷调到最热。 后空气温度控制器能否正确操作	至步骤 6	乘客座温度控制器有故障不能工作诊断
6	(1)将前 HVAC 控制总成空调按钮按接通; (2)将温度控制器置于低温设置。 使用空调系统时,空调压缩机能否正确接通和断开	至步骤 7	进行 OBD 系统检查
7	(1)将前 HVAC 控制总成空调按钮按断开; (2)将后 HVAC 控制总成空调按钮按接通; (3)将温度控制器置于低温设置。 使用空调系统时,空调压缩机能否正确接通和断开	至步骤 8	进行 OBD 系统检查
8	(1)关闭点火开关; (2)将扫描工具连接到数据插接器(DLC)上; (3)与 HVAC 控制总成建立通信。 通信是否能建立	至步骤 9	串行数据连接功能失效(DTCU1255)
9	检查 HVAC 当前或以往故障码。 是否保存 HVAC 当前或以往故障码	进行相应故障码的诊断	系统正常

二、鼓风机控制系统检查

1. C60 型空调鼓风机系统的检查,如表 11-15 所示。

C60 型空调鼓风机控制系统的检查 表 11-15

步骤	操　作	正常结果	异常结果
1	(1)接通点火开关; (2)设置鼓风机开关至关闭位置	鼓风机电动机处于断开	鼓风机电动机始终接通
2	将鼓风机电动机开关转至 I、II、III、IV、V 位置	鼓风机电动机运转速度加快	(1)鼓风机电动机在任何转速下均有故障不能工作; (2)鼓风机电动机仅在一种转速下有故障不能工作

2. CJ4 型空调鼓风机控制系统的检查,如表 11-16 所示。

CJ4 型空调鼓风机控制系统的检查 表 11-16

步骤	操　作	正常结果	异常结果
1	(1)接通点火开关; (2)按前 HVAC 控制总成上的关闭按钮	鼓风机电动机关闭	鼓风机电动机始终接通
2	(1)按前 HVAC 控制总成接通按钮; (2)将前 HVAC 控制总成风扇控制开关调至最高速; (3)将前 HVAC 控制总成风扇控制开关调至最低速	鼓风机电动机增至最高速,然后减至最低速	在任何转速下,鼓风机电动机有故障不能工作
3	(1)将后 HVAC 控制总成风扇控制开关调至最高速; (2)将后 HVAC 控制总成风扇控制开关调至最低速	鼓风机电动机增至最高速,然后减至最低速	鼓风机电动机在任何转速下均有故障不能工作

三、供气系统检查

1. C60 型空调供气系统的检查,如表 11-17 所示。

C60 型空调供气系统的检查 表 11-17

步骤	操　作	正常结果	异常结果
1	(1)起动发动机; (2)将 HVAC 控制总成上的风扇控制开关置于中速; (3)温度控制器置于左侧(蓝色区域); (4)将模式选择器旋钮旋至通风位置; (5)按下空调按钮	(1)鼓风机以中速运转; (2)镶板出口有气流; (3)发动机怠速增加; (4)接通压缩机; (5)气流变冷; (6)发动机冷却风扇工作	参见 OBD 系统检查
2	按下 HVAC 控制总成上的前除霜按钮	从挡风玻璃通风口有气流通过。若外界温度不低于 4℃,空调压缩机在该设置下自动运转	参见真空系统

续上表

步骤	操　作	正常结果	异常结果
3	将 HVAC 控制总成置于地台板位置	地面通风口有气流通过	参见真空系统
4	将 HVAC 控制总成置于双级位置	镶板和地面通风口有气流	参见真空系统
5	将 HVAC 控制总成置于除雾位置	地台板通风、前除霜器和侧窗通风口有气流通过。如果外界温度不低于4℃，空调压缩机在该设置下自动运转	参见真空系统
6	按下 HVAC 控制总成上的再循环按钮	内部空气通过镶板和地台板出口再循环	参见真空系统

2. CJ4 型空调供气系统的检查，如表 11-18 所示。

CJ4 型空调供气系统的检查　表 11-18

步骤	操　作	正常结果	异常结果
1	(1)起动发动机； (2)按前 HVAC 控制总成上的关闭按钮	(1)显示外界温度； (2)鼓风机不运转	参见诊断故障码
2	(1)按 HVAC 控制总成上的接通按钮； (2)将风扇控制开关调至中速； (3)将温度控制器置于左侧(蓝色区域)； (4)按前除霜按钮	(1)鼓风机中速运转； (2)镶板出口有气流； (3)空调启动； (4)发动机怠速提高； (5)挡风玻璃出口有气流； (6)发动机冷却风扇可能工作	参见供气不当
3	将 HVAC 控制总成置于通风孔位置	镶板出口有气流	参见供气不当
4	将 HVAC 控制总成置于地台板位置	地台板出口有气流	参见供气不当
5	将 HVAC 控制总成置于双级位置	镶板和地台板出口有气流	参见供气不当
6	将 HVAC 控制总成置于通风位置	镶板出口有外界气流	参见供气不当
7	按 HVAC 控制总成上的再循环按钮	内部空气通过镶板和地台板出口再循环	参见供气不当
8	按 HVAC 控制总成上的关闭按钮	(1)发动机怠速降低； (2)空气开始变暖	参见供气不当

四、鼓风机电动机在任何转速下均有故障不能工作

C60 型空调的鼓风机电动机在任何转速下均有故障不能工作的诊断见表 11-19；CJ4 型前空调该故障的诊断见表 11-20，后空调该故障的诊断见表 11-21。

C60 型空调鼓风机电动机在任何转速下均有故障不能工作的诊断　　表 11-19

步骤	操　　作	是	否
1	检查熔断器中熔断丝 B1、B2。熔断丝是否断路	至步骤 2	至步骤 5
2	检查电路 141 是否对搭铁短路	至步骤 3	至步骤 4
3	维修电路 141 对搭铁短路。维修是否完成	鼓风机控制系统检查	—
4	更换 HVAC 控制总成。维修是否完成	鼓风机控制系统检查	—
5	(1)关闭 HVAC 控制总成插接器 C1; (2)将点火开关置运行位置; (3)用测试灯在 HVAC 控制总成插接器端子 B 和搭铁间从后部探测。 测试灯是否启亮	至步骤 6	至步骤 12
6	(1)重新连接 HVAC 控制总成插接器 C1; (2)断开鼓风机电动机接头; (3)将点火开关置运行位置; (4)将鼓风机电动机转速调至 V 位置; (5)用测试灯在鼓风机电动机插接器端子 A 与搭铁之间从后部探测。 测试灯是否启亮	至步骤 7	至步骤 10
7	用测试灯在鼓风机电动机插接器端子 A 和端子 B 之间从后部探测。 测试灯是否启亮	至步骤 8	至步骤 9
8	更换鼓风机电动机。维修是否完成	鼓风机控制系统检查	—
9	(1)断开鼓风机电动机电阻器插接器; (2)用测试灯在 B + 和鼓风机电动机电阻器线束插接器端子 B 之间从后部探测。 测试灯是否启亮	至步骤 10	至步骤 11
10	更换鼓风机电动机电阻器。是否有空气流动	鼓风机控制系统检查	—
11	维修电路 150 中的接触不良或断路。维修是否完成	鼓风机控制系统检查	—
12	维修电路 141 中的接触不良或断路。维修是否完成	鼓风机控制系统检查	—

CJ4 型空调前鼓风机电动机在任何转速下均有故障不能工作的诊断　　表 11-20

步骤	操　　作	数值	是	否
1	检查熔断丝 E1、E2。熔断丝是否断路	—	至步骤 2	至步骤 3
2	维修电路 640 对搭铁短路故障。维修是否完成	—	鼓风机控制系统检查	—

续上表

步骤	操　　作	数值	是	否
3	检查熔断丝 B3、B4。HVAC 熔断丝是否断路	—	至步骤 4	至步骤 5
4	维修电路 41 对搭铁短路故障。维修是否完成	—	—	—
5	检查熔断丝 K1、K2。熔断丝是否断路	—	至步骤 6	至步骤 7
6	维修电路 40 对搭铁短路故障。维修是否完成	—	鼓风机控制系统检查	—
7	检查搭铁 G200 是否清洁和紧固。搭铁 G200 是否清洁和紧固	—	至步骤 9	至步骤 8
8	清理并紧固 G200。维修是否完成	0.5～7V	鼓风机控制系统检查	—
9	(1)关闭点火开关； (2)断开鼓风机电动机插接器； (3)接通点火开关； (4)按下前除霜按钮； (5)将鼓风机转速置于最高转速位置； (6)用测试灯在鼓风机电动机线束插接器端子 A 和端子 B 之间从后部探测。 测试灯是否启亮	—	至步骤 10	至步骤 11
10	更换鼓风机电动机。维修是否完成	—	鼓风机控制系统检查	—
11	(1)断开鼓风机电动机控制模块插接器； (2)按前除霜按钮至接通位置； (3)使用 DMM，在鼓风机电动机控制模块线束插接器端子 C 和搭铁之间从后部探测； (4)在测量电压的同时，将调节鼓风机转速开关从最低速调到最高速。 电压是否在规定值之间变化	—	至步骤 12	至步骤 17
12	用测试灯在鼓风机电动机控制模块线束插接器端子 A 和端子 B 之间从后部探测。测试灯是否启亮	—	至步骤 13	至步骤 14
13	更换鼓风机电动机控制模块。维修是否完成	—	鼓风机控制系统检查	—
14	用测试灯在鼓风机电动机控制模块线束插接器端子 B 和搭铁之间从后部探测。测试灯是否启亮	—	至步骤 15	至步骤 16

续上表

步骤	操　作	数值	是	否
15	维修电路150中的接触不良或断路。维修是否完成	—	鼓风机控制系统检查	—
16	确定位置并维修电路40中的接触不良或断路。维修是否完成	—	鼓风机控制系统检查	—
17	(1)关闭前HVAC控制总成; (2)用测试灯在前HVAC控制总成线束插接器端子C1和端子C12之间从后部控制。 测试灯是否启亮	—	至步骤18	至步骤20
18	(1)接通点火开关; (2)用测试灯在加热器空调线束插接器端子C1和端子C5之间从后部探测。 测试灯是否启亮	—	至步骤23	至步骤19
19	维修5233和前HVAC控制总成线束插接器端子C5之间电路41中的接触不良或断路。维修是否完成	—	鼓风机控制系统检查	—
20	用测试灯在前HVAC控制总成线束插接器端子C12与搭铁之间从后部探测。测试是否启亮	—	至步骤21	至步骤22
21	维修前HVAC控制总成线束插接器端子C1和G200之间电路1450中的接触不良或断路。维修是否完成	—	鼓风机控制系统检查	—
22	维修5202和前HVAC控制总成线束插接器端子C12间电路640中的接触不良或断路。维修是否完成	—	鼓风机控制系统检查	—
23	(1)关闭点火开关; (2)检查前HVAC控制总成线束插接器端子C11和鼓风机电动机控制模块线束插接器端子C之间电路754是否断路。 该电路是否接通	—	至步骤25	至步骤24
24	维修电路754中的接触不良或断路。维修是否完成	—	鼓风机控制系统检查	—
25	检查电路754是否对B+短路	—	至步骤26	至步骤27
26	维修电路754是否对B+短路。维修是否完成	—	鼓风机控制系统检查	—
27	更换前HVAC控制总成。维修是否完成	—	鼓风机控制系统检查	—

CJ4 型空调后鼓风机电动机在任何转速下均有故障不能工作的诊断　　表 11-21

步骤	操　作	是	否
1	(1)将点火开关转至运行位置； (2)用测试灯在后 HVAC 控制总成线束插接器端子 C 至搭铁之间从后部探测。 测试灯是否启亮	至步骤 2	至步骤 3
2	用测试灯在后 HVAC 控制总成线束插接器端子 C 与端子 K 之间从后部探测。测试灯是否启亮	至步骤 5	至步骤 4
3	维修 5233 和后 HVAC 控制总成线束插接器端子 C 之间电路 41 中的接触不良或断路。维修是否完成	鼓风机控制系统检查	—
4	维修后 HVAC 控制总成线束插接器端子 K 和 G200 之间电路 1450 中的接触不良或断路。维修是否完成	鼓风机控制系统检查	—
5	用 DMM 检查电路 2211 是否接触不良或断路	至步骤 6	至步骤 7
6	维修电路 2211 中的接触不良或断路。维修是否完成	鼓风机控制系统检查	—
7	更换后 HVAC 控制总成。维修是否完成	鼓风机控制系统检查	—

五、鼓风机电动机控制故障

鼓风机电动机控制故障可分为鼓风机电动机仅以高速操作、仅以一种转速工作或高速时有故障不能工作等。C60 型鼓风机是通过电动机电阻器控制的；CJ4 型鼓风机是由鼓风机电动机控制模块进行控制的。

C60 型空调鼓风机电动机仅在一种转速下有故障不能工作的诊断见表 11-22。

C60 型空调鼓风机电动机仅在一种转速下有故障不能工作的诊断　　表 11-22

步骤	操　作	是	否
1	(1)断开鼓风机电动机电阻器插接器； (2)接通点火开； (3)将加热器空调控制置于通风孔位置； (4)将鼓风机开关至有故障不能工作位置； (5)用测试灯在搭铁与如下鼓风机电动机电阻器端子之间从后部探测： 端子 B 端子 A 端子 D 端子 C 测试灯是否启亮	至步骤 2	至步骤 3
2	更换鼓风机电动机电阻器。维修完成，并重新检查系统	HVAC 供气系统检查	—

续上表

步骤	操　作	是	否
3	(1)关闭点火开关; (2)关闭 HVAC 控制总成插接器 C1; (3)检查如下有故障不能工作的电路是否接触不良、断路或对搭铁短路: 端子 B 端子 A 端子 D 端子 C 所测试的有故障不能工作的电路是否接触不良、断路或对搭铁短路	至步骤 4	至步骤 5
4	确定并维修电路故障。维修是否完成	HVAC 供气系统检查	—
5	更换 HVAC 控制总成。维修是否完成	HVAC 供气系统检查	—

C60 型空调鼓风机电动机高速有故障不能工作的诊断见表 11-23。

C60 型空调鼓风机电动机高速有故障不能工作的诊断　　表 11-23

步骤	操　作	是	否
1	检查熔断器中的熔断丝 K1 ~ K3。熔断丝是否断路	至步骤 2	至步骤 5
2	检查电路 40 是否对搭铁短路。电路 40 是否对搭铁短路	至步骤 3	至步骤 4
3	维修电路 40 对搭铁短路故障。维修是否完成	HVAC 鼓风机控制系统检查	—
4	更换鼓风机电动机电阻器。维修是否完成	HVAC 鼓风机控制系统检查	—
5	(1)断开鼓风机电动机电阻器; (2)用测试灯在鼓风机电动机电阻器线束插接器端子 G(电路 40)至搭铁之间从后部探测。 测试灯是否启亮	至步骤 6	至步骤 10
6	(1)将点火开关转至运行位置; (2)将 HVAC 控制置于通风孔位置; (3)将鼓风机开关置于 V 位置; (4)用测试灯在鼓风机电动机电阻器线束插接器端子 F 和搭铁之间从后部探测。 测试灯是否启亮	至步骤 4	至步骤 7
7	(1)关闭点火关; (2)关闭 HVAC 控制总成插接器 C1; (3)检查电路 52 是否接触不良、断路或对搭铁短路	至步骤 8	至步骤 9
8	维修电路 52 中的故障。维修是否完成	HVAC 鼓风机控制系统检查	—
9	更换 HVAC 控制总成。维修是否完成	HVAC 鼓风机控制系统检查	—
10	维修电路 40 中的接触不良或断路。维修是否完成	HVAC 鼓风机控制系统检查	—

C60 型空调鼓风机电动机始终接通的故障诊断见表 11-24。

C60 型空调鼓风机电动机始终接通的故障诊断 表 11-24

步骤	操　作	是	否
1	(1)断开鼓风机电动机电阻器； (2)将点火开关置于运行位置； (3)将 HVAC 控制总成置于通风位置； (4)将鼓风机开关置于关闭位置； (5)用测试灯在如下鼓风机电动机电阻器线束插接器与搭铁之间从后部探测： 端子 B(电路 60) 端子 A(电路 63) 端子 D(电路 72) 端子 C(电路 73) 端子 F(电路 52) 测试灯是否启亮	至步骤 2	至步骤 5
2	(1)保持测试灯在使其启亮的相同端子上的连接； (2)断开 HVAC 控制总成插接器 C1。 测试灯是否启亮	至步骤 3	至步骤 4
3	维修如下电路是否对 B + 短路： 端子 B(电路 60) 端子 A(电路 63) 端子 D(电路 72) 端子 C(电路 73) 端子 F(电路 52) 是否已完成维修，并对系统进行了重新检查	HVAC 鼓风机控制系统检查	—
4	更换 HVAC 控制总成。维修是否完成	HVAC 鼓风机控制系统检查	—
5	更换鼓风机电动机电阻器。维修是否完成	HVAC 鼓风机控制系统检查	—

六、制冷剂系统检查

制冷剂系统的检查如表 11-25 所示。

制冷剂系统检查 表 11-25

步骤	操　作	规定数值(kPa)	是	否
1	进行变排量节流管(VDOT)空调系统诊断。 是否进行 VDOT 空调系统诊断	—	至步骤 2	进行系统性能测试

续上表

步骤	操　　作	规定数值(kPa)	是	否
2	(1)关闭点火开关； (2)用歧管压力表测量高、低端压力是否等于规定值	345	VDOT空调系统诊断	至步骤3
3	高压和低压端压力是否高于规定数值	345	系统正常	至步骤4
4	(1)加注5kg制冷剂(R134a)； (2)检查系统是否泄漏	—	至步骤6	至步骤5
5	高压和低压端压力是否介于规定值之间	207~345	系统正常	至步骤6
6	维修泄漏。维修是否完成	—	至步骤7	—
7	抽真空并加注空调系统。高压和低压端压力是否高于规定值	345	系统正常	VDOT空调系统诊断

七、变排量节流管(VDOT)空调系统诊断

变排量节流管(VDOT)制冷系统的检查是在空调系统各部件的功能完全正常的情况下进行的,诊断步骤及检查时的数值要求如表11-26所示。制冷系统低压端和高压端压力如图11-27所示。

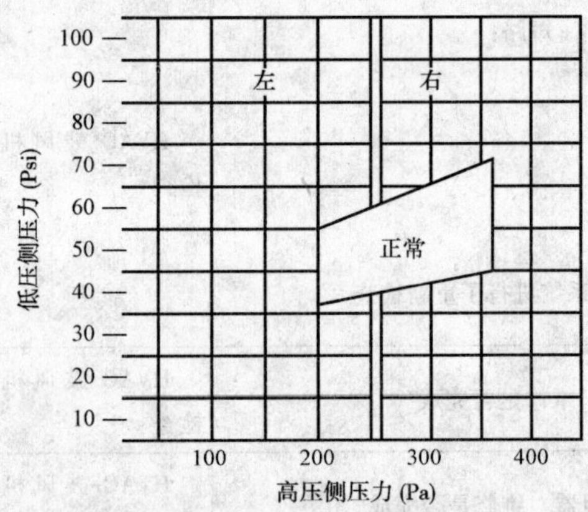

图11-27　低压端和高压端压力图(1Psi=6.89kPa)

VDOT制冷系统诊断步骤　　表11-26

步骤	措　　施	规定数值(kPa)	是	否
1	外界温度高于16℃时,关闭点火开关,连接空调仪表。查看高、低压端压力是否约等于规定值	345	至步骤6	至步骤2
2	添加0.5kg制冷剂,检查空调系统是否泄漏	—	至步骤4	至步骤3
3	高、低端压力是否符合规定	207~345	系统正常	至步骤4

续上表

步骤	措　施	规定数值(kPa)	是	否
4	维修泄漏处。维修是否完成	—	至步骤5	—
5	抽真空并加注空调系统,检查高压端和低压端压力是否高于规定数值	345	系统正常	至步骤6
6	保持发动机怠速运转,将空调控制总成置于UPPER模式,鼓风机电动机速度置于高速挡,温度控制器调至最冷位置,接通空调。检查离合器是否接合	—	至步骤7	至步骤15
7	检查压缩机或空调传动带是否有噪声	—	至步骤8	至步骤9
8	检查噪声是否由带打滑引起的	—	至步骤9	至步骤10
9	更换传动带。维修是否完成	—	系统正常	至步骤13
10	噪声是否来自空调压缩机	—	至步骤11	至步骤13
11	检查空调管路是否与其他部件接触	—	至步骤12	至步骤13
12	必要时重新定位或更换空调管路。维修是否完成	—	系统正常	至步骤18
13	噪声是否来自空调压缩机	—	至步骤14	至步骤18
14	更换空调压缩机。噪声是否仍然存在	—	至步骤18	系统正常
15	关闭点火开关,断开空调压缩机离合器上的插接器,将一条跨接导线从搭铁连接到压缩机离合器一个端子上。将一条带熔断丝的跨接线从蓄电池正极接线连到压缩机离合器的另一端子上,离合器是否接合	—	至步骤16	至步骤17
16	维修压缩机离合器电路,使发动机怠速运转,将空调控制总成置于空调模式,鼓风机电动机速度置于高速挡,温度控制器置于最冷位置。检查离合器是否接合	—	系统正常	至步骤18
17	更换空调离合器线圈,维修是否完成	—	系统正常	至步骤18
18	关闭所有车门窗,将空调控制总成置于UPPER模式,鼓风机电动机置于高速,将温度控制器调至最冷位置,使发动机怠速运行5min。用手触摸膨胀节流管(C60型)或双级节流管(CJ4型)两侧液体管路。接通空调后,膨胀节流管或双级节流管两侧的温度是否相同	—	至步骤19	至步骤24
19	回收制冷剂。检查膨胀节流管O形圈(仅限C60型)是否丢失	—	至步骤20	至步骤21

续上表

步骤	措 施	规定数值(kPa)	是	否
20	更换丢失的膨胀节流管O形圈(C60型)或更换双级节流管(CJ4型)。维修是否完成	—	至步骤22	—
21	检查高压管路节流阻滞。肉眼检查管路是否有霜冻。检查管路在节流处是否有温度差	—	至步骤23	—
22	回收制冷剂。测试系统是否泄漏。检查空气出口输出温度是否符合规定	—	系统正常	至步骤24
23	维修高压端节流阻滞。维修是否完成	—	系统正常	—
24	操作空调系统,持续5min以上。当冷却风扇接通时,记录高、低压端压力,确定低压端和高压端压力的节流位置(参见图11-27)。低压端压力和高压端压力是否在图右侧相交		至步骤25	至步骤35
25	将空调控制总成置UPPER模式,鼓风机电动机置于高速位置,温度控制器调至最冷位置。保持发动机怠速运行5min。用手触摸膨胀节流管(C60型)或双级节流管(CJ4型)两侧液体管路。接通空调后触摸冷凝器和膨胀管间的液体管路。管路是否凉	—	至步骤28	至步骤30
26	检查冷却风扇是否工作	—	至步骤27	至步骤28
27	检查冷凝器的气流是否有阻滞	—	至步骤29	性能测试
28	维修冷却风扇。维修是否完成	—	系统正常	—
29	消除阻滞故障。维修是否完成	—	系统正常	—
30	检查空调系统加注的制冷剂是否过量	—	至步骤31	至步骤32
31	回收制冷剂。抽真空,重新加注制冷剂。维修是否完成	—	系统正常	—
32	检查空调系统是否有空气。是否有泄露	—	至步骤33	性能测试
33	回收制冷剂,维修空调系统中的泄露,抽真空并重新加注制冷剂。维修是否完成	—	系统正常	—
34	当发动机运行时,连接高、低压端压力表。高、低压端的压力是否符合规定值	207	至步骤35	至步骤40
35	关闭车辆所有门窗;发动机在2000r/min下运转;温度控制总成置于最冷位置;鼓风机电动机速度置于高速挡;有新鲜空气与空调之间循环互换模式,每次20s,持续3min。高、低压侧的压力是否等于规定值	207	至步骤36	—

续上表

步骤	措　施	规定数值(kPa)	是	否
36	检查是否出现如下情况： (1)高、低侧的表压缓慢升高； (2)压缩机输入管路开始发热； (3)输出管很热	—	至步骤37	至步骤38
37	更换空调压缩机。维修是否完成	—	系统正常	—
38	关闭发动机。当压缩机离合器断开时，压缩机离合器驱动器（不是带轮）能否用手自由转动	—	至步骤37	至步骤39
39	检查低压端压力。当发动机转速在所示值（2000r/min～2800r/min）范围内时，低压端压力是否很快升高	—	至步骤50	至步骤37
40	检查低压端的压力是否符合规定	172～241	至步骤41	至步骤50
41	触摸膨胀节流管（C60）或双级节流管（CJ4）前的液体管路。管路是否凉	—	至步骤42	至步骤44
42	检查膨胀节流管或双级节流管之前的液体管路。管路是否有节流阻滞	—	至步骤43	性能测试
43	维修膨胀节流管和双级节流管之前的液体管路。维修是否完成	—	系统正常	—
44	将0.5kg制冷剂添加到系统中。冷却效果是否改善	—	至步骤45	至步骤47
45	进行泄漏测试。检查系统是否有泄漏	—	至步骤46	系统正常
46	维修泄漏处，抽真空并加注制冷剂。维修是否完成	—	系统正常	—
47	回收制冷剂。检查膨胀节流管或双级节流管是否堵塞	—	至步骤48	—
48	拆卸并清洗或更换节流管。维修是否完成	—	至步骤49	—
49	抽真空并加注制冷剂。维修是否完成	—	系统正常	—
50	连接高、低压力表，关闭全部车门和车窗，使发动机在2000r/min下运转5min，将空调控制总成置于UPPER模式，温度控制器置于最冷位置，接通空调，将鼓风机电动机速度置于低速挡。检查低压端的压力是否在规定值内	172～241	性能测试	至步骤51
51	回收制冷剂，更换压缩机控制阀。维修是否完成	—	至步骤52	—
52	抽真空并加注制冷剂。维修是否完成	—	系统正常	—

八、供气不当

HVAC 供气不当的故障诊断如表 11-27 所示。

供气不当的故障诊断 表 11-27

步骤	操作	规定数值(V)	是	否
1	检查熔断器中的 B3、B4 熔断丝。熔断丝是否断路	—	至步骤 2	至步骤 3
2	确定并维修电路 41 对搭铁短路。维修是否完成	—	HVAC 供气系统检查(CJ4)	—
3	(1)接通点火开关; (2)用测试灯在真空电磁阀线束插接器端子 6 和搭铁间从后部探测。 测试灯是否启亮	—	至步骤 5	至步骤 4
4	维修电路 41 中的接触不良或断路。维修是否完成	—	HVCA 供气系统检查(CJ4)	—
5	(1)按 HVAC 控制总成上的通风按钮; (2)按再循环按钮,选择车内空气再循环; (3)用 DMM 测量 B + 和真空电磁阀线束插接器端子 2 之间的电压。 测量电压是否符合规定	9 ~ 14	至步骤 9	至步骤 6
6	检查电路 362 是否接触不良或断路	—	至步骤 7	至步骤 20
7	维修电路 362 中的接触不良或断路。维修是否完成	—	HVAC 供气系统检查(CJ4)	—
8	用 DMM 测量 B + 和真空电磁阀线来插接器端子 4 之间的电压。测量电压是否在规定数值范围内	9 ~ 14	至步骤 11	至步骤 9
9	检查电路 363 是否接触不良或断路	—	至步骤 10	至步骤 20
10	维修电路 363 中的接触不良或断路。维修是否完成	—	HVAC 供气系统检查(CJ4)	—
11	用 DMM 测量 B + 和真空电磁阀线束插接器端子 5 之间的电压。 测量电压是否在规定值范围内	9 ~ 14	至步骤 14	至步骤 12
12	检查电路 706 是否接触不良或断路	—	至步骤 13	至步骤 20
13	维修电路 706 的接触不良或断路。维修是否完成	—	HVAC 供气系统检查(CJ4)	—

续上表

步骤	操　作	规定数值(V)	是	否
14	(1)按 HVAC 控制总成上的除霜模式按钮； (2)用 DMMM 量 B + 和真空电磁阀线束插接器的端子 1 之间的电压。 测量电压是否符合规定	9 ~ 14	至步骤 17	至步骤 15
15	检查电路 366 是否接触不良或断路	—	至步骤 16	至步骤 20
16	维修电路 366 中的接触不良或断路。维修是否完成	—	HVAC 供气系统检查(CJ4)	—
17	用 DMM 测量 B + 和真空电磁阀线束插接器端子 3 之间的电压。测量电压是否在规定值范围内	9 ~ 14	至步骤 21	至步骤 18
18	检查电路 361 是否接触不良或断路	—	至步骤 19	至步骤 20
19	维修电路 361 中的接触不良或断路。维修是否完成	—	HVAC 供气系统检查(CJ4)	—
20	更换 HVAC 控制总成。维修是否完成	—	HVAC 供气系统检查(CJ4)	—
21	(1)将鼓风机转速置关闭位置； (2)用 DMM 测量 B + 和真空电磁阀线束插接器端子 1 之间的电压。 测量电压是否符合规定	9 ~ 14	至步骤 22	至步骤 24
22	检查电路 366 是否对搭铁短路	—	至步骤 23	至步骤 20
23	维修电路 366 对搭铁短路。维修是否完成	—	HVAC 供气系统检查(CJ4)	—
24	用 DMM 测量 B + 与真空电磁阀线束插接器端子 2 之间的电压。测量电压是否在规定值范围内	9 ~ 14	至步骤 25	至步骤 27
25	检查电路 362 是否对搭铁短路	—	至步骤 26	至步骤 20
26	维修电路 362 对搭铁短路。维修是否完成	—	HVAC 供气系统检查(CJ4)	—
27	用 DMM 测量 B + 与真空电磁阀线束插接器端子 3 之间的电压。测量电压是否在规定值范围内	9 ~ 14	至步骤 28	至步骤 30
28	检查电路 361 是否对搭铁短路	—	至步骤 29	至步骤 20
29	维修电路 361 对搭铁短路。维修是否完成	—	HVAC 供气系统检查(CJ4)	—
30	用 DMM 测量 B + 与真空电磁阀线束插接器端子 4 之间的电压。测量电压是否在规定值范围内	9 ~ 14	至步骤 31	至步骤 33

续上表

步骤	操　作	规定数值(V)	是	否
31	检查电路363是否对搭铁短路	—	至步骤32	至步骤20
32	维修电路363对搭铁短路。维修是否完成	—	HVAC供气系统检查(CJ4)	—
33	用DMM测量B+与真空电磁阀线束插接器端子5之间的电压。测量电压是否在规定值范围内	9~14	至步骤34	至步骤36
34	检查电路706是否对搭铁短路	—	至步骤35	至步骤20
35	维修电路706对搭铁短路。维修是否完成	—	HVAC供气系统检查(CJ4)	—
36	检查真空电磁阀、真空源、与执行器连接的真空软管或执行器与阀门间的杆系或阀门是否有故障。操作是否完成	—	HVAC供气系统检查(CJ4)	—

九、温度控制器有故障不能工作

1. C60型空调系统温度控制器有故障不能工作的诊断见表11-28。

C60型空调系统温度控制器有故障不能工作的诊断　　表11-28

步骤	操　作	规定数值(V)	是	否
1	检查熔断器中的B3、B4熔断丝是否断路	—	至步骤2	至步骤3
2	维修电路41对搭铁短路。维修是否完成	—	功能检查	—
3	(1)将点火开关转至运行位置； (2)用DMM在HVAC控制总成线束插接器C2的端子G与搭铁之间从后部探测； (3)从WARM至COOL,再从COOL至WARM,来回移动温度控制钮。 测量电压是否在规定值范围内变化	1~12	至步骤4	至步骤5
4	(1)断开左前侧温度执行器插接器； (2)将DMM连接在左前侧温度执行器线束插接器端子10与搭铁之间。 测量电压是否符合规定	9~14	至步骤6	至步骤7
5	(1)关闭HVAC控制总成线束插接器C2； (2)将DMM连接在HVAC控制总成线束插接器C2端子C与搭铁之间； (3)将点火开关置运行位置。 测量电压是否符合规定	9~14	至步骤13	至步骤12
6	将DMM连接在左前侧温度执行器线束插接器端子10与端子7之间。测量电压是否在规定值范围内	9~14	至步骤8	至步骤9

续上表

步骤	操　作	规定数值(V)	是	否
7	维修S233与左前侧温度执行器线束插接器端子10之间电路41中的接触不良或断路。维修是否完成	—	功能检查	—
8	(1)将DMM连接在左前侧温度执行器线束插接器端子8与搭铁之间； (2)将点火开关置运行位置； (3)从WARM至COOL，再从COOL至WARM，往复移动温度控制钮。 测量电压是否在规定值范围内变化	1~12	至步骤10	至步骤11
9	维修左前侧温度执行器线束插接器端子7与G200之间电路1450中的接触不良或断路。维修是否完成	—	功能检查	—
10	(1)检查左前侧温度执行器是否接触不良； (2)检查空气温度阀是否卡滞； (3)更换左前侧温度执行器。 维修是否完成	—	功能检查	—
11	维修电路1199中的接触不良或断路。维修是否完成	—	功能检查	—
12	维修S233与HVAC控制总成线束插接器C2端子C之间电路41中的接触不良或断路。维修完成并重新检查过系统	—	功能检查	—
13	(1)关闭点火开关； (2)断开左前侧温度执行器插接器； (3)用DMM检查电路1199是否对搭铁短路	—	至步骤14	至步骤15
14	维修电路1199对搭铁短路部分。维修是否完成	—	功能检查	—
15	更换HVAC控制总成。维修完成并重新检查系统	—	功能检查	—

2. CJ4型空调系统温度控制器有故障不能工作的诊断见表11-29。

CJ4型空调系统温度控制器有故障不能工作的诊断　　表11-29

步骤	操　作	规定数值(V)	是	否
1	是否执行了HVAC功能检查	—	至步骤2	功能检查
2	检查熔断器中的B3、B4熔断丝。熔断丝是否断路	—	至步骤3	至步骤4

续上表

步骤	操　作	规定数值(V)	是	否
3	维修电路41对搭铁短路。维修是否完成	9~14	功能检查	—
4	(1)关闭点火开关; (2)断开左前侧温度执行器插接器; (3)接通点火开关,用DMM测量左前侧温度执行器线束插接器端子10和搭铁之间的电压。 测量电压是否符合规定	—	至步骤6	至步骤5
5	维修S233与左前侧温度执行器线束插接器端子10之间电路41中的接触不良或断路。维修是否完成	0.5~4.5	功能检查	—
6	(1)用DMM测量左前侧温度执行器线束插接器端子8与搭铁之间的电压; (2)将前温度按钮从最冷位置调至最热位置。 检查电压是否在规定值之间变化	0.5~4.5	至步骤7	至步骤8
7	更换左前侧温度执行器(*更换后温度执行器)。维修是否完成	—	功能检查	—
8	检查电路2210(*2214)是否对搭铁短路或对B+短路	—	至步骤9	至步骤10
9	确定并维修电路2210(*2214)对搭铁短路或对B+短路故障。维修是否完成	—	功能检查	—
10	检查电路2210(*2214)是否接触不良或断路	—	至步骤11	至步骤12
11	维修电路2210(*2214)中的接触不良或断路。维修是否完成	—	功能检查	—
12	更换HVAC控制总成(*后HVAC控制总成)。维修是否完成	—	功能检查	—

十、暖风不足的故障诊断

暖风不足的故障诊断见表11-30。

暖风不足的故障诊断　表 11-30

步骤	操　作	是	否
1	(1)检查发动机冷却液液位； (2)检查冷却液泵传动带的张紧力； (3)检查散热器和加热器软管是否泄漏和扭结； (4)检查散热器盖的操作是否正确。 操作是否完成	至步骤 2	—
2	(1)将模式置于 HEAT 位置； (2)将鼓风机速度置于高速挡位置； (3)将温度控制器置于最热位置； (4)接通点火开关。 检查是否有气流从加热器出口流出	至步骤 3	至步骤 8
3	检查除霜器或通风出口是否有气流流出	至步骤 4	至步骤 15
4	将模式控制装置置于除霜位置，检查除霜器出口是否有气流流出	至步骤 5	至步骤 16
5	将鼓风机转速按从断开至低速、中速至低速、中速至高速，然后返回至断开的顺序调节。在鼓风机转速调节至高速的过程中，各挡转速是否增加，反之是否降低	至步骤 6	至步骤 17
6	检查在鼓风机进口和强制通风系统中是否有堵塞，必要时进行维修。操作是否完成	至步骤 7	—
7	将鼓风机转速置于高速位置，将温度控制器从最热调节至最冷。气流是否有变化	至步骤 25	至步骤 24
8	将鼓风机转速按从断开至低速、中速至低速、中速至高速，然后返回至断开的顺序调节。在鼓风机转速调节至高速的过程中，各挡转速是否增加，反之是否降低	至步骤 9	至步骤 17
9	将鼓风机转速置于高速位置，用温度计测量环境温度。以 48km/h 的速度驾驶车辆，让发动机预热 20min。检查环境温度与加热器出口输出的空气温度是否符合如下情况： (1)在 -18℃下，出口温度为 54℃； (2)在 -4℃下，出口温度为 59℃； (3)在 10℃下，出口温度为 64℃。 加热器出口温度是否符合规定	至步骤 18	至步骤 10
10	用扫描工具，循环显示温度活门执行器。温度活门执行器的功能是否正常	至步骤 11	至步骤 19
11	将温度控制器置于最热位置，起动发动机，触摸进出口加热器软管 是否进口加热器软管感觉热，出口加热器软管感觉温	至步骤 14	至步骤 12
12	断开加热器芯上的加热器软管，检查加热器软管的位置。加热器软管位置是否相反	至步骤 20	至步骤 13

续上表

步骤	操　　作	是	否
13	冲洗加热器芯,再充装冷却系统。将温度控制器置于最热位置,起动发动机,触摸进出口加热器软管。 是否进口加热器软管感觉热,出口加热器软管感觉温	至步骤26	至步骤23
14	检查节温器安装是否正确	至步骤26	至步骤23
15	检查模式车门控制装置和步进电动机。操作是否完成	至步骤26	—
16	检查加热器出口是否堵塞,必要时维修。操作是否完成	至步骤26	—
17	检查鼓风机电动机,操作是否完成	至步骤26	—
18	检查车辆的仪表板、加热器壳体及前通风孔等部位是否有冷空气泄漏,必要时维修。操作是否完成	至步骤26	—
19	维修或更换温度车门步进电动机。操作是否完成	至步骤26	—
20	将加热器软管重新安装在正确位置。操作是否完成	至步骤26	—
21	重新安装节温器。操作是否完成	至步骤26	—
22	更换节温器。操作是否完成	至步骤26	—
23	更换加热器芯。操作是否完成	至步骤26	—
24	检查温度车门步进电动机。操作是否完成	至步骤26	—
25	检查鼓风机与系统出口间是否出现系统堵塞。操作是否完成	至步骤26	—
26	执行对应形式的功能测试。操作是否完成	系统正常	—

第十二章　丰田雷克萨斯汽车空调系统的检修

第一节　结 构 特 点

丰田汽车空调系统都采用全自动控制,更高档的汽车采用电脑控制的自动空调系统,如雷克萨斯 LS400、雷克萨斯 ES300 等车型。这些空调系统利用多种传感器和开关信号将各种信息传到电脑 ECU,ECU 对这些工作信号和状态信号进行处理后,给执行器(如制冷系统、取暖器、通风系统以及控制系统等)发出指令,使其动作,从而使空调系统达到最佳状态和节能的效果。下面以雷克萨斯 LS400 型汽车为例,来分析空调系统的工作原理、检查及故障诊断等。

一、车内温度控制原理

车内温度控制原理如图 12-1 所示,当"AUTO"开关接通时:

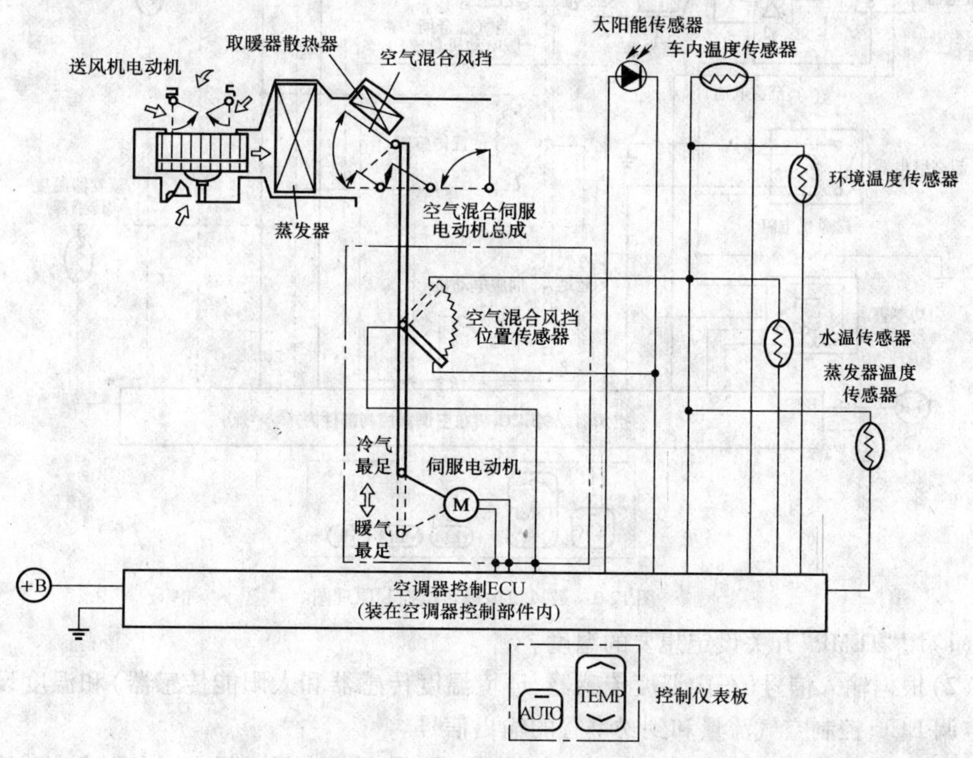

图 12-1　车内温度控制原理图

(1)用“TEMP”开关设定想要的温度。

(2)根据输入信号(车内温度传感器、环境温度传感器、水温传感器、蒸发器温度传感器和太阳能传感器)和温度设定信号,空调ECU控制空气流量和到空气混合伺服电动机的输出信号。

(3)当空气混合伺服电动机接到从空调ECU传来的信号时,它开启或关闭空气混合风挡,从而改变空气流的温度。当该温度达到规定温度时,ECU根据空气混合风挡位置传感器检测到的空气混合风挡位置信号,停止该伺服电动机。

如果想要设定的温度是18℃(欧洲是16℃),ECU就将空气混合风挡开到冷气最足位置。如果想要设定的温度是32℃(欧洲是30℃),ECU就将空气混合风挡开到暖气最足位置。

二、鼓风机风扇转速控制原理

鼓风机风扇转速控制原理如图12-2所示,当“AUTO”开关接通时:

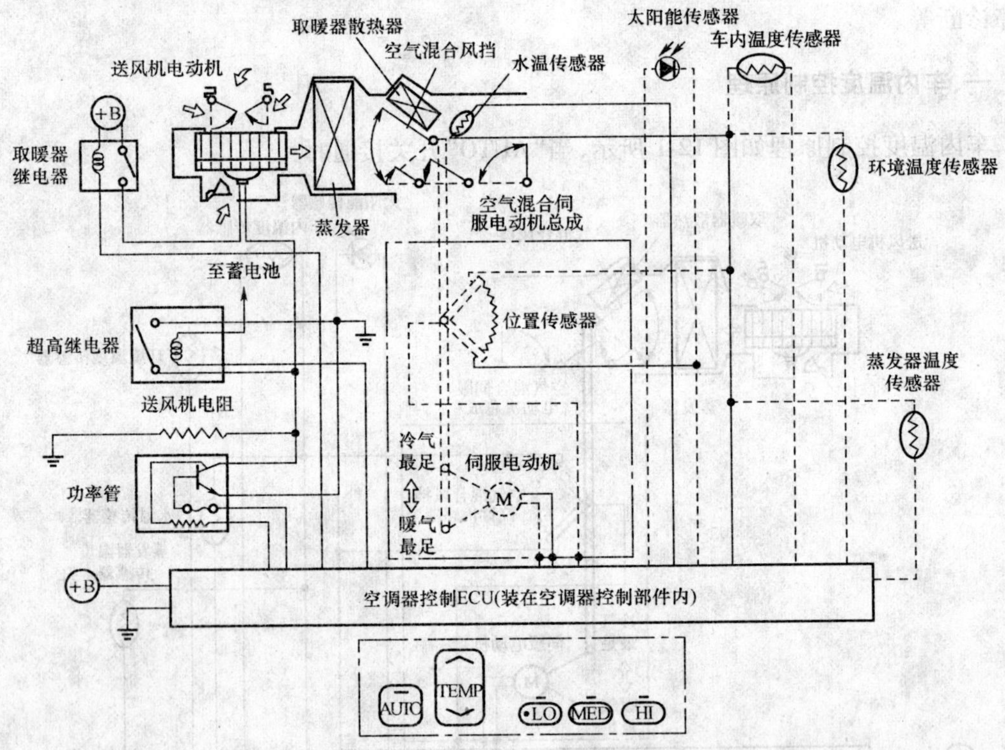

图12-2 鼓风机风扇转速控制原理图

(1)用“TEMP”开关设定想要的温度。

(2)根据输入信号(车内温度传感器、环境温度传感器和太阳能传感器)和温度设定信号,空调ECU控制空气流量和到功率管的输出信号。

(3)当功率管接到从空调ECU传来的信号时,提高或降低送风电动机的转速,从而控制空气流量。

当“AUTO”开关断开时,ECU 将功率管或超高继电器转向“ON/OFF”,根据“Manual”(手动)开关的位置,提高或降低送风机电动机的转速来调整空气流量。

三、空气流动方式控制原理

空气流动方式控制原理如图 12-3 所示。当“AUTO”开关接通时:

(1)用“TEMP”开关设定想要的温度。

(2)根据输入信号(车内温度传感器、环境温度传感器和太阳能传感器)和温度设定信号,空调 ECU 控制空气流动及到方式伺服电动机和冷气最足伺服电动机的输出信号。

(3)当该伺服电动机接到从空调 ECU 传来的信号时,它开启或关闭每个风挡,从而改变空气流动方式。

当“AUTO”开关断开时,ECU 根据“Manual”(手动)开关的位置,调整空气流动方式。如果空气流量过大、温度过低,根据温度传感器信号的输入,则 ECU 发出指令使通风口风挡改变到除霜器风挡。

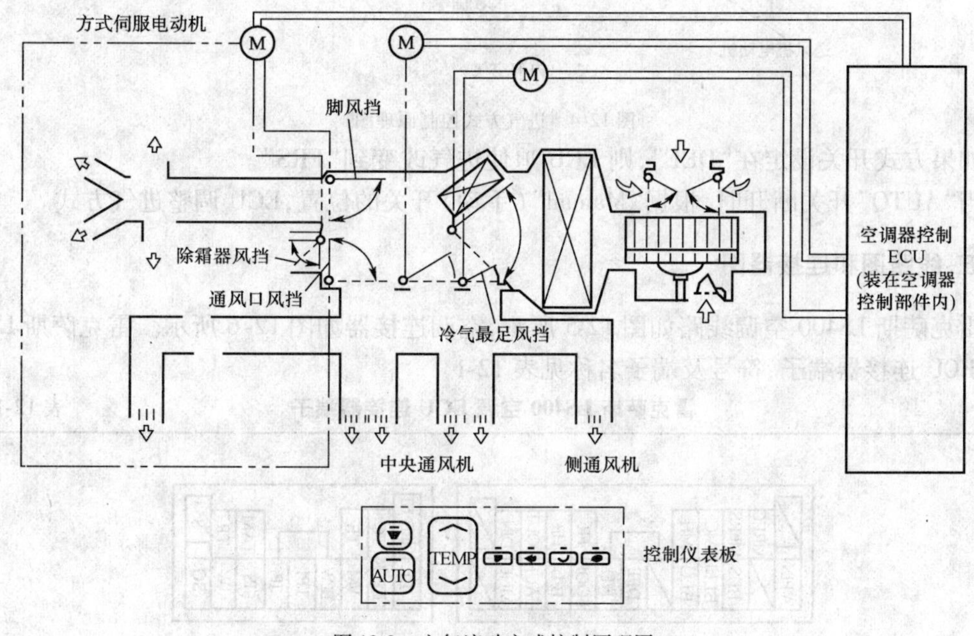

图 12-3　空气流动方式控制原理图

四、进气方式控制原理

进气方式控制原理如图 12-4 所示,当“AUTO”开关接通时:

(1)用“TEMP”开关设定想要的温度。

(2)根据输入信号(车内温度传感器、环境温度传感器和太阳能传感器)和温度设定信号,空调 ECU 控制进气方式和到进气伺服电动机总成的输出信号。

(3)当进气伺服电动机接到从空调 ECU 传来的信号时,它开启或关闭风挡,从而改变进气方式。当进气改变到想要的设定值时,由进气风挡位置传感器将检测到的进气风挡位置信号送至空调 ECU,ECU 发出停止该伺服电动机的指令。

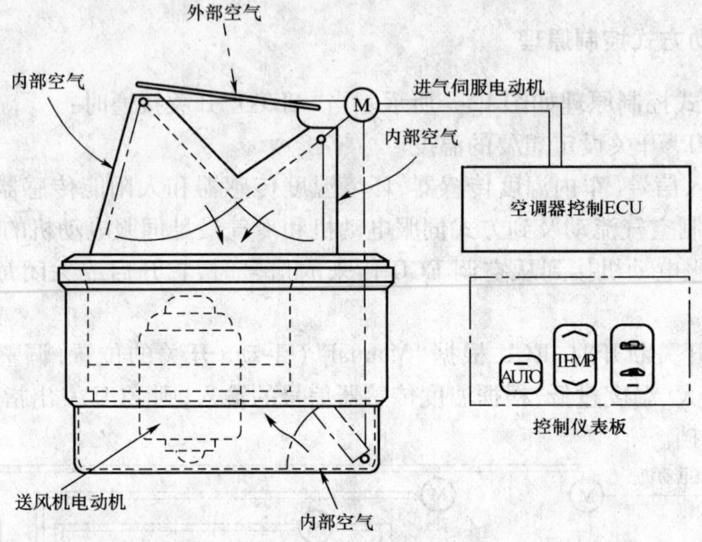

图 12-4 进气方式控制原理图

如果方式开关设定在"DEF",则 ECU 迫使进气改变到"FRS"。

当"AUTO"开关断开时,根据"Manual"(手动)开关的位置,ECU 调整进气方式。

五、线路图和连接器图

雷克萨斯 LS400 空调线路如图 12-5 所示,空调连接器如图 12-6 所示。雷克萨斯 LS400 空调 ECU 连接器端子、符号及端子名称见表 12-1。

雷克萨斯 LS400 空调 ECU 连接器端子 表 12-1

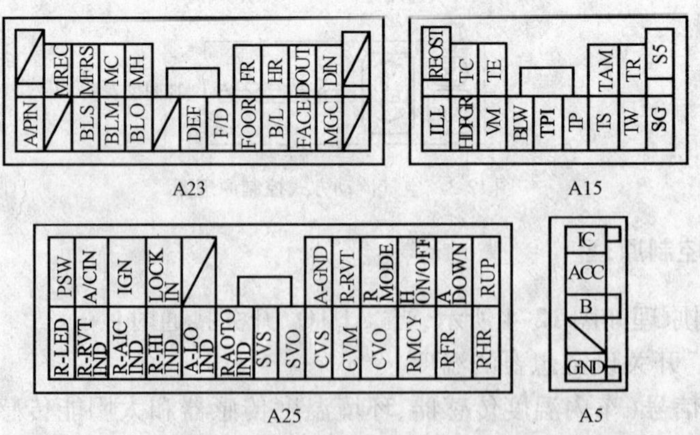

续上表

端子	符号	端子名称	端子	符号	端子名称
A23-1	—	—	A15-12	BLW	功率管
2	DIN	TDCL	13	VM	功率管
3	DOUT	TDCL	14	ROFGR	后除霜管
4	HR	取暖器继电器	15	ILL +	照明
5	FR	超高继电器	A25-1	R-UP	后 A/C 控制
6	MH	空气混合伺服电动机	2	R-DOWN	后 A/C 控制
7	MC	空气混合伺服电动机	3	R-ON/OFF	后 A/C 控制
8	MFRS	空气混合伺服电动机	4	R-MODE	后 A/C 控制
9	MREC	空气混合伺服电动机	5	R-RVT	后特大流量 SW
10	—	—	6	R-GND	接地
11	—	—	7	—	—
12	MGC	A/C 电磁离合器	8	LOCK IN	压缩机同步传感器
13	FACE	方式伺服电动机	9	IGN	点火器
14	F/L	方式伺服电动机	10	A/C IN	A/C 电磁离合器
15	FOOT	方式伺服电动机	11	PSW	压力开关
16	F/D	方式伺服电动机	12	RHR	后取暖器继电器
17	DEF	方式伺服电动机	13	RFR	后 E_x-Hi 继电器
18	—	—	14	RMGV	后电磁阀
19	BLO	冷气最足伺服电动机	15	CVO	中央通风口伺服电动机
20	BLM	冷气最足伺服电动机	16	CVM	中央通风口伺服电动机
21	BLS	冷气最足伺服电动机	17	CVS	中央通风口伺服电动机
22	—	—	18	SVO	侧通风口伺服电动机
23	A/PIN	空气净化器	19	SVS	侧通风口伺服电动机
A15-1	S5	传感器电源	20	R-AUTO	后 A/C 控制
2	TR	车内温度传感器	21	R-LO	后 A/C 控制
3	TAM	环境温度传感器	22	R-HI	后 A/C 控制
4	TE	蒸发器温度传感器	23	R-A/C	后 A/C 控制
5	TC	TDCL	24	R-RVT	后特大流量 SW
6	REOST	变阻器	25	R-LED +	LED 电源
7	SG	传感器接地	A5-1	GND	接地
8	TW	水温传感器	2	—	—
9	TS	太阳能传感器	3	B	后备电源
10	TP	AM 风挡位置传感器	4	ACC	电源
11	TPI	AI 风挡位置传感器	5	IG	电源

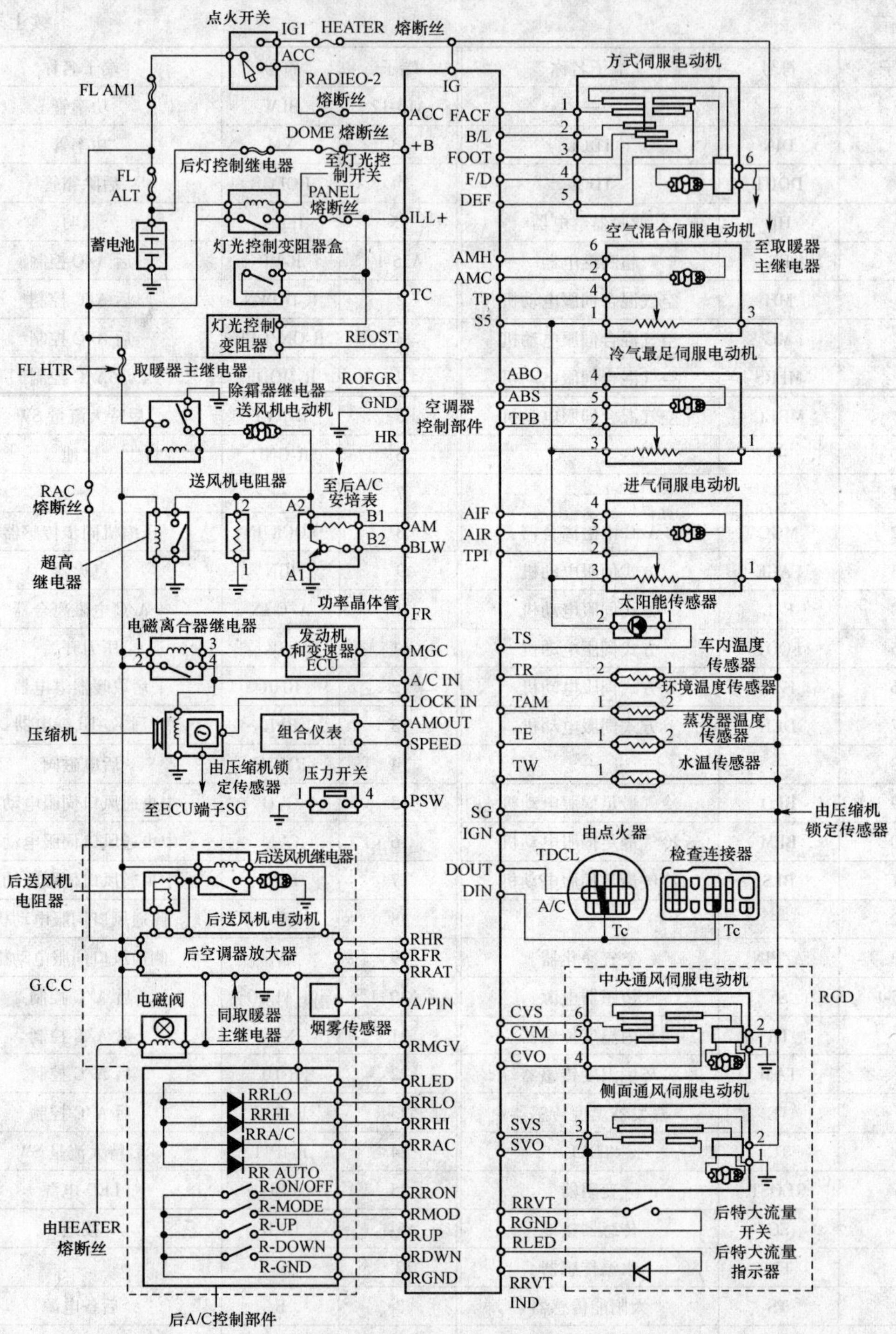

图 12-5 雷克萨斯 LS400 空调线路图

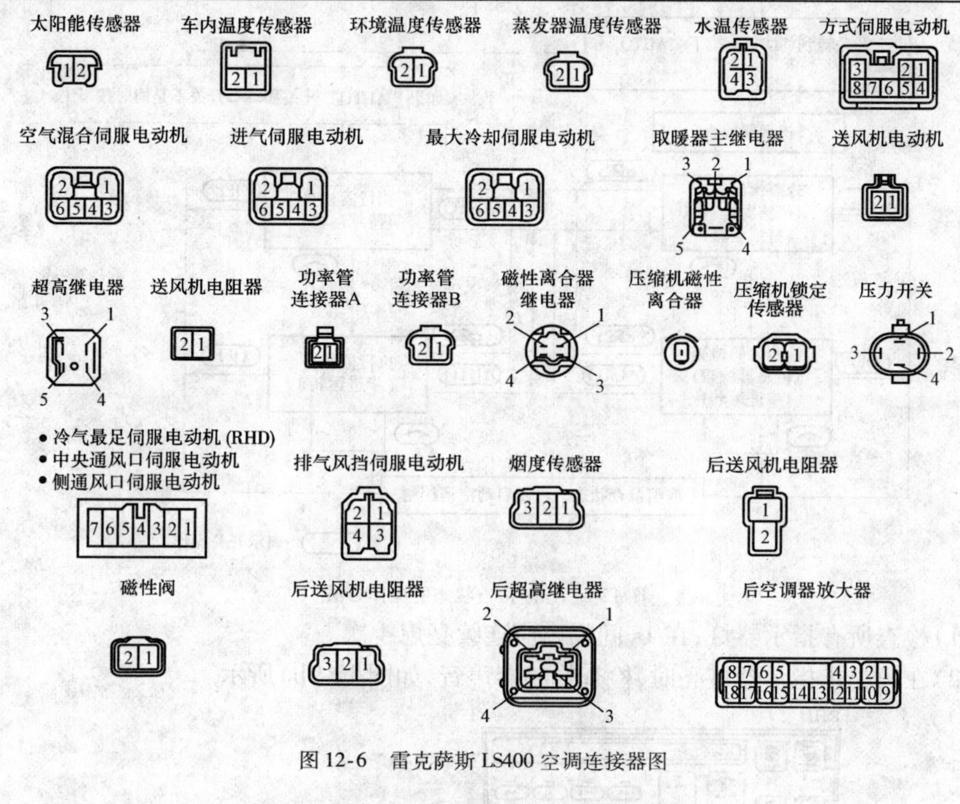

图 12-6　雷克萨斯 LS400 空调连接器图

第二节　故障诊断

一、自诊断系统

1. 空调器压缩机同步(和制冷剂不足)的警告

在空调器运转中,如果出现压缩机同步传感器故障或制冷剂不足(仅限中东规格的汽车),在空调器控制总成上的 A/C 开关指示器就开始闪烁,其闪烁信号如图 12-7 所示。

如果压缩机转速与发动机转速之比小于预定值,即为压缩机同步故障,空调器总成就使压缩机停机,A/C 指示器闪烁。在这种情况发生时,用诊断代码校核检查压缩机同步,中东规格的汽车显示压缩机同步的诊断代码 22 和空调器制冷剂不足的诊断代码 Normal,然后检查电路或零部件。

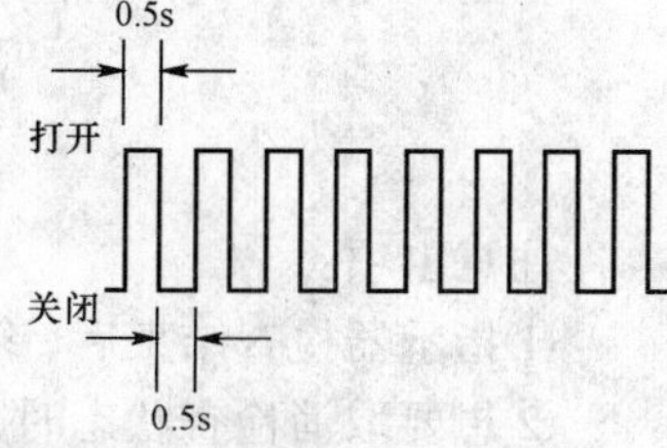

图 12-7　压缩机同步时 A/C 开关指示器闪烁周期

2. 诊断检查状态的操作方法

通过对图 12-8 所示的每个空调器控制开关的运转,可进入诊断检查状态。

3. 指示器检查

指示器检查的方法如下:

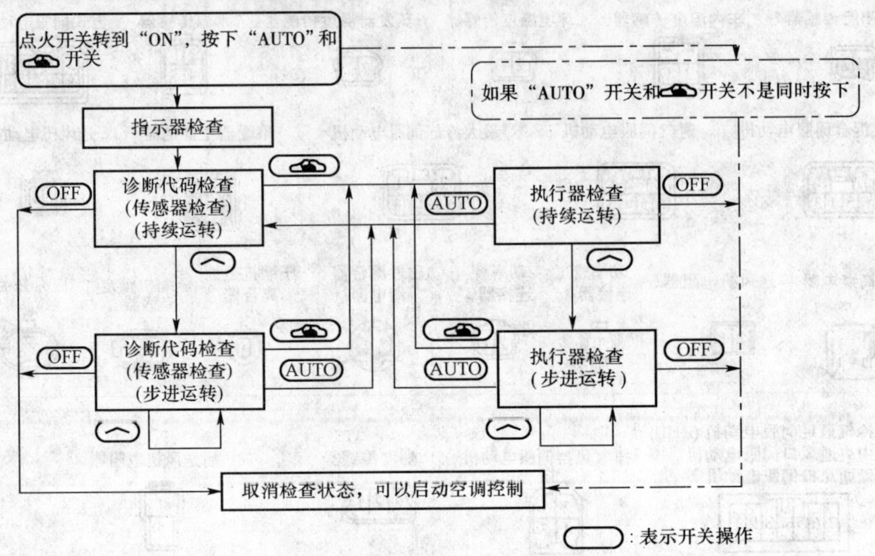

图 12-8　诊断检查状态的操作方法

(1)检查所有指示器灯,在 1s 间隔内应连续亮熄 4 次。

(2)在第二步指示器灯亮时,检查蜂鸣器声音,如图 12-9b)所示。

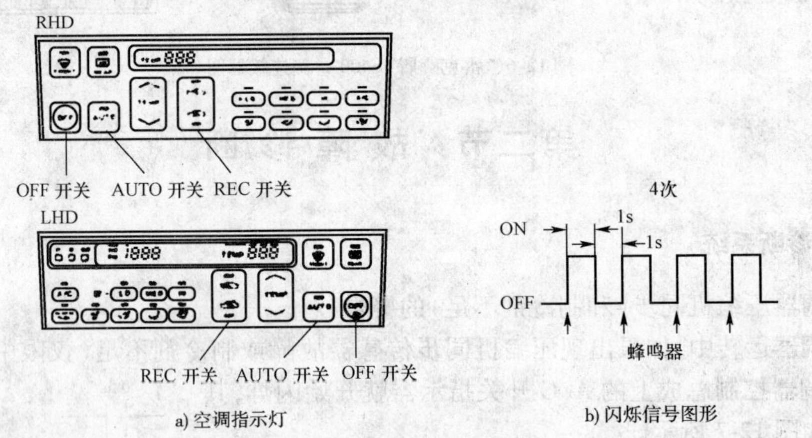

图 12-9　空调指示器的检查

注意事项:

①指示器检查结束后,诊断代码检查便自动开始。

②想要取消检查状态时,按下“OFF”开关即可。

4. 诊断代码检查(传感器检查)

诊断代码检查的方法如下:

(1)进行指示器检查。指示器检查完成后,该系统自动进入诊断代码检查状态。

(2)读出仪表板上的显示代码。代码是在温度显示处输出,如图 12-10 所示。

注意事项:

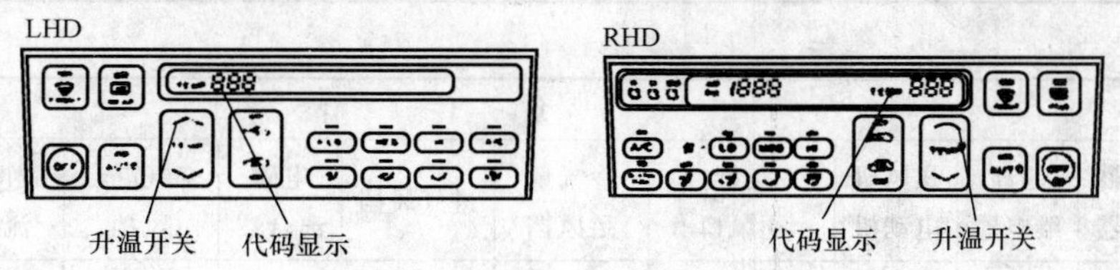

图 12-10　诊断代码的检查

(1)如果一个代码读出时蜂鸣器响了,说明那个代码指示的故障继续发生。

(2)如果一个代码读出时蜂鸣器未响,说明那个代码指代的故障早已发生(例如连接器接触不良等)。

(3)如果环境温度是 -30℃或更低,即使该系统是正常的,仍然可能输出故障代码。

(4)显示代码时,从最小代码到最大代码依次显示。

(5)如果检查是在暗的地方进行,就可能显示诊断代码 21(太阳能传感器不正常)。在这种情况下,应再用灯光(如检查灯)照在太阳能传感器上进行诊断代码检查。如果代码 21 仍然显示,太阳能传感器的电路就可能发生故障,需检查太阳能传感器电路。

(6)压缩机同步故障仅在发现时才指示出诊断代码 22。为了验证诊断代码 22,进行如下步骤:

①发动机工作,进入诊断代码检查状态;

②按下"REC"开关,进入执行器检查状态,并设定到第 3 步运转;

③按下"AUTO"开关,回到诊断代码检查状态;

④约 3s 后,显示诊断代码。

5. 清除诊断代码

清除诊断代码的方法如下:

(1)拔出 2 号接线盒中的 DOME 熔断丝 10s 以上,即可清除 ECU 存储器中存储的诊断代码。

(2)诊断代码清除后,重新插上熔断丝,检查正常代码输出。

6. 执行器检查

执行器的检查方法如下:

(1)进入传感器检查状态后,按下"REC"开关。

(2)由于从温度显示 20 开始,每隔 1s 按顺序自动运转每个风挡、电动机和继电器,用眼和手检查温度和空气流量。执行器的检查条件及显示代码的情况,见表 12-2。

执 行 器 的 检 查　　表 12-2

步骤	显示代码	条件									
		取暖器继电器	超高继电器	送风机电动机	空气通风口	冷气量足风挡	进气风挡	电磁离合器	空气混合风挡	后特大流量	后空调器
1	20	OFF	OFF	OFF	(FACE)	100% 开	(FRESH)	OFF	↑	ON	OFF
2	21	ON	↑	LO	↑	↑	↑	↑	↑	↑	AUTO-OFF
3	22	↑	↑	MED	↑	50% 开	(F/R)	ON	↑	OFF	HI(A/C)

续上表

步骤	显示代码	条件									
		取暖器继电器	超高继电器	送风机电动机	空气通风口	冷气量足风挡	进气风挡	电磁离合器	空气混合风挡	后特大流量	后空调器
4	23	↑	↑	↑	↑	50%开	(RECIRC)	↑	冷/热(50%开)	↑	HI(A/C)
5	24	↑	↑	↑	(BI-LEVEL)	↑	(FRESH)	↑	↑	↑	↑
6	25	↑	↑	↑	↑	↑	↑	↑	↑	↑	LO(A/C)
7	26	↑	↑	↑	(FOOT)	↑	↑	↑	↑	↑	OFF
8	27	↑	↑	↑	↑	↑	↑	↑	冷热100%开	↑	↑
9	28	↑	↑	↑	(FOOT/DEF)	↑	↑	↑	↑	↑	↑
10	29	↑	ON	HI	(DEF)	↑	↑	↑	↑	↑	↑

注意事项:

(1)如果要想慢慢显示,就可按"UP"开关改变成步进运转。每按一次"UP"开关,改变显示一步。

(2)当显示代码改变时,蜂鸣器发出响声。

(3)显示代码时,从最小代码到最大代码依次显示。

(4)取消检查状态时,按下"OFF"开关即可。

二、利用诊断代码检查传感器故障

可利用诊断代码检查状态检查空调系统传感器的诊断代码。利用显示的故障代码,可根据表12-3进行故障部位的诊断。

利用诊断代码检查传感器故障 表12-3

代码	诊断代码检查状况	故障部位	存储[⑥]
00	正常	—	—
11[①]	车内温度传感器电路开路或短路	(1)车内温度传感器; (2)车内温度传感器和空调器控制部件间配线或连接器; (3)空调器控制部件	O (8.5min以上)
12[②]	环境温度传感器电路开路或短路	(1)环境温度传感器; (2)环境温度传感器和空调控制部件间配线或连接器; (3)空调器控制部件	O (8.5min以上)
13[②]	蒸发器温度传感器电路开路或短路	(1)蒸发器温度传感器; (2)蒸发器温度传感器和空调器控制部件间配线或连接器; (3)空调器控制部件	O (8.5min以上)

续上表

代码	诊断代码检查状况	故障部位	存　储[6]
14[3]	水温传感器电路开路或短路	(1)水温传感器； (2)水温传感器和空调器控制部件间配线或连接器； (3)空调器控制部件	O (8.5min 以上)
21[4]	太阳能传感器电路开路	(1)太阳能传感器； (2)太阳能传感器和空调器控制部件间配线或连接器； (3)空调器控制部件	—
	太阳能传感器电路短路		O (8.5min 以上)
22[5]	下列所有状况应检测 3s 以上 (1)发动机转速在 450r/min 以上； (2)发动机和压缩机转速之比较正常运转时偏差 20%	(1)压缩机传动皮带； (2)压缩机锁定传感器； (3)压缩机； (4)空调器控制部件和压缩机、压缩机锁定传感器间配线或连接器； (5)空调器控制部件	—
23	(1)压力传感器开路； (2)制冷剂压力异常(低于 196kPa 或高于 3140kPa)	(1)压力开关； (2)压力开关和空调器控制部件间配线或连接器； (3)制冷管路； (4)空调器控制部件	—
31 33	空气混合风挡位置传感器电路内有搭铁或电源线短路	(1)空气混合风挡位置传感器； (2)空调器控制部件； (3)空气混合风挡位置传感器和空调器控制部件间配线或连接器	O (1min 以上)
32	进气风挡位置传感器电路内有搭铁或电源线短路	(1)进气风挡位置传感器； (2)空调器控制部件； (3)进气风挡位置传感器和空调器控制部件配线或连接器	O (1min 以上)
34	冷气最足风挡位置传感器电路内有搭铁或电源线短路	(1)冷气最足风挡位置传感器； (2)空调器控制部件； (3)冷气最足风挡位置传感器和空调器控制部件间配线或连接器	O (15min 以上)

续上表

代码	诊断代码检查状况	故障部位	存储⑥
41	即使电子控制器驱动空气混合伺服电动机动作,空气混合风挡位置传感器数值也无变化	(1)空气混合伺服电动机; (2)空气混合风挡位置传感器; (3)空气混合风挡位置传感器和空调器控制部件间配线或连接器; (4)空气混合伺服电动机和空调器控制部件间配线或连接器	O (15min 以上)
42	即使电子控制器驱动进气伺服电动机动作,进气风挡位置传感器数值也无变化	(1)进气伺服电动机; (2)进气风挡位置传感器; (3)进气风挡位置传感器和空调控制部件间配线或连接器; (4)进气伺服电动机和空调器控制部件间配线或连接器	O (15min 以上)
44	即使电子控制器驱动冷气最足伺服电动机动作,冷气最足风挡位置传感器数值也无变化	(1)冷气最足伺服电动机; (2)冷气最足风挡位置传感器; (3)冷气最足风挡位置传感器和空调控制部件间配线或连接器; (4)冷气最足伺服电动机和空调器控制部件间配线或连接器	O (15min 以上)

注:①如果车内温度低于-20℃,即使系统正常,也会输出代码11。

②如果环境温度低于-30℃,即使系统正常,也会输出故障代码。

③如果水温低于-30℃,即使系统正常,也会输出代码14。

④如果在黑暗处进行检查,就会显示诊断代码21(太阳能传感器电路异常)。此时,应用检查灯之类的光源照射太阳能传感器,再次进行诊断代码检查。如仍显示故障代码21,则可能太阳能传感器线路有问题。

⑤仅在当场出现故障时才显示压缩机锁定故障(诊断代码22)。为确认诊断代码22,可执行下列各步:

a. 运转发动机,进入诊断代码检查方式。

b. 按下"REC"键的车内空气循环开关,进入执行器检查方式。

c. 按下"AUTO"开关,退回诊断代码检查方式。

d. 约3s后,显示诊断代码。

⑥当故障持续达到括号内所示时间时,电子控制器存储各故障的诊断代码。

三、制冷系统故障诊断

制冷系统常见的故障、故障原因及修理方法见表12-4。

制冷系统常见故障、故障原因及修理方法　表 12-4

故障现象	可能的故障原因	修理方法
无冷气或无暖气	1. 电磁离合器不啮合	
	(1)点火开关熔断丝烧断;	更换熔断丝并检查是否存在短路现象
	(2)电磁离合器故障:	
	①电磁离合器线圈故障;	更换电磁离合器线圈
	②电磁离合器电刷磨损。	更换电刷组件
	(3)A/C 开关故障;	检查开关
	(4)A/C 放大器故障;	检查放大器
	(5)配线或搭铁故障;	检查配线并修理
	(6)无制冷剂:	检查制冷系统压力
	①压缩机轴封泄漏;	更换轴封
	②软管损坏泄漏;	更换该软管
	③接头泄漏;	查漏并更换泄漏接头
	④系统内其他地方泄漏。	查漏并修理
	(7)加热器继电器故障;	检查加热器继电器
	(8)压力开关故障。	检查压力开关
	2. 压缩机运转不正常	
	(1)传动皮带松弛或断裂;	调整或更换传动皮带
	(2)压缩机故障。	检查压缩机
	3. 膨胀阀故障	
	(1)膨胀阀进口滤网堵塞;	更换滤网
	(2)膨胀阀损坏。	更换膨胀阀
	4. 系统有渗漏	检漏
	5. 储液器上的易熔塞被熔化或滤网堵塞	检查储液器
	6. 鼓风机不工作	
	(1)加热器熔断丝烧断;	更换熔断丝并检查是否存在短路
	(2)A/C 开关故障;	检查 A/C 开关
	(3)断路器故障;	检查断路器
	(4)加热器继电器故障;	检查加热器继电器
	(5)鼓风机电动机故障;	检查鼓风机电动机
	(6)配线故障	检查配线并修理
冷气时有时无	1. 电磁离合器故障	
	(1)电磁离合器线圈故障;	更换离合器线圈
	(2)电磁离合器电刷组件故障;	更换电刷组件
	(3)电磁离合器线圈搭铁松动;	拧紧或修理搭铁接头
	(4)电磁离合器电刷组件搭铁松动;	拧紧或修理搭铁接头
	(5)离合器打滑。	调整或更换相应部件
	2. 膨胀阀故障	检查膨胀阀
	3. 配线连接故障	检查配线并修理
	4. A/C 放大器故障	检查放大器
	5. 系统内湿气过多	对系统抽真空,更换干燥剂,充注制冷剂

续上表

故障现象	可能的故障原因	修 理 方 法
仅在高速时有冷气	1. 冷凝器堵塞 2. 传动皮带打滑 3. 压缩机故障 4. 制冷剂不够或过多 5. 系统内有空气	检查冷凝器 检查或更换传动皮带 检查压缩机 检查制冷剂的数量 对系统抽真空和充入制冷剂
冷气不足	1. 冷凝器堵塞 2. 传动皮带打滑 3. 压缩机故障 4. 电磁离合器故障 5. 膨胀阀故障 6. 制冷剂不够或过多 7. 系统内有空气或压缩机润滑油过多 8. 储液器堵塞 9. 水阀钢索故障 10. A/C 放大器故障 11. 系统内有空气	检查冷凝器 检查或更换传动皮带 检查压缩机 检查电磁离合器 检查膨胀阀 检查制冷剂的数量 对系统抽真空和充入制冷剂 检查储液器 调整水阀钢索 检查 A/C 放大器 对系统抽真空,更换干燥剂,充注制冷剂
冷气的速度不够	1. 蒸发器堵塞或结霜 2. 冷却装置或空气管道漏气 3. 空气进口堵塞 4. 鼓风机电动机故障 5. A/C 放大器故障	清洁蒸发器散热片或滤清器 检查冷却装置和管道衬垫 检查空气进口并排除故障 更换鼓风机电动机 检查 A/C 放大器

第三节　维 修 作 业

一、制冷系统的维护

1. 制冷剂容量检查方法

(1)发动机以 1500r/min 的转速怠速运转;

(2)将制冷系统开在冷却最足状态下保持数分钟;

(3)使送风开关置于"HI"(高)位置;

(4)将进气控制开关置于"RECIRC"(循环)位置;

(5)接通空调器开关;

(6)将车门全部打开;

(7)通过观察液体管上的视液窗,检查制冷剂容量(见图 12-11),并根据表 12-5 进行维护。

图 12-11　检查制冷剂容量

制冷剂容量的检查　　表 12-5

序号	征　兆	制冷剂容量	维 护 方 法
1	视液窗出现气泡	不足①	用漏气试验仪检查漏气
2	视液窗下出现气泡	无,足够或过多	参照序号 3、4
3	在压缩机进、出口之间无温差	空的或接近空的	抽真空,充满制冷剂,然后用漏气试验仪检查漏气
4	在压缩机进、出口之间有明显温差	适当或过多	参照序号 5、6
5	空调器刚关机,视液窗内制冷剂清晰	过多	放掉多余制冷剂至规定值
6	当空调器关机时,视液窗内制冷剂起泡沫,然后清晰	适当	—

注:①如果冷气足够,在环境温度较高时,视液窗发现气泡就可以认为是正常的。

2. 驱动皮带张力检查

驱动皮带张力检查方法如下:

(1)检查驱动皮带是否正确地安装在皮带槽内,如图 12-12a)。

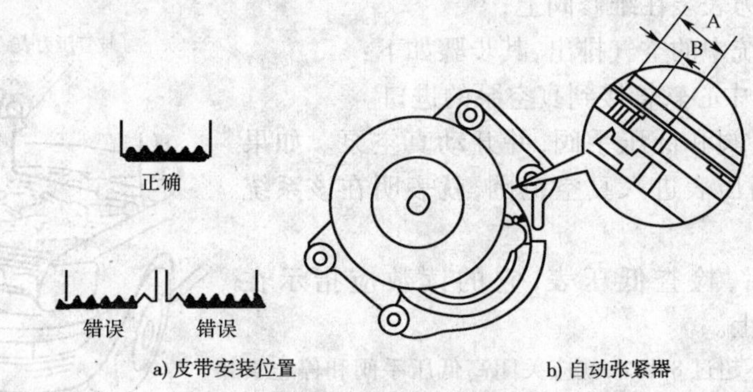

图 12-12　检查驱动皮带

(2)检查驱动皮带的张力,如张力不在自动张紧器的 A 刻度范围,如图 12-12b)所示,则必须更换皮带。当更换皮带时,该皮带的张力应在皮带张紧器的 B 刻度范围内。其张力数值因车型而异,如:5S-FE 发动机新皮带张力为 756 ~ 801N,旧皮带张力为 534 ~ 623N。1MZ-FE 和 3VZ-FE 发动机新皮带张力为 445 ~ 667N,旧皮带张力为 267 ~ 445N。

二、制冷剂的更换

1. 安装制冷系统歧管压力表

(1)关闭高压手阀和低压手阀;

(2)将低压软管接到低压加注阀,高压软管接到高压加注阀,如图 12-13 所示;

(3)用手拧紧软管螺母,注意不许将压缩机油涂在连接座圈上。

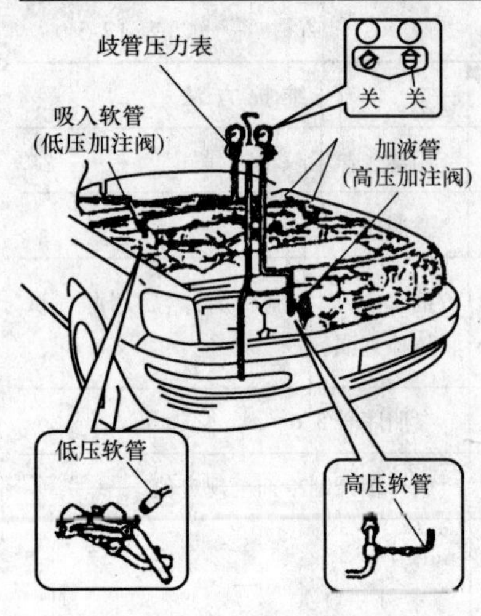

图 12-13 安装制冷系统歧管压力表

2. 制冷系统放空

放空是指排空制冷系统内的全部制冷剂。维修或更换空调零件时,必须放空制冷剂。其方法如下:

(1)将歧管压力表装在维修阀上;

(2)把中心软管的自由端放在抹布中;

(3)放出制冷剂(图 12-14),其步骤如下:

①慢慢地开启高压手阀以调节制冷剂流量,不能将阀开得很大。如果制冷系统放得太快,压缩机机油就会从该系统中跑掉;

②当歧管压力表的读数降到 343kPa 以下后,慢慢地开启低压手阀;

③当该系统压力下降时,逐渐开启高压手阀和低压手阀,直到两个仪表的读数都为 0kPa;

④制冷剂停止泄出时,关闭手阀。

3. 制冷系统抽真空(图 12-15)

在注入制冷剂之前,必须将该系统中的空气全部排出。方法如下:

(1)将歧管压力表装在维修阀上;

(2)将制冷系统中的空气排出,其步骤如下:

①将压力表的中心软管接到真空泵的进口。

②开启高压手阀和低压手阀,并开动真空泵。如果开启低压手阀使高压表进入真空范围,就表明在该系统内无堵塞。

③约 10min 后,检查低压表,它的读数应指示在 80kPa 的真空度以上。

注意:如果读数不超过 80kPa,就应关闭高低压手阀和停止真空泵工作。检查系统是否渗漏,必要时进行修理。如果未发现渗漏现象,就继续将该系统中的空气抽出。

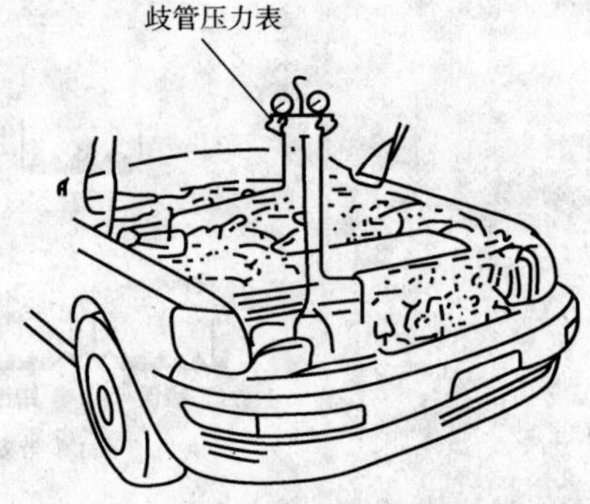

图 12-14 制冷系统放空

④继续将该系统中的空气抽出,直到低压表的读数为 99.98kPa。

⑤关闭高压手阀和低压手阀,并停止真空泵工作,然后让系统处于这种条件下保持 5min 以上,表针指示应无变化。

(3)安装制冷剂储液瓶截流阀(如图 12-16 所示),其步骤如下:

①在截流阀安装之前,将其手柄向逆时针方向旋转,直到阀芯完全缩回为止;

②圆板以逆时针方向旋转,直至它达到最高位置;

③将截流阀拧紧在制冷剂储液瓶上;

④将歧管压力表的中心软管连接到截流阀的接头上;

⑤用手以顺时针方向转动圆板到底;

⑥顺时针方向转动手柄,使其密封螺塞上形成一个孔,然后以逆时针方向旋转手柄,使气体充满中心软管;

注意:不可开启歧管压力表的高压手阀和低压手阀。

⑦拧开歧管压力表侧面的放气阀,将中心软管内的空气排出,直到制冷剂流出为止。

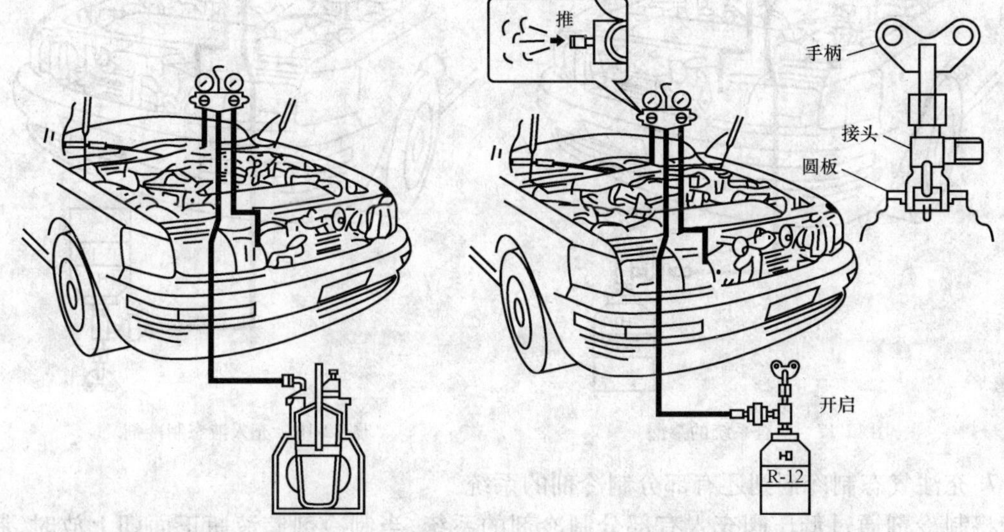

图 12-15 制冷系统抽真空　　图 12-16 安装截流阀

4. 检查制冷剂渗漏

当制冷系统中空气抽出后,应检查系统的渗漏(见图 12-17),其检漏方法如下:

(1)开启高压手阀,将制冷剂蒸气充入该系统(当制冷剂储液瓶正面朝上时,制冷剂以蒸气形式充入该系统);

(2)当低压表指示 98kPa 时关闭高压手阀;

(3)用专用工具(见 SST:07116－38330)检查系统的渗漏情况。

如果发现渗漏现象,就应修理有故障的零件或接头。

5. 液态制冷剂充入空的制冷系统

在通过高压侧给制冷系统充注制冷剂时,不得起动发动机。在液态制冷剂充入制冷系统时,不得开启低压手阀。注入液态制冷剂的操作方法如下:

(1)完全打开高压手阀,并将制冷剂储液瓶倒置(当储液瓶倒置时,制冷剂以液态进入制冷系统),如图 12-18 所示;

(2)往系统内加入一个储液瓶的制冷剂,然后关闭高压手阀。

如果通过该储液罐的视液窗看不到气泡,就说明制冷系统已充满;如果低压表无读数,就说明该系统已堵塞,必须进行修理。

6. 更换新的制冷剂容器

(1)关闭高压手阀和低压手阀;

(2)关闭制冷剂储液瓶上的截流阀;

(3)按图 12-16 所示方法,将截流阀装到新的制冷剂容器上。

图 12-17 检查系统的渗漏

图 12-18 充入液态制冷剂

7. 充注气态制冷剂到还有部分制冷剂的系统

将制冷剂通过低压阀充入有部分制冷剂的系统,当制冷剂储液瓶正面朝上放时,制冷剂便以气态进入该系统。具体操作方法如下:

(1)将制冷剂储液瓶放在装热水的盘子中(最高温度为 40℃),使储液瓶内的蒸气压力略高于该系统中的蒸气压力;

(2)按图 12-16 所示方法安装制冷剂截流阀;

(3)开启低压阀,调节该阀,使低压表读数不超过 412kPa;

(4)发动机以较高的转速怠速运转,并开动空调器;

(5)继续充入制冷剂,直至充满为止(如果从储液器的视液窗看不到气泡,就说明系统已充满),然后关闭低压手阀。

注意:(1)必须把储液瓶的正面朝上放,以避免制冷剂从吸气侧吸入制冷系统而导致压缩机损坏;

(2)系统内的制冷剂不可加得过多,因为过多会引起轴承和皮带发生故障。

8. 拆下歧管压力表

(1)关闭高压手阀和低压手阀;

(2)关闭制冷剂储液瓶上的截流阀;

(3)停止发动机;

(4)用抹布迅速把三根软管与制冷系统的辅助阀和储液瓶截流阀脱开;

(5)将螺母拧在辅助阀接头上。

9. 从制冷剂容器上拆储液瓶截流阀

(1)慢慢地松开手柄,确认储液瓶已空;

(2)拆下储液瓶截流阀。

三、用歧管压力表检查制冷系统

这是一种用歧管压力表查找制冷系统故障部位的方法，应在下列条件下获得歧管压力表的压力读数：

(1)在开关处于“RECIRC”(循环)位置时进气温度为30℃；

(2)发动机以1500r/min的转速怠速运转；

(3)送风机风扇转速控制开关置于高速；

(4)温度控制开关置于冷气最足位置。

用歧管压力表检查制冷系统故障的方法见表12-6。

用歧管压力表检查制冷系统的故障　表12-6

序号	仪表读数(kPa)	运转状况	可能的原因	排除方法
1	低:147～196 高:1422～1471	正常制冷	系统功能正常	—
2	在运转中，低压侧手阀的压力有时为真空，有时正常	间歇制冷，然后不制冷	在制冷系统中存在水分	(1)更换储液罐； (2)通过反复抽出空气将系统内水分排除； (3)充制冷剂到恰当量
3	在高、低压侧阀的压力均低	制冷不足，观察窗见气泡	制冷剂不足	(1)用漏气试验仪检查漏气； (2)充制冷剂至适量
4	在高低压侧间的压力均太高	制冷不足	冷凝器冷却不足	(1)清洗冷凝器； (2)检查风扇电动机的运转
5			充入制冷剂过多	检查制冷剂总量 注：逐渐开启阀，让制冷剂通过歧管压力表阀的低压侧排出
6			在系统内存在空气	—
7		制冷不足，在低压侧管道上有霜或大量露水	膨胀阀安装不当，热敏管出故障(开得太大)	(1)检查热敏管安装条件； (2)若(1)正常，则检查膨胀阀，如出故障就更换

续上表

序号	仪表读数(kPa)	运转状况	可能的原因	排除方法
8	在低压侧阀指示真空,在高压侧阀指示很低的压力	不制冷或有时间断制冷;在储液罐或膨胀阀前后的管子上结霜或有露水	制冷剂不循环	(1)可支持一段时间,然后再运转以确定是否由于水分或污垢引起故障; (2)如果由水分引起,可通过反复抽出空气,将系统内水分排出; (3)如果由污垢引起,就拆下膨胀阀并用压缩空气清除污垢,如果不能除去污垢,就更换膨胀阀,排出空气,充入新制冷剂至适量; (4)若热敏管漏气,则更换膨胀阀
9	低压侧阀压力太高,高压侧阀压力太低	不制冷	压缩不足	修理或更换压缩机

参考文献

[1] 冀旺年.汽车空调构造与维修[M].北京:电子工业出版社,2007.

[2] 王若平.汽车空调系[M].北京:机械工业出版社,2007.

[3] 夏云铧.汽车空调[M].沈阳:辽宁科学技术出版社,2002.

[4] 齐志鹏.汽车空调系统的结构原理与检修[M].北京:人民邮电出版社,2002.

[5] 马明金.汽车空调构造使用与维修[M].北京:北京大学出版社,2005.

[6] 方贵银,李辉.汽车空调技术[M].北京:机械工业出版社,2002.

[7] 张凤山,静永臣,王蕾.新型轿车空调系统构造与维修[M].上海:上海交通大学出版社,2001.

[8] 吴基安.汽车电器图解检修手册[M].北京:人民邮电出版社,2005.

[9] 杨生辉.奥迪轿车电气与电控系统维修[M].北京:电子工业出版社,2002.

[10] (美)米切尔维修信息公司.奥迪A4、A6轿车维修手册[M].中国机动车辆安全鉴定检测中心.北京:机械工业出版社,2002.

[11] 杨昌明.全自动空调维修从入门到精通[M].北京:国防工业出版社,2004.

[12] 汪立亮.别克轿车使用与维修[M].北京:电子工业出版社,2002.

[13] 吴基安.别克轿车电气与电控系统维修[M].北京:电子工业出版社,2002.

[14] 杨智勇.上海别克轿车电控与电气系统检修图解[M].北京:机械工业出版社,2002.

[15] 汪立亮.上海别克电控系统故障诊断与检修[M].北京:中国三峡出版社,2002.

[16] 汪立亮.轿车自动空调系统维修技能实训[M].北京:北京理工大学出版社,2006.

[17] 李东江.国产轿车空调系统检修手册[M].北京:机械工业出版社,2004.

[18] 宋进桂.新款丰田佳美轿车电子电气系统维修手册[M].北京:北京理工大学出版社,2002.

[19] (美)摩托信息出版公司.亚洲汽车供暖与空调系统维修手册(上册)[M].曹正清,等译.北京:机械工业出版社,2002.